UNTER EINEM CHRISTUS SEIN! UND STREITEN?

LUTHERISCHE THEOLOGIE IM GESPRÄCH (LThG)

Herausgegeben von
Michael Basse, Christian Neddens und Johannes von Lüpke

Band 5

Unter einem Christus sein! Und streiten?

Über Taufe und Anerkennung in ökumenischer Absicht

Herausgegeben von Anne Käfer, Christian Neddens, Gilberto da Silva und Tobias R. Schütze

EVANGELISCHE VERLAGSANSTALT
Leipzig

Bibliographische Information der Deutschen Nationalbibliothek
Die Deutsche Nationalbibliothek verzeichnet diese Publikation in
der Deutschen Nationalbibliographie; detaillierte bibliographische
Daten sind im Internet über http://dnb.dnb.de abrufbar.

© 2024 by Evangelische Verlagsanstalt GmbH · Leipzig
Printed in Germany

Das Werk einschließlich aller seiner Teile ist urheberrechtlich geschützt.
Jede Verwertung außerhalb der Grenzen des Urheberrechtsgesetzes ist ohne
Zustimmung des Verlags unzulässig und strafbar. Das gilt insbesondere für
Vervielfältigungen, Übersetzungen, Mikroverfilmungen und die Einspeicherung
und Verarbeitung in elektronischen Systemen.

Das Buch wurde auf alterungsbeständigem Papier gedruckt.

Cover: Zacharias Bähring, Leipzig
Coverbild: Taufwand der St.-Johannes-Kirche Oberursel, Foto: Christian Neddens
Satz: 3w+p, Rimpar
Druck und Binden: BELTZ Grafische Betriebe GmbH, Bad Langensalza

ISBN 978-3-374-07545-4 // eISBN (PDF) 978-3-374-07546-1
www.eva-leipzig.de

Inhalt

Einleitung 7

Diethardt Roth
Auf dem Weg zur Magdeburger Erklärung
Erinnerungen und Ausblicke 17

Tobias R. Schütze
Anerkennung
Eine ökumenische Problemskizze 27

Anne Käfer
Taufe als der Anfang christlichen Lebens in christlicher Gemeinschaft
Luthers Einsichten im Diskurs mit der Frage nach der Bedeutung der
Taufe asylsuchender Geflüchteter 47

Burkhard Neumann
Taufe und Eucharistiegemeinschaft aus katholischer Sicht 65

Werner Klän
Taufanerkennung und Abendmahlszulassung
Versuch einer Verhältnisbestimmung 79

Astrid von Schlachta
Taufanerkennung – eine mennonitische Stimme 97

Anargyros Anapliotis
Die Unterscheidung von Akribeia und Oikonomia
Eine Differenzhermeneutik der Anerkennung der Taufe aus orthodoxer
Sicht 109

Gilberto da Silva
»Versöhnte Verschiedenheit« in der SELK?
Die »Einigungssätze« von 1948 133

Christian Neddens
Streit als Anerkennung
Impulse der neueren Kritischen Theorie für den Umgang mit inner- und
zwischenkirchlichen Konflikten 157

Verzeichnis der Autorinnen und Autoren 179

Einleitung

1 Hinführung zum Thema

Vor 20 Jahren wurde auf dem 1. Ökumenischen Kirchentag in Berlin 2003 von den zur Arbeitsgemeinschaft Christlicher Kirchen in Deutschland (ACK) gehörenden Kirchen die *Charta Oecumenica* unterzeichnet. In diesem Dokument verpflichteten sich die unterzeichnenden Kirchen, ihre Beziehungen zueinander so zu gestalten, dass sie einer wachsenden Zusammenarbeit in Europa dienlich sind. 2007 folgte mit der sogenannten *Magdeburger Erklärung zur wechselseitigen Taufanerkennung* ein weiteres gewichtiges Dokument wechselseitiger kirchlicher Wertschätzung. Die Magdeburger Erklärung formulierte ein gemeinsames »Grundeinverständnis« und betonte die Eingliederung in Christus durch die Taufe und insofern in den Leib Christi, die Kirche. Diese Eingliederung wurde als »Teilhabe am Geheimnis von Christi Tod und Auferstehung« und als »Neugeburt in Jesus Christus« beschrieben.[1] Zu den Unterzeichnerkirchen aus dem Raum der ACK gehörte auch die für ihren konfessionsbewussten Standpunkt bekannte Selbständige Evangelisch-Lutherische Kirche (SELK).

Diese Kirche ist im Jahr 2022 fünfzig Jahre alt geworden. 1972 ist sie aus der Vereinigung einer ganzen Reihe selbständiger lutherischer Kirchen hervorgegangen – nach einem Prozess mühevoller innerlutherischer »ökumenischer« Annäherung und wechselseitiger Anerkennung im Kleinen.

Im selben Jahr 2022 jährte sich die Unterzeichnung der Magdeburger Erklärung von 2007 zum 15. Mal. Beide Prozesse – der der innerlutherischen und der der weiteren ökumenischen Annäherung und Anerkennung – werfen bleibende Fragen auf, die nicht nur die SELK, sondern alle Kirchen grundsätzlich tangieren, und die nach wie vor nicht befriedigend beantwortet sind:

---

[1] Wechselseitige Anerkennung der Taufe, Magdeburg 2007, URL: https://www.oekumene-ack.de/fileadmin/user_upload/Themen/Taufanerkennung2007.pdf (Stand: 29.07.2023). Der Text findet sich abgedruckt auch im Beitrag von Diethardt Roth in diesem Band.

Wie ist damit umzugehen, dass dem in Magdeburg ausgedrückten »Grundeinverständnis über die Taufe« weiterhin erhebliche »Unterschiede im Verständnis von Kirche«[2] und kirchlicher Lehre entgegenstehen, sogar bezüglich der Taufe? Wie also ist die Gleichzeitigkeit zu bewerten zwischen Konsens und Dissens, zwischen Gemeinsamem und Differentem – sowohl innerhalb einer Kirche oder Konfessionsfamilie als auch zwischen unterschiedlichen Konfessionen?

Und was bedeutet in einer solch differenzierten Gemengelage kirchlicher Lehrpositionen eigentlich »Anerkennung«? Was genau wird »anerkannt« – etwa mit der wechselseitigen Anerkennung der Taufe? Der Ritus als gültiger Sakramentsvollzug allemal und damit auch die Christusgemeinschaft der so Getauften. Aber ist mit solcher Anerkennung auch das vollgültige Kirche-Sein der taufenden Instanz gemeint – inklusive des Amts der taufenden Person?

Und weiter gefragt: Setzt »Anerkennung« eigentlich zwingend die Identität der anderen Praxis oder Deutung mit der eigenen kirchlichen Praxis und Deutung voraus? Oder darf es hierin Unterschiede geben? Ja, meint »Anerkennung« nicht sogar, dass gerade das Andere *als Anderes* anerkannt wird? Doch auch in diesem Fall gibt und braucht es eine Basis, die Anerkennung begründet – auch wenn diese noch so elementar formuliert sein sollte.

Diese offenen Fragen haben wir zum Anlass einer ökumenischen wissenschaftlichen Tagung genommen, die als Dies Academicus an der Lutherischen Theologischen Hochschule Oberursel (LThH) im November 2022 in Kooperation mit der Universität Münster durchgeführt wurde. Es ging dabei konkret um die ekklesiologische Bedeutung der Magdeburger Erklärung und von dort ausgehend um eine theologische Verhältnisbestimmung zwischen Einendem und Trennendem in der Kirche, was in der nötigen Grundsätzlichkeit bis heute nur in Ansätzen versucht wurde.

Der Titel *Unter einem Christus sein! Und streiten?* nimmt diese grundsätzliche Frage nach dem Recht des Differenten in der Einheit des Leibes Christi auf. Dabei erinnert der Titel an das Ausschreiben Kaiser Karls V. zum Reichstag in Augsburg 1530, dessen Formulierung in der Vorrede zur Confessio Augustana gleich zweimal aufgegriffen und damit hervorgehoben wurde: Man wolle mit diesem Bekenntnis gemeinsam mit den Gegnern »unter einem Christus sein und streiten«, um »alle inn einer gemeinschafft, kirchen und einigkeit« zu leben.[3] Die Vorrede ließ damit erkennen, dass es sich nach dem Verständnis ihrer Autoren um einen *innerkirchlichen* Streit handelte, der die Einheit des Leibes Christi nicht zertrennte. Gleichzeitig wurde damit festgestellt, dass es innerhalb der Kirche durchaus Streit geben könne und dass der Dissens den Konsens nicht einfach aufhebt.

---

[2] Ebd.
[3] BSELK 86,14f. und 88,26f.

Und doch haben sich aus diesem Streit am Ende zwei und mehr Kirchen entwickelt, die sich zwischenzeitlich trotz allem Gemeinsamen wechselseitig verurteilt, in Magdeburg aber wieder einen Konsens trotz allem Differenten formuliert haben. Was bedeutet das nun konkret: Wer oder was wird bei der wechselseitigen Anerkennung nun »anerkannt« und wer oder was eventuell nicht – und was folgt aus solcher (Nicht-)Anerkennung praktisch?

2 Dank

Auch wenn in den Beiträgen die besondere Situation der SELK immer wieder zur Sprache kommt, diente der Dies Academicus doch einem ökumenischen Lernen mit einer Reihe von Beiträgen aus sehr unterschiedlichen konfessionellen Hintergründen. Während der Tage in Oberursel entwickelte sich daraus ein ausgesprochen intensiver, auch kontroverser, aber herzlicher Dialog. Wir danken allen Referentinnen und Referenten, die sich auf diesen Dialog, wie er in den zwei Tagen gepflegt wurde, eingelassen haben. Unser besonderer Dank gilt den Mitarbeiterinnen und Mitarbeitern der LThH, die die Tagung umsichtig ausgerichtet haben, sowie dem Kreis der Herausgeber, die die Texte als Band 5 in ihre Reihe »Lutherische Theologie im Gespräch« aufgenommen haben. Ein herzlicher Dank gebührt wieder der Evangelischen Verlagsanstalt unter Leitung von Frau Dr. Annette Weidhas, die den Druck gewohnt freundlich und kompetent begleitet hat, sowie den Sponsorinnen und Sponsoren, die die Durchführung der Tagung und die Drucklegung mit namhaften Zuschüssen unterstützt haben: dem Kreis der Freunde und Förderer der LThH sowie der Wilhelm-Julius-Bobbert-Stiftung.

3 Die Beiträge

Dr. Diethardt Roth, der von 1996 bis 2006 Bischof der Selbständigen Evangelisch-Lutherischen Kirche war und in dieser Funktion die Entwicklungen in der ACK auf dem Weg zur Magdeburger Erklärung unmittelbar miterlebt und mitgestaltet hatte, eröffnet die inhaltlichen Beiträge dieses Bandes mit einer Skizze der damaligen Diskussionen und Auseinandersetzungen zur gegenseitigen Taufanerkennung und stellt sie in den größeren Kontext der vorangehenden Entscheidungen der Lima-Erklärung von 1982 und der Charta Oecumenica von 2003. Roth schildert, wie der Langtext der Magdeburger Erklärung die Fülle noch ungeklärter Fragen zu erkennen gab und letztlich im Fortgang der Ereignisse nicht weiter Berücksichtigung fand, was die Rezeption des Kurztextes erheblich erleichterte. Roth würdigt die Beachtung, die die Taufe durch die wechselseitige Anerkennung neu erfahren hat und der nun auch in Verkündigung und Liturgie Ausdruck verliehen werden kann und soll. Er verschweigt auch nicht, dass die

Tauferklärung zugleich weiter bestehende Risse in der Christenheit dokumentierte, insofern einige ACK-Kirchen *nicht* unterzeichneten oder Ausführungsbestimmungen hinzufügten.

Tobias Schütze war bis zum Frühjahr 2023 wissenschaftlicher Assistent an der Lutherischen Theologischen Hochschule Oberursel und wirkt seitdem als Dozent für Systematische Theologie am Lutheran Theological Seminary in Pretoria (Tshwane). Schütze, der zurzeit an einer Doktorarbeit zu (Un-)Möglichkeiten zwischenkirchlicher Anerkennung arbeitet, erschließt in seinem einleitenden Vortrag das thematische Feld mit einer ökumenischen Problemskizze zum Anerkennungsbegriff und zur Anerkennungspraxis. Als Ansatzpunkt wählt er Wilhelm Löhes frühe Reflexionen zur Anerkennung zwischen Partikularkirchen. Grundlegend ist hier, dass es aus Löhes lutherischer Perspektive nur eine Anerkennung einer Partikularkirche geben kann in Hinsicht darauf, dass sie als Teil der einen Kirche Christi erkannt wird. Und wo Löhe zentrale Hauptstücke der Kirche Christi in einer Partikularkirche erkennt, da kann er ihr das Kirche-Sein nicht absprechen. Damit sind die Probleme nicht gelöst, weil der Dissens in wichtigen Lehrfragen dann umso bedrückender wird. Wie ist also mit der Gleichzeitigkeit von Einheit und Differenz kirchlich umzugehen?

Weil die Taufe Eingliederung in die Christuswirklichkeit bedeutet, wie dies in der Magdeburger Erklärung deutlich zum Ausdruck gebracht wird, und es keine Teil-Anteilhabe an Christus geben kann, lehnt Schütze Modelle gradueller kirchlicher Gemeinschaft ab. Auch Versuche, zwischen der Erkenntnis einer Partikularkirche als Kirche und ihrer Anerkennung als solcher zu unterscheiden, sind seines Erachtens sachlich nicht begründbar.

Stattdessen entwirft Schütze gewissermaßen ein prozessuales Modell der Anerkennung: Aufgrund des eschatologischen Vorbehalts aller menschlichen Erkenntnis und aufgrund der damit zusammenhängenden Vorläufigkeit aller (Nicht-)Anerkennungspraxis – auch hinsichtlich der Selbstidentifizierung – schlägt Schütze vor, zwei Einsichten aus der philosophischen Debatte zum Anerkennungsbegriff in die theologische Reflexion aufzunehmen. Das ist zum einen die Einsicht, dass jede Anerkennung – auch die Selbstanerkennung – mit Aspekten des Verkennens einhergeht (Thomas Bedorf), d. h., dass Anerkennen immer ein Wagnis bleibt, weil die einander widersprechenden Gründe der (Nicht-)Anerkennung sich innerweltlich nicht auflösen. Die andere Einsicht verdankt sich Axel Honneth und Paul Ricœur, die von »Friedenszuständen« im »Kampf um Anerkennung« sprechen, womit Zwischenzustände gemeint sind, die die Anerkennung nicht ein für alle Mal klären, aber doch eine zumindest vorläufige Etappe im erst eschatologisch abschließbaren Prozess der Anerkennung darstellen.

Aus evangelischer Perspektive entfaltet Dr. habil. Anne Käfer, Professorin für Systematische Theologie und Direktorin des Seminars für Reformierte Theologie an der Universität Münster, die fundamentale Bedeutung der Taufe. In ihr wende

Gott dem Täufling sein Erlösungshandeln zu, was für das gesamte Christenleben maßgeblich sei. Vornehmlich in Auseinandersetzung mit Schriften Luthers zur Taufe expliziert Käfer die Relevanz der Taufe als sinnlich-körperlicher Zuwendung des Heils und dessen Aneignung im Glauben, zu der es des Lebens in der Gemeinde und des Gebrauchs der Gnadenmittel bedarf.

Diese Einsicht in die konstitutive Bedeutung der Taufe für das Christenleben einerseits und in die Notwendigkeit des gemeindlichen Christenlebens für die Taufe andererseits, also die Einsicht in die enge Verknüpfung von Taufe und kirchlicher Gemeinschaft, ließe sich nun auf die hier zur Disposition stehende Frage anwenden, was eine wechselseitige Anerkennung der Taufe dann für die wechselseitige Wahrnehmung als Kirche bedeutet. Käfer wählt aber einen anderen Anwendungsfall dieser Einsicht, womit sie die im Raum stehende Frage gewissermaßen mitbeantwortet, nämlich den staatlichen Umgang mit getauften asylsuchenden Geflüchteten. Käfer zeigt hier auf, dass der einzige äußere, nachprüfbare Beleg des Christseins die Taufe ist – und keine Bemessung der Glaubensstärke anhand theologischer Bildung oder eines vermeintlich christlichen Lebenswandels angemessen ist, schon gar nicht von Seiten staatlicher Behörden, insofern die Trennung von Kirche und Staat noch ernst genommen wird. Zudem macht Käfer deutlich, dass den getauften Geflüchteten ein Leben in christlicher Gemeinschaft möglich sein muss, damit sie das christliche Leben leben können, das mit der Taufe beginnt. Ob ein Leben in christlicher Gemeinschaft, und also die gemeinschaftliche Feier von Taufe und Abendmahl samt uneingeschränkter Verkündigung des Evangeliums in den Herkunftsländern der Geflüchteten möglich ist, sollte daher vor deren Abschiebungen dringend geprüft werden.

Aus römisch-katholischer Perspektive nähert sich PD Dr. Burkard Neumann, Direktor am Johann-Adam-Möhler-Institut in Paderborn, dem Thema wechselseitiger Taufanerkennung und eines damit einhergehenden Verständnisses differenzierter Kirchengemeinschaft. Neumann wählt seinen Ansatzpunkt bei den oft genug »glücklichen« Inkonsequenzen kirchlicher Lehre und Praxis, die das Denken herausfordern und neue Wege für Theologie und Praxis zu erschließen helfen.

Neumann verdeutlicht das an den Implikationen der Taufe: Die Gemeinschaft im Abendmahl bzw. in der Eucharistie setze zwar ohne Zweifel die volle Kirchengemeinschaft voraus und bringe sie zum Ausdruck. Doch gebe es hier eben auch Inkonsequenzen, die das Nachdenken anregen. Dazu gehört für Neumann die Tatsache, dass Voraussetzung der Eucharistie nach altkirchlichem Verständnis Taufe und Salbung seien, woraus sich die Firmung entwickelte. In der katholischen Praxis erfolge die Firmung in der Regel aber erst Jahre nach der Erstkommunion. Die Frage, in welchem Verhältnis die Vollendung der Taufe durch die Firmung zur Vollendung der Taufe in der Eucharistie stehe, sei theologisch nicht wirklich geklärt. Eine zweite Inkonsequenz besteht für Neumann darin, dass Lehrdifferenzen zwar die zwischenkirchliche Einheit bedrohen, dass aber auch innerkirchlich die Einheit in Glauben und Lehre noch unvollständig ist und gerade durch die gemeinsame Teilhabe an der Eucharistie gestärkt wird. Daraus ergibt sich für Neumann ein Verständnis von Kirche als einer dynamischen Gemeinschaft, was eine gestufte Kirchengliedschaft denkbar mache, also ein Zugleich von Einheit in der Taufe und noch ausstehender voller Einheit in Glauben und Lehre. Eine zumindest wechselseitige gastweise Zulassung zur Eucharistie könnte diese Differenz zum Ausdruck bringen und deutlich machen, dass die Eucharistie eben nicht nur Einheit bezeugt, sondern diese auch bewirkt, weil es Christus selbst ist, der hier Einheit schenkt.

Neumanns Modell einer dynamischen und sich vorwagenden Anerkennungspraxis hat eine gewisse Nähe zu Schützes Vorschlag, auch wenn Neumann anders als Schütze von gestufter Kirchengliedschaft spricht.

Dr. habil. Werner Klän, emeritierter Professor für Systematische Theologie an der Lutherischen Theologischen Hochschule Oberursel, bestimmt das Verhältnis von Taufanerkennung und eingeschränkter Abendmahlszulassung aus »konkordienlutherischer« Perspektive. Dazu definiert er zunächst den lutherischen Sakramentsbegriff als stiftungsgemäße Austeilung der Selbstzusage Gottes, wobei es in besonderer Weise um die Vergewisserung der Glaubenden gehe. Die Taufe wird in einem zweiten Schritt als unverbrüchliches Eingangssakrament der gottgewirkten Einleibung in den Christusleib bestimmt und die Unmündigentaufe als Zeichen der bedingungslosen Gnade Gottes betont.

In der Magdeburger Erklärung werde zurecht die Taufe als grundlegende Vereinigung mit Christus bestimmt und deren Einmaligkeit und Sakramentalität betont. Mit der wechselseitigen Taufanerkennung sei eine »faktische Anerkennung des ekklesialen Charakters der taufenden Gemeinschaft« gegeben, wie Klän mit Worten von Jörg Bickelhaupt feststellt, ohne dass damit die »Suche nach notwendigen Grundeinverständnissen bezüglich Taufe, Glaube, Kirche« schon abgeschlossen wäre.

Auch beim Abendmahl sei die Sakramentalität und die Realpräsenz der göttlichen Gabe von Leib und Blut Christi zu betonen, was die lutherische Kirche mit der römisch-katholischen und der orthodoxen verbinde. Reformierte und unierte Auffassungen des Abendmahls ließen sich damit bis heute trotz Leuenberger Konkordie nicht in Einklang bringen, so dass hier nach wie vor die »Gestaltung verbindlicher kirchlicher Einheit« verhindert sei. Während also bei der Taufe ein Grundeinverständnis vorliege, das bei bleibenden Unterschieden im Einzelnen eine wechselseitige Anerkennung dieses Sakraments möglich mache, sei ein solches Grundeinverständnis im Abendmahl nicht gegeben. Diese Spannung, so Klän, sei auszuhalten und führe immer wieder neu ins ökumenische Gespräch.

In einem interkonfessionell angelegten Symposium zu »Taufe«, »Kirche« und »Anerkennung« darf die oft überhörte Stimme der täuferischen Gemeinschaften nicht fehlen, die die Magdeburger Erklärung aus naheliegenden Gründen eben nicht unterzeichnet haben. PD Dr. Astrid von Schlachta ist Leiterin der Mennonitischen Forschungsstelle in Weierhof und Lehrbeauftragte am Lehrstuhl für Neuere Geschichte der Universität Regensburg. In ihrem Beitrag schildert von Schlachta zunächst die innertäuferischen Differenzen in Taufverständnis und Taufpraxis. Gemeinsam war den täuferischen Gruppen die Ablehnung der Kindertaufe, was für sie nicht nur kirchlich, sondern auch politisch erhebliche Folgen bis hin zu blutigen Verfolgungen hatte. Die Dialog-Initiativen der letzten knapp 50 Jahre haben allerdings geholfen Vorurteile zwischen Kirchen, die die Säuglingstaufe praktizieren, und solchen, die sie ablehnen, abzubauen. Außerdem habe man sich auf eine Praxis verständigen können, bei der grundsätzlich auf eine »Wiedertaufe« eines als Säugling Getauften verzichtet werde, es sei denn, dass die betreffende Person dies ausdrücklich fordere. Die theologischen Kontroversen seien damit aber nicht erledigt, etwa die Kritik der Mennoniten an einem sakramentalen Verständnis der Taufe und die Betonung des Zusammenhangs von Taufe und bewusster Jüngerschaft. Gleichwohl habe es bei den trilateralen Gesprächen der jüngsten Vergangenheit einen deutlichen Zuwachs an gegenseitigem Verständnis und an Respekt füreinander gegeben – und eine wachsende Einsicht in die Tatsache, dass die Konfessionsfamilien letztlich, wenn auch mit Verschiebungen, vor ähnlichen Problemen stehen.

Könnte die in der orthodoxen Theologie gebräuchliche Unterscheidung von Akribeia und Oikonomia eine hilfreiche Hermeneutik für eine differenzierte wechselseitige Anerkennung bieten? Dr. Dr. Anargyros Anapliotis, Akademischer Oberrat und Dozent für Kirchenrecht am Institut für Orthodoxe Theologie der Ludwig-Maximilians-Universität München, erläutert zunächst diese Unterscheidung und führt in die höchst differenzierte Taufanerkennungspraxis von der Alten Kirche bis zur zeitgenössischen Orthodoxie ein. Seine Kernthese besteht darin, dass die Anerkennung der Taufpraxis heterodoxer Kirchen von der orthodoxen Tradition her – anders als häufig behauptet – überhaupt keine Frage der »Oikonomia«, also der seelsorglichen Einzelfallentscheidung sei. Vielmehr legten entscheidende Dokumente des Kanonischen Rechts eine Anerkennung der Taufe, wie sie etwa in der römisch-katholischen Kirche oder in den protestantischen Kirchen praktiziert wird, gerade auch in der »akribischen«, also dem Wortlaut gemäßen Anwendung des Kirchenrechts nahe. Eine Differenzhermeneutik, die durch die Unterscheidung von Akribeia und Oikonomia für den Einzelfall vorgesehen ist, sei also im Blick auf die Taufanerkennung nicht notwendig, weil die kanonischen Texte selbst eine Differenzierung von Kirchengemeinschaft böten und dementsprechend auch eine gestufte Praxis bei der Aufnahme von andersgläubigen Christen in die orthodoxe Kirche vorschrieben. Dass diese Auffassung Auswirkungen auf das Kirchenverständnis hat, bringt Anapliotis in seinem Schlussplädoyer deutlich zum Ausdruck, in dem er mit den Metropoliten Hilarion Alefejev und Johannes Zizioulas eine Differenzierung zwischen gemeinsamen grundlegenden Dogmen und umstrittenen Kirchenlehren einzieht und insofern auch von *einer* »Kirche im weiteren Sinne« trotz Unterschieden in der Lehre sprechen kann. Die Grenzen der Kirche seien von der (trinitarisch vollzogenen) Taufe her zu definieren – nicht umgekehrt.

Dr. Gilberto da Silva, Professor für Kirchengeschichte an der Lutherischen Theologischen Hochschule Oberursel, untersucht die Frage der »Anerkennung« anderer trotz bleibender Differenz am Beispiel der »Einigungssätze« von 1948. Diese »Einigungssätze« zu den Themen »Heilige Schrift«, »Gnadenwahl«, »Kirche und Amt« sowie »Letzte Dinge« spielten eine entscheidende Rolle für das Zusammenwachsen der selbstständigen lutherischen Kirchen nach dem Zweiten Weltkrieg, was 1972 zur Gründung der SELK führte. Da Silva vertritt in seinem Beitrag die These, dass die Einigungssätze zwar nicht auf der *Sachebene* zu einem auf Dauer tragfähigen theologischen Konsens führten, dass sie aber *formalrechtlich* – und man muss wohl ergänzen: auch *atmosphärisch* – zu einer Versöhnung der beteiligten und bis dahin getrennten Kirchenkörper beitrugen. Gerade dadurch, dass die bleibenden Differenzen systematisch-theologisch *nicht* gründlich behandelt wurden und die »Einigungssätze« später *kaum noch* rezipiert wurden, hatten sie eine enorme historisch-kirchenrechtliche Wirkung. Die »Einigungssätze« können somit – im Gegensatz zur Intention ihrer Autoren, die darin das Dokument eines inhaltlichen theologischen Konsenses sahen – als Vehikel angesehen werden, das eine »Einheit in versöhnter Verschiedenheit« zustande gebracht hat. Eine Gleichzeitigkeit von Einheit und Differenz bleibt eben selbst in einer kleinen Bekenntniskirche bestehen, die sich von einem starken Lehrkonsens her versteht – und deren Einheit an diesen Differenzen scheitern kann, wenn nicht ein starker Wille zur Einheit vorhanden ist, wie das 19. Jahrhundert gelehrt hat.

In seinem bündelnden Beitrag »Streit als Anerkennung« nimmt Dr. habil. Christian Neddens, Professor für Systematische Theologie an der Lutherischen Theologischen Hochschule Oberursel, Impulse der neueren Kritischen Theorie auf, um inner- und zwischenkirchliche Konflikte neu zu bewerten. Neddens vertritt die These, dass auch und gerade fair ausgetragener Streit (trotz seiner sozialen Sprengkraft) wechselseitige Anerkennung zum Ausdruck bringen und so der kirchlichen Einheit dienen kann. Hintergrund seiner These ist die Feststellung, dass sowohl die vollständige Lehrübereinstimmung als auch eine gleiche Gültigkeit sich widersprechender Lehren in der Kirche illusionär ist, dass es also bis zur eschatologischen Vollendung immer ein Zugleich von Konsens und Dissens in der Kirche geben wird. Von der Grundstruktur des lutherischen Bekenntnisses her, in dem die Alleinwirksamkeit und Vorgängigkeit von Gottes Handeln zu unserem Heil anerkannt wird, interpretiert Neddens Kirche als Sozialraum wechselseitiger Anerkennung, was Auslegungs- und Normenkonflikte unvermeidlich mache. Gerade die in CA 7 artikulierte kritische Wesensbestimmung von Kirche bringe zum Ausdruck, dass nichts in der Kirche verpflichtend gemacht werden dürfe, was sich nicht aus dem gemeinsamen Recht an Wort und Sakrament ergebe. Sei hier eine formelle Rechtsgrundlage gegeben, die die Freiheit und Gleichheit aller garantiere, bedürfe es aber auch der institutionellen Räume, in denen der Dissens ausgetragen werden kann, und einer Haltung der »Toleranz im Konflikt«, die der Gegenseite Raum in der Kirche zugesteht, so dass sich im Austragen des Streits wechselseitige Anerkennung dokumentiert. Damit wird deutlich: Anerkennung ist nicht etwas, das erst eintreten kann, wenn alle Differenzen beseitigt sind, sondern Anerkennung ist eine riskante Gabe, die provisorisch gewährt wird und die Hoffnung voraussetzt, dass sich der Vorgriff auf Anerkennung bewähren wird und Lernerfolge möglich sind.

Das Augsburger Bekenntnis (CA) stelle geradezu ein Modell solch streitbarer provisorischer Anerkennung in der Kirche – trotz bleibender theologischer Differenzen – dar. Es stelle eine Hermeneutik bereit, die unterschiedliche Ausgestaltungen von Kirche ermögliche, solange diese nicht den Konsens im Grundverständnis des Christlichen aufheben. So könne ausgerechnet (der fair ausgetragene) Streit zur Quelle der Erneuerung und der Beheimatung in der Kirche werden.

Münster/Oberursel/Pretoria (Tshwane),
am 25. Juni 2023

Die Herausgeberin und die Herausgeber

Auf dem Weg zur Magdeburger Erklärung
Erinnerungen und Ausblicke[1]

Diethardt Roth

Zwei epochale Ereignisse standen zu Beginn des dritten Millenniums auf der Agenda der Ökumene in Deutschland. Zum einen fand vom 28. Mai bis 1. Juni 2003 der 1. Ökumenische Kirchentag in Berlin statt. Zum anderen wurde auf diesem Kirchentag von den zur Arbeitsgemeinschaft Christlicher Kirchen in Deutschland (ACK) gehörenden Kirchen die *Charta Oecumenica*[2] unterzeichnet. Ich konnte nach einem längeren innerkirchlichen Klärungsprozess als damaliger Bischof der Selbständigen Evangelisch-Lutherischen Kirche (SELK) diese unterschreiben.[3] Es ist hier nicht der Ort, die beiden Ereignisse zu würdigen. Zumindest ist aber festzuhalten, dass die *Charta Oecumenica* der Türöffner zu einer weiteren Förderung der gegenseitigen Anerkennung und des Miteinanders der Kirchen in Deutschland und Europa war und – ich füge trotz aller Kritik mutig hinzu – ist.

Back to the roots hatten die Verfasser der *Charta* und die Erst- und Nachunterzeichner ihren Einstieg bei dem Evangelium Jesu Christi, der Heiligen Schrift und dem ökumenischen Glaubensbekenntnis von Nicäa-Konstantinopel (381 n. Chr.) genommen.[4] Den drei Hauptabschnitten wurde jeweils nach der

---

[1] Die Ausführungen beruhen auf eigenen Erinnerungen und Unterlagen aus dem Archiv der Kirchenleitung der Selbständigen Evangelisch-Lutherischen Kirche, Hannover. Herzlich danke ich Herrn Geschäftsführenden Kirchenrat Michael Schätzel für die Unterstützung bei der Nutzung des Archivs. Außerdem wurde eine Recherche im Internet durchgeführt. Der Verfasser war Bischof der Selbständigen Evangelisch-Lutherischen Kirche von 1996–2006.

[2] KONFERENZ EUROPÄISCHER KIRCHEN (KEK)/RAT DER EUROPÄISCHEN BISCHOFSKONFERENZEN (CCEE) (Hrsg.), Charta Oecumenica. Leitlinien für die wachsende Zusammenarbeit unter den Kirchen in Europa, St. Gallen 2001.

[3] Die Liste der Unterzeichner findet sich unter URL: https://www.oekumene-ack.de/fileadmin/user_upload/Grundlagen_der_Zusammenarbeit/Urkunde_Charta_Oecumenica_ACK.pdf (Stand: 13.03.2023).

[4] KEK/CCEE, Charta Oecumenica (s. Anm. 2), 5.

Überschrift ein biblischer Text vorangestellt.⁵ Zum I. Abschnitt ist das Eph 4,3–6. (Ich durfte diesen Text im Gottesdienst zur Unterzeichnung der *Charta* beim Ökumenischen Kirchentag verlesen.) Er enthält das Bekenntnis zu der *einen* Taufe, was in der *Charta* durch Sperrdruck von »eine« hervorgehoben wurde. Mit dem ökumenischen Bekenntnis von Nicäa-Konstantinopel wurde ebenfalls die Taufe in den Fokus gerückt. »Wir bekennen die eine Taufe zur Vergebung der Sünden«⁶. An die Taufe wird unter den Verpflichtungen zum I. Abschnitt der *Charta* unter der Überschrift »Gemeinsam zur Einheit im Glauben berufen« erinnert:

> »wir verpflichten uns [...], der apostolischen Mahnung des Epheserbriefes zu folgen und uns beharrlich um ein gemeinsames Verständnis der Heilsbotschaft Christi im Evangelium zu bemühen; in der Kraft des Heiligen Geistes auf die sichtbare Einheit der Kirche Jesu Christi in dem einen Glauben hinzuwirken, die ihren Ausdruck in der gegenseitig anerkannten Taufe und in der eucharistischen Gemeinschaft findet sowie im gemeinsamen Zeugnis und Dienst.«⁷

Ob diese Aussage von der gegenseitig anerkannten Taufe als »Zeugnis für die sichtbare Einheit der Kirche Jesu Christi« die römisch-katholische Kirche durch die Vollversammlung des Päpstlichen Rates (jetzt: Dikasterium) zur Förderung der Einheit der Christen bewogen hat, das Thema zur gegenseitigen Anerkennung der Taufe auf die Tagesordnung der Ökumene zu setzen, vermag ich nicht zu sagen. Auf jeden Fall war in der *Charta* die Aufgabe benannt, auf die gegenseitige Taufanerkennung hinzuwirken. Der Päpstliche Einheitsrat gab den Bischofskonferenzen (nicht nur in Deutschland) den Impuls, in ökumenischer Gemeinschaft einen gemeinsamen Anerkennungstext zu beraten und wenn möglich zu beschließen.⁸ Neben den Aussagen aus der Tradition der Kirche bis zur *Charta* standen dahinter sicherlich auch Erfahrungen aus dem zwischenkirchlichen Bereich, dass Taufen nicht anerkannt wurden. Dabei ging es nicht nur um die aus der Täuferbewegung der Reformationszeit entstandenen Kirchen. Zwischen Kirchen unterschiedlichster Herkunft brach immer wieder die Frage auf, was

---

⁵ KEK/CCEE, Charta Oecumenica (s. Anm. 2), 5, 6 und 9.
⁶ SELBSTÄNDIGE EVANGELISCH-LUTHERISCHE KIRCHE (Hrsg.), Evangelisch-Lutherisches Kirchengesangbuch, Stuttgart 2021, 1653.
⁷ KEK/CCEE, Charta Oecumenica (s. Anm. 2), 5.
⁸ Vgl. KARL KARDINAL LEHMANN, Wechselseitige Anerkennung der Taufe – 11 Kirchen in Deutschland unterzeichnen am 29. April in Magdeburg Erklärung. Wort zum Segen: Gabe und Sendung, 29.04.2007, URL: https://www.dbk.de/presse/aktuelles/meldung/wechselseitige-anerkennung-der-taufe-11-kirchen-in-deutschland-unterzeichnen-am-29-april-in-magde (Stand: 21.03.2023). S. auch die unter dieser Internetseite bereitgestellte Literatur.

denn zu einer *rite* vollzogenen Taufe gehören müsse, damit sie anerkannt werden könne.

Die Anfrage aus der römisch-katholischen Kurie wurde, wie es in der damaligen Zeit üblich war, zuerst zwischen den Gremien der Deutschen Bischofskonferenz (DBK) und der Evangelischen Kirche in Deutschland (EKD) verhandelt. Schließlich kam es auch zu einer Beteiligung der ACK. In einem kleineren Ausschuss war der Vorsitzende der ACK, Bischof Dr. Klaiber von der Evangelisch-Methodistischen Kirche, vertreten. Ich erinnere mich nicht an ein offizielles Mandat für ihn durch die Mitgliederversammlung, und auch dass weitere Vertreter der Mitgliedskirchen der ACK, wie der Vizepräsident der EKD, Dr. Hermann Barth in einem Schreiben an die Mitglieds- und Gastkirchen der ACK mitteilt,[9] anwesend waren, entzieht sich meiner Kenntnis. Ich erinnere mich nicht, dass in den Mitgliederversammlungen oder dem Vorstand der ACK explizit inhaltlich die Texte diskutiert wurden und ein Mandat der Mitgliederversammlungen erteilt wurde. Die Protokolle im Archiv der Kirchenleitung der SELK lassen davon ebenfalls nichts erkennen.

Die ACK hat gezögert, sich an dem Diskussionsprozess zu beteiligen, da die gegenseitige Taufanerkennung nicht die Basis ihrer ökumenischen Arbeit ist. Auf der anderen Seite gab es schon, vor allem seit der Limaerklärung von 1982, viele Gespräche zwischen den verschiedenen Kirchen zur gegenseitigen Taufanerkennung, auch mit entsprechenden Entscheidungen. In der Erklärung heißt es in § 15:

> »Gegenseitige Anerkennung der Taufe wird als ein bedeutsames Zeichen und Mittel angesehen, die in Christus gegebene Einheit in der Taufe zum Ausdruck zu bringen. Wo immer möglich, sollten die Kirchen die gegenseitige Anerkennung ausdrücklich erklären.«[10]

Für viele Kirchen war es auch ohne kirchenrechtliche Feststellungen selbstverständlich, Taufen gegenseitig anzuerkennen, für manche geschah es im Rahmen von erklärter Kirchengemeinschaft. Das war in der ökumenischen Landschaft in Deutschland ein buntes Bild, das strukturiert werden sollte. Landesbischof Dr. Friedrich Weber hat als Vorsitzender der ACK in einem Vortrag vor der Mitglie-

---

[9] Schreiben von Barth vom 29.04.2004 im Archiv der Kirchenleitung der SELK, 15/03-00.

[10] KOMMISSION FÜR GLAUBEN UND KIRCHENVERFASSUNG DES ÖKUMENISCHEN RATES DER KIRCHEN, Taufe, Eucharistie und Amt. Konvergenzerklärungen der Kommission für Glauben und Kirchenverfassung des Ökumenischen Rates der Kirchen, Frankfurt a.M. ⁹1984, § 15, URL: https://www.oekumene-ack.de/fileadmin/user_upload/Themen/Taufe_Eucharistie_Amt_1982.pdf (Stand: 13.03.2023).

derversammlung der ACK zum Thema »Wechselseitige Taufanerkennung« den Werdegang seit Lima 1982 bis zur Unterzeichnung dargestellt.[11]

Am 15. März 2004 wurden schließlich alle Mitgliedskirchen (seinerzeit 16) und Gastkirchen (damals vier) der ACK über den Langtext und den Kurztext vom 12. Januar 2004 zur gegenseitigen Taufanerkennung informiert und um eine Stellungnahme bis zum 15. Juli 2004 gebeten.[12] Deutlich wird, dass an dem bisherigen Prozess bestimmte Kirchen beteiligt waren und andere nicht. Letztere durften jetzt noch Wünsche einbringen, da der eigentliche Rezeptionsprozess noch nicht begonnen hatte.

Zu beiden Texten erstellte im Auftrag der Kirchenleitung der SELK die Theologische Kommission der SELK Gutachten mit vielen inhaltlichen Gravamina aus lutherischer Sicht, vor allem zum Langtext. Wir hatten bis dahin, soweit ich weiß, keine größeren Probleme bei der Anerkennung von Taufen aus anderen Kirchen. Sobald aber Tauftheologie wie im Langtext entfaltet wurde, kamen vielfältige Fragen auf. Ich verzichte darauf, den Langtext weiter zu behandeln, da er in den weiteren Beratungen keine Rolle mehr spielte. Am 4. Mai 2004 informierte die Oekumenische Centrale durch die Geschäftsführerin Pfarrerin Barbara Rudolph die ACK-Mitgliedskirchen, Gastkirchen und Ständigen Beobachter über ein Schreiben von Vizepräsident Dr. Hermann Barth vom Kirchenamt der EKD vom 29. April 2004 über die laufenden Gespräche. Das möchte ich hier ohne weiteren Kommentar ausführlich zitieren, da es den schwierigen Prozess, auf den ich oben schon hingewiesen habe, dokumentiert:

»[...] seit längerer Zeit laufen vorbereitende Gespräche, um unter den christlichen Kirchen in Deutschland zu einer wechselseitigen Taufanerkennung zu gelangen. In einer kleinen Arbeitsgruppe, an der Vertreterinnen und Vertreter der Evangelischen Kirchen in Deutschland, der Deutschen Bischofskonferenz und weiterer Mitgliedskirchen der ACK vertreten waren, sind Textentwürfe eines Lang- und eines Kurztextes entstanden. In der letzten Mitgliederversammlung der ACK am 10. März 2004 ist über den damaligen Sachstand berichtet worden, auch darüber, dass durch einen Brief der Kommission der Orthodoxen Kirche in Deutschland (KOKiD) vom 8. März deutlich geworden ist, dass auf der Basis der vorliegenden Textentwürfe für die orthodoxen Kirchen die Beteiligung an einer wechselseitigen Anerkennung nicht möglich ist. [...] Der Vorsitzende der KOKiD, Herr Professor Kallis hat der Hoffnung Ausdruck gegeben, dass eine Textfassung gefunden und vereinbart werden kann, der auch die orthodoxen Kirchen zustimmen können [...] Wenn die Sondierungen ein

---

[11] Vgl. FRIEDRICH WEBER, Wechselseitige Taufanerkennung, URL: https://www.oekumene-ack.de/fileadmin/user_upload/Themen/Wechselseitige_Taufanerkennung.pdf (Stand: 13.03.2023).

[12] Schreiben der ACK/Oekumenischen Centrale an die Selbständige Evangelisch-Lutherische Kirche vom 15.03.2004 mit der Anlage Christliche Taufe (Kurztext und Langtext) im Archiv der Kirchenleitung der SELK, Hannover, unter 15/03-00.

positives Ergebnis haben, sollen alle Mitglieds- und Gastkirchen der ACK umgehend einen neuen Textentwurf erhalten – verbunden mit der Bitte, zu prüfen, ob sie auf dieser Basis eine wechselseitige Taufanerkennung aussprechen können.«[13]

Am 4. Mai wurden alle Mitgliedskirchen, Gastkirchen und ständigen Beobachter der ACK über die Oekumenische Centrale in Frankfurt über diesen Sachverhalt informiert. Im Mai 2004 wurde ein neuer Kurztext den Kirchen zur Stellungnahme zugesandt. Am 1. Juli 2004 wandte sich die Theologische Kommission der SELK an die Oekumenische Centrale und informierte sie über ihr Votum zum Kurztext vom Mai 2004.[14] Der Vorsitzende der Kommission, Pfarrer Dr. Albrecht Adam, brachte zum Ausdruck, dass die Kommission dankbar dafür ist, dass die Kirchen der ACK vielleicht zu einer verbindlichen gegenseitigen Taufanerkennung kommen. »Dies würde gerade im Jahr bedrückender Gedenktage, der 950. Wiederkehr des großen Ost-West Schismas sowie der 800. Wiederkehr der Einnahme Konstantinopels durch Heere der Lateinischen Kirche ein deutliches Zeichen der Einheit setzen.«[15]

Zum Kurztext wurden nach dieser grundsätzlichen Feststellung einige Änderungswünsche der Kommission im Auftrag der SELK vorgebracht. Begrüßt wurde der Fortschritt im Anerkennungstext (Kurztext) von Januar bis Mai 2004. »Ebenfalls dankbar stellen wir das Bekenntnis zur Einmaligkeit und Unwiederholbarkeit der Heiligen Taufe fest.«[16] Daran schlossen sich einige Monita der Theologischen Kommission an, die hier nicht weiter wiederholt werden sollen. Sie spielten im weiteren Verfahren keine Rolle. Unklar blieb der Theologischen Kommission die Bedeutung des Langtextes. Auf diese Frage wurde von der Oekumenischen Centrale nicht weiter eingegangen. Sie erledigte sich auch mit der nicht erfolgten weiteren Bearbeitung des Langtextes durch die ACK. Der Text wurde zur Behandlung der Frage der gegenseitigen Taufanerkennung nicht weiter herangezogen. Es ist hier nicht der Ort, die Diskussion um den Inhalt des Langtextes zu führen. Sie würde sicherlich die Problematik des Kurztextes aufleuchten lassen. Die Theologische Kommission äußerte zum Kurztext aber keine grundsätzlichen Bedenken.

Der gesamte Vorgang der gegenseitigen Taufanerkennung wurde offiziell für die ACK wieder am 1. November 2005 aufgenommen. Zu dem Termin wandte sich der Vorsitzende der ACK, Bischof Dr. Walter Klaiber, über die Oekumenische Centrale an die Mitglieds- und Gastkirchen der ACK.[17] Nach der Zustimmung zum Text durch die DBK und die EKD war Klaiber gebeten worden, den Text der

---

[13] Text im Archiv der Kirchenleitung der SELK, Hannover, unter KL4/o4/4.
[14] ALBRECHT ADAM, Brief vom 01.07.2004 im Archiv der Kirchenleitung, unter 15/03–00.
[15] ADAM, Brief vom 01.07.2004 (s. Anm. 14), 1.
[16] ADAM, Brief vom 01.07.2004 (s. Anm. 14), 1.
[17] WALTER KLAIBER, Brief vom 01.11.2005 im Archiv der SELK, unter 9–05,22b.

ACK zuzusenden mit der Bitte prüfen zu lassen, ob die Kirchen dieser Erklärung zustimmen können. Auf der einen Seite begrüßte Klaiber den Text als einen »wichtigen Schritt auf dem Weg zu einem engeren Miteinander der Kirchen«. Andererseits betonte er:

> »Ich möchte aber zugleich betonen, dass die Rolle der ACK sich dabei auf die organisatorische Hilfestellung beschränkt und die Zustimmung oder Nichtzustimmung zu diesem Dokument keinen Einfluss auf das Verhältnis zur ACK hat. Die ACK respektiert, dass es in der Tauffrage unter den Mitgliedskirchen noch nicht überwundene Differenzen gibt.«[18]

Klaiber führte weiter aus, dass bis zum 31. Mai 2006 die Gremien der jeweiligen Kirchen entscheiden sollen, ob sie dem Text zustimmen. Veränderungen am Text sind »kaum noch möglich«[19]. Ich verzichte auf eine Diskussion dieses Briefes, der, so hatte ich den Eindruck damals, ein Auseinanderbrechen der ACK verhindern sollte.

Die Kirchenleitung der SELK stimmte am 22./23. Februar 2007, etwas verspätet, da wegen des Wechsels im Bischofsamt anderes im Vordergrund stand, der Unterzeichnung des Papiers »Die christliche Taufe« nach Rücksprache mit der Theologischen Kommission zu.[20] Die Theologische Kommission hatte darauf hingewiesen, dass das Papier von Seiten der SELK anders formuliert würde, z. B. dahingehend, »dass die sakramentale Realität der Taufe als Wiedergeburt deutlicher zum Ausdruck gebracht« würde und dass dem Lima-Dokument kein Bekenntnischarakter zukomme.[21] Die Kirchenleitung hat diese Hinweise in ihren Beschluss nicht dezidiert aufgenommen.

Am 29. April 2007 wurde die Erklärung zur gegenseitigen Taufanerkennung »Die christliche Taufe« von denjenigen Kirchen der ACK, die sie akzeptiert hatten, unterschrieben. Im Folgenden der Text der Magdeburger Erklärung:

> »Jesus Christus ist unser Heil. Durch ihn hat Gott die Gottesferne des Sünders überwunden (Röm 5,10), um uns zu Söhnen und Töchtern Gottes zu machen. Als Teilhabe am Geheimnis von Christi Tod und Auferstehung bedeutet die Taufe Neugeburt in Jesus Christus. Wer dieses Sakrament empfängt und im Glauben Gottes Liebe bejaht, wird mit Christus und zugleich mit seinem Volk aller Zeiten und Orte

---

[18] KLAIBER, Brief vom 01.11.2005 (s. Anm. 17), 1.
[19] KLAIBER, Brief vom 01.11.2005 (s. Anm. 17), 2.
[20] Beschluss der Kirchenleitung vom 22./23.02.2007 im Archiv der Kirchenleitung, unter KL2/07/24a.
[21] ALBRECHT ADAM, Schreiben an die Kirchenleitung vom 22.03.2006 im Archiv der Kirchenleitung unter KL15/03-00.

vereint. Als ein Zeichen der Einheit aller Christen verbindet die Taufe mit Jesus Christus, dem Fundament dieser Einheit. Trotz Unterschieden im Verständnis von Kirche besteht zwischen uns ein Grundeinverständnis über die Taufe.

Deshalb erkennen wir jede nach dem Auftrag Jesu im Namen des Vaters und des Sohnes und des Heiligen Geistes mit der Zeichenhandlung des Untertauchens im Wasser bzw. des Übergießens mit Wasser vollzogene Taufe an und freuen uns über jeden Menschen, der getauft wird. Diese wechselseitige Anerkennung der Taufe ist Ausdruck des in Jesus Christus gründenden Bandes der Einheit (Eph 4,4–6). Die so vollzogene Taufe ist einmalig und unwiederholbar.

Wir bekennen mit dem Dokument von Lima: Unsere eine Taufe in Christus ist ›ein Ruf an die Kirchen, ihre Trennungen zu überwinden und ihre Gemeinschaft sichtbar zu manifestieren.‹ (Konvergenzerklärungen der Kommission für Glaube und Kirchenverfassung des Ökumenischen Rates der Kirchen, Taufe, Nr. 6).«[22]

Es war ein schwieriger Prozess bis zur Unterschrift der Kirchen. Meine Erinnerung zeigt, wie herausfordernd es war (und ist), ökumenische Texte zu verfassen, die eine gegenseitige Verpflichtung enthalten, die von den verantwortlichen Gremien der Kirchen angenommen und unterschrieben werden sollen – und kirchenrechtliche Implikationen haben. Ich habe bei diesem Vorgang ein Musterbeispiel dafür erlebt, wie in Deutschland sich Ökumene »abspielt«. Mir ist gleichzeitig wieder deutlich geworden, wie auch in dieser Frage der gegenseitigen Taufanerkennung ein Riss durch die Christenheit weitergeht. Der Vertreter der Arbeitsgemeinschaft Mennonitischer Gemeinden in Deutschland, Pfarrer Funck, der für die Kirchen und Gemeinden der täuferischen Tradition sprach, die nicht unterzeichneten, hat das in seinem Grußwort im Gottesdienst in Magdeburg zum Ausdruck gebracht, und gleichzeitig Gemeinsames betont. Nachdem er begründet hatte, warum die Kirchen und Gemeinden nicht unterzeichnen, fuhr er fort:

»[…] so wissen wir uns dennoch mit ihnen verbunden als Gemeinschaft der Glaubenden im Bekenntnis zu Jesus Christus, unserem Herrn, ›und trachten danach, gemeinsam zu erfüllen, wozu wir berufen sind, zur Ehre Gottes, des Vaters, des Sohnes und des Heiligen Geistes.‹ (Basis der ÖRK und der ACK).«[23]

Auch die Orthodoxen Kirchen haben zu der Erklärung von Magdeburg Ausführungsbestimmungen hinzugefügt. In seinem Referat vor der ACK hat der damalige Vorsitzende Landesbischof Dr. Friedrich Weber, Braunschweig, den Vorgang

---

[22] Wechselseitige Anerkennung der Taufe, Magdeburg 2007, URL: https://www.oekumene-ack.de/fileadmin/user_upload/Themen/Taufanerkennung2007.pdf (Stand: 13.03.2023).

[23] WERNER FUNK, Grußwort der nicht-beteiligten Kirchen, URL: https://www.oekumene-ack.de/fileadmin/user_upload/Themen/Grusswort_nicht_beteiligte_Kirchen.pdf (Stand: 13.03.2023).

kommentiert. Nachdem er sich mit den zwei altorientalischen Kirchen befasst hatte, die die Erklärung nicht unterschrieben haben, formulierte er weiter:

> »Auch die orthodoxen Kirchen byzantinischer Tradition sind der Regel Cyprians gefolgt (anders zumeist die Russisch-Orthodoxe Kirche, die sich an die westliche Sicht Augustins anlehnte) und erkennen die Taufe anderer Kirchen allenfalls in der pastoralen Haltung des ›kat oikonomian‹ an, – nicht aber in der strengen ›akribischen‹ Anwendung einer vollen Gültigkeit. Innerhalb der orthodoxen Theologie gibt es einen interessanten Diskurs, ob für die Anerkennung der Taufe die Ökonomie ein adäquates Theologumenon sei. Die Kommission der Orthodoxen Kirche hat ›kat oikonomian‹ entschieden und für den Fall des Übertritts eines Christen/einer Christin in ihre Kirche pastorale Handlungsanweisungen erarbeitet, die vor allem Salbung und Teilnahme an der Heiligen Liturgie betreffen.«[24]

Ich sollte mich erinnern und habe das mit meinem Gedächtnis, dem Archiv der Kirchenleitung der SELK und Recherchen im Internet getan. Ich wurde auch um einen kurzen Ausblick gebeten.

Die Erklärung von Magdeburg bedarf sicherlich noch weiterer theologischer Gespräche zum Verständnis der Taufe, auch wenn ein »Grundeinverständnis zur Taufe« vorliegt. Der damalige Langtext zur Taufe ist in meinen Augen sehr schnell (allzu schnell?) in der Versenkung verschwunden. Es wäre hilfreich und zugleich mühsam, ihn noch einmal in das ökumenische Gespräch zu bringen.

In der Erklärung von Magdeburg hat mich eine Aussage besonders bewegt: »… und freuen uns über jeden Menschen, der getauft wird.« Von solcher Freude sollten wir Kirchen Zeugnis geben und sie für Menschen unserer Zeit formulieren. Das Dokument von Magdeburg ist im »Theologen-Deutsch« formuliert und bedarf der Umsetzung in verständlicheres Deutsch.

Die Erklärung von Magdeburg sollte des Weiteren den Kirchen in doppelter Weise Mut machen:
- zum einen, die Getauften, die aus der Kirche ausgetreten sind, nachhaltig weiter auf ihre Taufe anzusprechen und sie nicht ins »religiöse Niemandsland« zu entlassen. Warum sollte man Ausgetretene nicht immer wieder einmal zum Taufgedächtnis einladen, ich denke dabei im evangelischen Bereich an die Gedächtnisfeiern zu Konfirmationen, die ja auch immer Tauferinnerungen sind (und gern angenommen werden). Unabhängig davon wären auch Feiern zum Taufgedächtnis zu gestalten.
- zum anderen, die Getauften, die in der Kirche sind, regelmäßig in Gottesdiensten und anderen Veranstaltungen an das große Geschenk Gottes in der Taufe zu erinnern.

---

[24] WEBER, Wechselseitige Taufanerkennung (s. Anm. 11).

Frau Professorin Dr. Dorothea Sattler hat in einem Vortrag vor der ACK-Mitgliederversammlung 2003 zum Thema »Charta Oecumenica. Gedanken zur Fortführung ihrer Rezeption nach der Unterzeichnung in Berlin. Erinnerungen – Grenzen – Möglichkeiten – Realisierung« in ihren Thesen zur Taufanerkennung geschrieben: »Wir möchten unsere Bemühungen verstärken, zu einem gemeinsamen Verständnis der einen Taufe zu finden. Wir möchten das Ziel nicht aus den Augen verlieren, einmal die Feiern der Taufe wechselseitig anerkennen zu können.« Anmerkung von mir: Das Ziel ist als Etappenziel mit der Magdeburger Erklärung erreicht.

Im Text des Referates führt sie als Aufgabe für die Zukunft weiter aus:

> »Taufgedächtnisgottesdienste fördern, um die Einsicht in das Erfordernis des personalen Glaubens, im Blick auf die Wirksamkeit der Feier der Taufe im Leben zu bestärken, [...] das Taufgedächtnis in der Feier der Osternacht in besonderer Weise hervorzuheben.«[25]

Das hat sie schon alles vor der Magdeburger Erklärung formuliert. Die Erklärung von Magdeburg verstärkt in meinen Augen die Anliegen von Dorothea Sattler.

Schließlich gehört für mich zu dem Ausblick nach der gegenseitigen Taufanerkenntnis, dass wir die vielen Nichtgetauften in Deutschland nicht vergessen. Ich rede dabei nicht zuerst von denen, die anderen Religionen angehören, sondern von denen, die mit der Taufe gar nichts mehr anzufangen wissen. Es ist gut, dass wir im ökumenischen Miteinander zur Taufanerkennung – zumindest für einen Teil der Kirchen – eine Übereinkunft gefunden haben. Aber wir brauchen gemeinsame Initiativen, Nichtgetaufte im »religiösen Niemandsland«, wie ich es zugespitzt bezeichnet habe, zur Taufe einzuladen, denn: »Von der Tauff wirt gelert, das sie nötig sey und das dadurch gnad angeboten wirt,«[26] und im lateinischen Text: »De Baptismo docent, quod sit necessarius ad salutem quodque per Baptismum offeratur gratia Dei«[27].

---

[25] Referat im Archiv der Kirchenleitung der SELK, unter 613/00.
[26] CA IX, BSELK 104, 2 f.
[27] CA IX, BSELK 105, 2 f.

Anerkennung
Eine ökumenische Problemskizze

Tobias R. Schütze

Ökumene und Anerkennung gehören zusammen.[1] Ohne wechselseitige Anerkennung unter Christen und zwischen den einzelnen Konfessionskirchen ist Ökumene nicht zu denken. Aus diesem Grund ist in den letzten Jahrzehnten ein besonderes Augenmerk auf die Begrifflichkeit und das Phänomen der Anerkennung gelegt worden, das sich durch die Renaissance des Anerkennungsbegriffs in der Philosophie noch verstärkt hat.[2]

An dieser Stelle sollen die Hintergründe und Grundlagen des Anerkennungsgedankens in der Ekklesiologie beleuchtet werden. Dazu nehme ich Bezug auf Wilhelm Löhes Hauptwerk *Drei Bücher von der Kirche*.[3] Lange vor der zeitgenössischen philosophischen Debatte zum Anerkennungsbegriff hat Löhe sich des Problems der Anerkennung zwischen einzelnen Partikularkirchen angenommen.[4] Ungeachtet seines konfessionellen Hintergrunds[5] oder der inhaltli-

---

[1] Der Aufsatz ist in Dankbarkeit für die Zeit an der frischen Luft (und in Sporthallen) den Kindern der Fußballjahrgänge 2012 und 2013 des SC Eintracht Oberursel gewidmet.

[2] Vgl. zu den unterschiedlichen Formen der Anerkennung THOMAS MEYER/MICHAEL QUANTE/TIM ROJEK, Status von Anerkennung (als Phänomen/Begriff/Theoriegegenstand/Theorietyp/Kategorie/Konzept oder Konzeption), in: HEIKKI IKÄHEIMO/MICHAEL QUANTE/LUDWIG SIEP (Hrsg.), Handbuch Anerkennung, Wiesbaden 2021, 39–53.

[3] WILHELM LÖHE, Drei Bücher von der Kirche. Den Freunden der lutherischen Kirche zur Überlegung und Besprechung dargeboten (1845), in: DERS., Gesammelte Werke, hrsg. v. KLAUS GANZERT, Bd. 5/1, hrsg. v. KLAUS GANZERT, Neuendettelsau 1954, 85–179.

[4] Vgl. LÖHE, Drei Bücher (s. Anm. 3), 124–128. Wilhelm Löhe verwendet den Begriff *Partikularkirche* zur Bezeichnung der unterschiedlichen Konfessionen (vgl. a. a. O., 125). Hiervon zu unterscheiden sind die Partikularkirchen als kirchliche Organisationen, wie der VELKD, der SELK oder der röm.-kath. Kirche. Der Lesefreundlichkeit halber soll im Folgenden auf eine explizite Differenzierung dieser beiden verzichtet werden. Es gilt aber der Grundsatz, dass Anerkennung immer ein Geschehen zwischen Partikularkirchen im zweiten Sinn bezeichnet, dies aber aufgrund von Kriterien, welche die Partikularkirchen im ersten Sinn auszeichnen, geschieht. Vgl. kritisch zu Begriff und Idee der

chen Bewertung seiner Ausführungen[6] zur zwischenkirchlichen Anerkennung drängt sich Löhe als Gesprächspartner nahezu auf. Er ist, wenn ich richtig sehe, der erste Theologe, der den Anerkennungsbegriff für die zwischenkirchlichen Beziehungen verwendet, wenn auch nur beiläufig und begrifflich nicht sonderlich durchdrungen.[7] Neben der Verwendung des Begriffs erkennt man in seiner Schrift vielfältige Voraussetzungen und Entscheidungen für die und in der Anerkennungsproblematik, so dass ich an ihm meine eigenen Überlegungen zur zwischenkirchlichen Anerkennung zu schärfen versuche.[8]

Partikularkirche im ersten Sinn EDMUND SCHLINK, Theologie der lutherischen Bekenntnisschriften, München ³1948, 303 f., Anm. 32; REINHARD SLENCZKA, Ecclesia particularis. Erwägungen zum Begriff und zum Problem, in: DERS., Neues und Altes. Ausgewählte Aufsätze, Vorträge und Gutachten, Bd. 1: Aufsätze zu dogmatischen Themen, hrsg. v. ALBRECHT IMMANUEL HERZOG, Neuendettelsau 1999, 276–304. Zum Begriff in der neueren röm.-kath. Ekklesiologie vgl. BRUNO HÜNERFELD, Ecclesiae et Communitates ecclesiales. Eine Analyse des ekklesiologischen Status von Protestanten und ihren Gemeinschaften in den lehramtlichen Dokumenten der Pontifikate von Pius IX. (1846–1878) bis Benedikt XVI. (2005–2013), Dogma und Geschichte 9, Berlin 2016, 220–227.

[5] Konfessionell unterschiedliche Anerkennungsbegriffe sieht GERARD KELLY, Recognition. Advancing Ecumenical Thinking, American University Studies, Series VII: Theology and Religion 186, New York u. a. 1996, 27, welcher gleichwohl nur zwischen einem evangelischen und einem katholischen Anerkennungsbegriff unterscheidet.

[6] Hermann Sasse beispielsweise bezeichnet Löhes Gedanken zur Anerkennung anderer Kirchen als direkten Weg nach Rom (vgl. HERMANN SASSE, Das Gedächtnis der Toten in der Liturgie [1957], in: DERS., In Statu Confessionis II. Gesammelte Aufsätze von Hermann Sasse, hrsg. v. FRIEDRICH WILHELM HOPF, Berlin/Schleswig-Holstein 1976, 74–91, 90).

[7] Vgl. LÖHE, Drei Bücher (s. Anm. 3), 119. Vor Löhe scheint der Begriff nur auf die Beziehung zwischen Gott und dem einzelnen Gläubigen bezogen worden zu sein. Vgl. RISTO SAARINEN, Recognition and Religion. A Historical and Systematic Study, Oxford 2016, 12–151; DERS., Johann Joachim Spalding und die Anfänge des theologischen Anerkennungsbegriffs, in: ZThK 112 (2015), 429–448. Saarinen scheint Löhes Werk nicht wahrzunehmen.

[8] Beim Begriff »Anerkennung« handelt es sich nicht um einen in der deutschen Sprache fest definierten Fachbegriff. Aus diesem Grund muss der Begriff, bevor er als ein solcher verwendet werden kann, beispielsweise durch alltägliche Geschichten oder ähnliches auf seine »Bedeutungsmerkmale« (MEYER/QUANTE/ROJEK, Status [s. Anm. 2], 44) abgeklopft werden. Dies soll in diesem Beitrag unter anderem mit Hilfe von Wilhelm Löhes Ausführungen geschehen.

1 Die Anerkennung der Kirche Christi und die Anerkennung der Partikularkirche

Lautet Löhes gesamtes Werk von 1845 *Drei Bücher von der Kirche* und das erste Buch *Von der Kirche*, so überschreibt er das zweite mit *Von den Kirchen*. Mit diesen Überschriften, ihrer Differenzierung und Verbindung sind sogleich drei Aspekte für den ökumenischen Anerkennungsgedanken angerissen:

Zum einen ist dies die Differenzierung zwischen der Kirche als *der* Kirche Christi, welche die eine Kirche der Christgläubigen oder der Berufenen ist,[9] und den einzelnen Kirche*n*, also den realexistierenden Partikularkirchen. Zum anderen ist schon im Titel des zweiten Buches die Anerkennung der verschiedenen Partikularkirchen *als* Kirchen impliziert. Es geht Löhe dabei nicht um die Anerkennung der anderen Partikularkirchen als Vereine oder Körperschaften des öffentlichen Rechtes, sondern um die Anerkennung als Kirche Christi aufgrund dessen, was sie theologisch zur Kirche macht.[10] Die zwischenkirchliche Anerkennung ist, wie jede andere Anerkennung auch, eine »Anerkennung, als ...«[11]. Zum Dritten macht der Zusammenhang beider Kapitelüberschriften nicht nur die Differenz, sondern auch den Zusammenhang zwischen der Anerkennung als Partikularkirche und der Anerkennung als Kirche Christi deutlich. Die Anerkennung der anderen Partikularkirche hängt mit ihrer Anerkennung als Kirche Christi zusammen. Die Partikularkirche wird anerkannt, indem und weil sie – ebenso wie die eigene Partikularkirche – als *Teil* der einen Kirche Christi anerkannt wird.

2 Anerkennung der Kirche und Anerkennung der Einzelelemente

Anerkennung zwischen Partikularkirchen kann sich im Vollsinn nur auf »die (andere) Kirche als ganze«[12] beziehen. Andere Kirchen können auf die ihnen zugesprochene Anerkennung reagieren, sie können sie erhoffen oder verschmähen.[13] Ja, wird die andere Partikularkirche, welche die Anerkennung oder Nichtaner-

---

[9] Vgl. LÖHE, Drei Bücher (s. Anm. 3), 119f.
[10] Aus lutherischer Sicht wären dies rechte Wortverkündigung und rechte Sakramentsverwaltung (vgl. CA VII, BSELK 103, 5–7).
[11] Vgl. THOMAS BEDORF, Verkennende Anerkennung. Über Identität und Politik, Berlin 2010, 124; HARDING MEYER, »Anerkennung« – ein ökumenischer Schlüsselbegriff (1980), in: DERS., Versöhnte Verschiedenheit. Aufsätze zur ökumenischen Theologie, Bd. 1, Frankfurt a.M. 1998, 120–136, hier 132f.
[12] MEYER, Anerkennung (s. Anm. 11), 132 (Im Original mit Hervorhebung).
[13] Vgl. BEDORF, Verkennende Anerkennung (s. Anm. 11), 150f.

kennung der eigenen Partikularkirche ausspricht, in gewisser Weise als *relevant judge* angesehen,[14] so kann diese Anerkennung oder Nichtanerkennung bis ins Mark des Selbstverständnisses der Kirchglieder gehen und existentielle Bedeutung erlangen, etwa bei einer (Nicht-)Anerkennung der eigenen Taufe, einer (Nicht-) Zulassung zum Abendmahl oder bei der Zu- oder Absage des Kirchentitels.[15]

Gleichwohl werden Partikularkirchen meist nicht direkt anerkannt, sondern zunächst einmal Einzelelemente, Aspekte oder Kriterien, welche sich in ihnen finden oder ihnen zugesprochen werden können.[16] So schreibt Löhe davon, dass die einzelnen »Partikularkirchen meistentheils in gewissen Hauptlehren übereinstimmen, [und] auch die Taufe bei den meisten richtig verwaltet wird«[17]. So erkennt er sie als Kirche Christi aufgrund des »Guten«[18] in ihnen an.

Würde diese Anerkennung bestimmter Einzelelemente, wie der Taufe, nicht letztlich auf die Anerkennung der anderen Kirche als ganzer zielen, so verlöre sie ihre ökumenische Relevanz.[19] Es ist nun gerade die Magdeburger Taufaner-

---

[14] Vgl. HEIKKI IKÄHEIMO, On the Genus and Species of Recognition, in: Inquiry. An Interdisciplinary Journal of Philosophy 45 (2003), 447–462, hier 450–452. Dass die einzelnen Partikularkirchen die anderen als *relevant judges* ansehen, zeigt sich schon darin, dass bei ökumenischen Gesprächen deren Anfragen überhaupt Gehör geschenkt wird und letztlich darin, dass sie gemeinsam weiter unter *einem* Christus streiten; dass zwischen ihnen weiterhin ein Kampf um Anerkennung stattfindet (vgl. z.B. UR 5, DH 4191).

[15] Vgl. NOTGER SLENCZKA, Die trennende Kraft der einen Kirche. Probleme der ekklesiologischen Grundlagen der Ökumene, in: REINHARD FLOGAUS/JENNIFER WASMUTH (Hrsg.), Orthodoxie im Dialog. Historische und aktuelle Perspektiven, AKG 130, Berlin/Boston 2015, 121–147, hier 122–126.

[16] Vgl. MEYER, Anerkennung (s. Anm. 11), 132. Zu kurzen einer historischen Analyse aus röm.-kath. Sicht vgl. BENJAMIN DAHLKE, Elementa Ecclesiae. Theologiegeschichtliche Beobachtungen zu einem Konzept katholischer Ekklesiologie, in: Cath(M) 68 (2014), 302–314.

[17] LÖHE, Drei Bücher (s. Anm. 3), 124. Es geht somit bei den Elementen, von welchen im Folgenden vorwiegend die Rede ist, nicht allein um die *notae ecclesiae*, sondern ebenso um die Lehren, beziehungsweise allgemein um sichtbare Praktiken.

[18] LÖHE, Drei Bücher (s. Anm. 3), 119.

[19] Vgl. z.B. DAHLKE, Elementa Ecclesiae (s. Anm. 16), 302 f.; PEDER NØGAARD-HØJEN, Baptism and the Foundation of Communion, in: MICHAEL ROOT/RISTO SAARINEN (Hrsg.), Baptism and the Unity of the Church, Grand Rapids/Cambridge 1998, 61–77.
Auch Honneth hält (zunächst) an der Anerkennung als Person aufgrund der Erkenntnis von bestimmten Eigenschaften fest (vgl. AXEL HONNETH, Kampf um Anerkennung. Zur moralischen Grammatik sozialer Konflikte. Mit einem neuen Nachwort, Frankfurt a.M. [10]2018, 183–185), wodurch die Anerkennung als Mensch aber sogleich moralisch einforderbar wird (vgl. AXEL HONNETH, Der Grund der Anerkennung. Eine Erwiderung auf kritische Rückfragen, in: a.a.O., 303–341, hier 322). Dabei ist es gerade die mora-

kennung, welche – im Einklang mit Luther, den lutherischen Bekenntnisschriften, aber auch der Theologie des Zweiten Vaticanums – über eine augustinisch-antidonatistische[20] Taufanerkennung hinausgeht,[21] indem sie auch in den anderen Kirchen, welche von einigen Unterzeichnerkirchen als heterodox eingeschätzt werden, nicht allein die Unwiederholbarkeit des Taufaktes, sondern auch den Nutzen der Taufe gegeben sieht.[22]

So heißt es in der Magdeburger Erklärung einerseits, dass es weiterhin »Unterschiede[] im Verständnis von Kirche«[23] gibt, andererseits aber, dass die Taufe nach der Sichtbarmachung der Gemeinschaft ruft.[24] So hat die Taufe nach der Magdeburger Erklärung definitiv eine Auswirkung auf die Anerkennung des einzelnen Menschen als bleibend heilsam Getauftem. Dies wiederum berührt den ekklesiologischen Status der taufenden Kirche, wenngleich der genaue Zusammenhang ungeklärt bleibt.

Auch Löhe sieht sich aufgrund des Zusammenhangs der Anerkennung von Einzelelementen mit der Anerkennung als Kirche dazu genötigt, die anderen Partikularkirchen als Kirche Christi anzuerkennen, eben weil es sich bei diesen Elementen nicht einfach um vernachlässigbare Akzidenzien handelt, etwa Riten und Gebräuche. Er kann eine Nichtanerkennung der anderen – und das heißt für ihn heterodoxen – Partikularkirchen nicht vertreten, weil er in ihnen zentrale Hauptstücke nicht nur der anderen Partikularkirche, sondern der Kirche Christi

---

lische Einforderbarkeit der Anerkennung aufgrund bestimmter Merkmale oder Eigenschaften, welche als Triebfeder des Kampfes um Anerkennung fungiert.

[20] Vgl. AUGUSTINUS, De baptismo – Über die Taufe, zweisprachige Ausgabe, eingeleitet, kommentiert und hrsg. v. HERMANN-JOSEF SIEBEN, Opera-Werke 28, Paderborn u.a. 2006, 1.III.4.

[21] Auf der einen Seite wird in der Orthodoxen Kirche der 95. Kanon des Quinisextum dazu verwandt, die Anerkennung der Taufe κατ' ἀκριβείαν zu begründen (vgl. den Beitrag von Anargyros Anapliotis in diesem Band), gleichzeitig stellt der Kanon selbst das Glauben- und Heilschaffen der Taufe in heterodoxen Kirchen infrage, wenn der Kanon lautet: »Diejenigen, die von den Häretikern zur Orthodoxie und [zu] dem Teil der Geretteten übertreten«, bedürfen keiner (erneuten) Taufe, sondern allein der Myronsalbung (dt. Übersetzung bei HEINZ OHME, Concilium Quinisextum/Das Konzil Quinisextum, FC 82, Turnhout 2006, 253). Vgl. auch PETER HEERS, The Ecclesiological Renovation of Vatican II. An Orthodox Examination of Rome's Ecumenical Theology Regarding Baptism and the Church, Simpsonville 2015, 295–305.

[22] Vgl. Wechselseitige Anerkennung der Taufe, Magdeburg 2007, URL: https://www.oekumene-ack.de/fileadmin/user_upload/Themen/Taufanerkennung2007.pdf (Stand: 20.04.2023).

[23] Wechselseitige Anerkennung (s. Anm. 22).

[24] So die Magdeburger Erklärung im Gefolge des Lima-Dokuments (vgl. Wechselseitige Anerkennung [s. Anm. 22]).

selbst erkennt[25] und es sich bei jedem einzelnen dieser Hauptstücke je für sich um eine *nota ecclesiae* handelt.[26] Mit Löhe ließe sich somit sagen: *Ubi baptisma ibi ecclesia*; oder um ökumenisch etwas offener zu sein: *ubi baptisma ibi communitates ecclesiales*.[27]

3 Anerkennung, Identität und Differenz

Für die zwischenkirchliche Anerkennung ist wie für jedes Anerkennungsgeschehen Differenz Voraussetzung. Dies beginnt bereits bei der Selbstanerkennung einer jeden Kirche. Nicht nur bei der Anerkennung anderer Partikularkirchen sind es die Hauptstücke, welche für deren Anerkennung entscheidend sind, sondern auch für die eigene Kirche. Auch hier ist es das *sine qua non*, aufgrund dessen die eigene Partikularkirche sich als Teil der Kirche Christi erkennt.[28] Nimmt man beispielsweise den ersten Artikel der Grundordnung der Selbständigen Evangelisch-Lutherischen Kirche (SELK) zur Hand, so erkennt sich die SELK hier aufgrund der Praxis von rechter Wortverkündigung und rechter Sakramentsverwaltung selbst als Teil der Kirche Christi an und sieht in diesem Kirche-Christi-Sein ihre Kernidentität, auch wenn die Grundordnung selbst noch sehr viele weitere Wesensmerkmale dieser speziellen Partikularkirche aufführt und somit in Artikel 1 keineswegs das Wesen der SELK vollkommen beschrieben wäre.[29] Für die Selbstanerkennung der SELK als Kirche ist dieser Artikel aber letztlich ausreichend.

---

[25] Vgl. LÖHE, Drei Bücher (s. Anm. 3), 129.
[26] Vgl. LÖHE, Drei Bücher (s. Anm. 3), 124.
[27] Vgl. HÜNERFELD, Ecclesiae (s. Anm. 4), insb. 261 f., welcher im Abschluss seiner Untersuchung gerade auch aufgrund der Anerkennung der Taufe der Ansicht ist, auch den protestantischen Gemeinschaften den Kirchentitel zusprechen zu können.
[28] Vgl. LÖHE, Drei Bücher (s. Anm. 3), 128.
[29] Vgl. SELK, Grundordnung der Selbständigen Evangelisch-Lutherischen Kirche, 16.06. 2007, § 1, URL: http://www.selk.de/download/GO.pdf (Stand: 20.04.2023). Der erste Artikel der Grundordnung ist selbstverständlich orientiert an CA VII. So ist auch im Kirchenartikel der CA keineswegs das ganze Wesen der Kirche beschrieben (vgl. ERNST KINDER, Der evangelische Glaube und die Kirche. Grundzüge des evangelisch-lutherischen Kirchenverständnisses, Berlin ²1960, 60 f.).
Wie für die lutherische Kirche ihre Identität an bestimmten Elementen festgemacht wird, gilt dies ebenso für die östlich orthodoxe als auch die röm.-kath. Kirche, in denen der Kirchenbegriff keineswegs einfach als Eigenname identifiziert werden kann, sondern spätestens mit der Anfrage aus anderen Partikularkirchen zum Referenznamen wird, selbst wenn eine Identität zwischen der Kirche Christi und der eigenen Partikularkirche postuliert wird (vgl. dagegen SLENCZKA, Kraft [s. Anm. 15], 133–135).

Zugleich gilt für die Anerkennung anderer Partikularkirchen die gleiche Anerkennungsgrundlage. Auch für diese gilt das lutherisch behauptete *sine qua non*, nicht aber wird die andere Partikularkirche aufgrund der für diese selbst als *sine qua non* geltenden Elemente als Teil der Kirche Christi anerkannt.[30] Da aber gerade um das *sine qua non*, um die je grundlegenden Elemente gestritten wird und über sie Uneinigkeit herrscht,[31] ist und bleibt auch jede Anerkennung anderer Partikularkirchen grundsätzlich vereinnahmend, übergriffig und einschränkend, da die eigene Vorstellung dessen, was eine Kirche zur Kirche macht, als Anerkennungsgrundlage der anderen Partikularkirche gesehen wird.[32] Um dies zu verhindern, wäre es notwendig, nicht allein gleiche, sondern für beide Kirchen hinreichende gemeinsame und gleich gedeutete Elemente zur Bestimmung der Grundlage der Kirche Christi zu finden. Dadurch würden beide Partikularkirchen allerdings in der Gefahr stehen, ihre eigene distinkte Identität aufzugeben, welche zuvor ihre Kirchlichkeit in der Selbstanerkennung bestimmt hat. Ebenso würde eine Absage an zuvor behauptete Hauptartikel oder die Hinzunahme neuer Artikel die vorherige Selbstanerkennung als Teil der *sancta ecclesia* infrage stellen.[33]

Positiv lässt sich die Pluralität dagegen allein innerhalb der Adiaphora sehen,[34] wo in der eigenen Partikularkirche fremde Aspekte als bereichernd für

---

[30] Dies wäre dann der Fall, wenn beispielsweise die apostolische Sukzession als Grundlage für die lutherische Anerkennung der röm.-kath. Kirche herangezogen würde (vgl. dagegen LÖHE, Drei Bücher [s. Anm. 3], 145–151), was auch in lutherischen Kirchen, welche die apostolische Sukzession für sich behaupten, nicht möglich wäre.

[31] Vgl. LÖHE, Drei Bücher (s. Anm. 3), 125 f.

[32] Dies gilt selbst dann, wenn beide Partikularkirchen identische Elemente als Hauptstücke ansehen würden. Es bliebe die eigene Sicht, welche über die Anerkennung oder Nichtanerkennung entscheidet. Erst durch eine gemeinsame Entscheidungsinstanz und damit durch das Aufgeben der institutionellen Unterschiedlichkeit wäre dieses Problem zu lösen.

[33] Würde die lutherische Kirche die apostolische Sukzession als *sine qua non* ihrer Kirchlichkeit zu verstehen beginnen, so stünde ihre Kirchlichkeit der letzten 500 Jahre in Frage, in denen es diese zumindest in Deutschland nicht gab. Dies stellt allerdings nicht infrage, dass es Bewegung hinsichtlich der Bewertung der apostolischen Sukzession, oder gar des Heiligen Stuhls, geben kann.

[34] Es ist im Rahmen der Adiaphora dabei keineswegs so, dass egal wäre, wie eine Kirche handelt. Vielmehr eröffnet sich gerade im Rahmen der Adiaphora der Raum besser oder situationsgerechter o. ä. zu handeln. Im Rahmen des *sine qua non* dagegen gibt es nur »richtig« und »falsch«. Dabei aber kann der Gedanke der Adiaphora sehr weit reichen, etwa bis in die liturgische Praxis und damit auch die Abendmahlspraxis hinein, oder gedanklich zumindest mit den Adiaphora verwandt im Rahmen der Lehre in Schulunterschiede, so lange sie als solche verstanden werden.

die Kirche Christi angesehen werden können.[35] Zusätzlich kann die Anerkennung von Pluralität dort gegeben sein, wo sie einen neuen Blick auf Fehler und Schwächen der eigenen Partikularkirche und ihrer Theologie und Praxis wirft,[36] wie Löhe dies anzudeuten scheint, wenn er von »Mängeln« in der eigenen und »Vorzügen« der anderen Kirchen sprechen kann, welche aber bei ihm nie den Kern – und damit das Kirche-Sein überhaupt – berühren.[37]

4 Die Bedeutung der Gottesbeziehung für die zwischenkirchliche Anerkennung

Zwei andere Aspekte werden in der ökumenischen Diskussion um die Anerkennung in meinen Augen stark vernachlässigt. Zum einen ist dies die Bedeutung dritter Kirchen, welche die Anerkennung zwischen zwei Kirchen beeinflussen.

Bedeutender jedoch ist zum anderen die Nichtthematisierung oder Nichtproblematisierung der Anerkennung der jeweils anderen Partikularkirchen durch Gott, welche in der ökumenischen Diskussion meist einfach vorausgesetzt wird. Dann müsste die zwischenkirchliche Anerkennung nur noch das praktisch nachvollziehen, was durch Gott schon lange gegeben ist.[38] Wäre dies aber

---

[35] Dies ist auch in dem Fall möglich, dass Aspekte zwar nicht in das eigene »Glaubens- oder Lehrvokabular« passen, zugleich aber nicht als letztgültig »grammatisch« falsch angesehen werden (vgl. GEORGE A. LINDBECK, The Nature of Doctrine. Religion and Theology in a Postliberal Age. 25th Anniversary Edition, Louisville 2009, insbesondere 127 f.; TOBIAS GRASSMANN, Richtschnur und Lebensmittel. Systematische Fallstudien zum lutherischen Lehrverständnis, FSÖTh 175, Göttingen 2022, 560–574).

[36] Vgl. z. B. EILERT HERMS, Was wir von der römischen Kirche lernen können, in: DERS., Von der Glaubenseinheit zur Kirchengemeinschaft. Plädoyer für eine realistische Ökumene, Bd. 1, Marburg 1989, 87–110, hier 88.

[37] LÖHE, Drei Bücher (s. Anm. 3), 134. Damit löst Löhe jede Diskussionsmöglichkeit in Kernfragen auf, da die Kirche »vollendet [ist] in der Lehre« (a. a. O., 160); vgl. schon MARTIN LUTHER, Wider Hans Worst (1541), WA 51, (461)469–572, hier 520, 21–24. Für die röm.-kath. Ekklesiologie vgl. EVA-MARIA FABER, Vokabular des Überschwangs und der Abgrenzung. Eine Studie zur ekklesiologischen Terminologie der Fülle in »Unitatis redintegratio«, in: Cath(M) 68 (2014), 104–125.

[38] Vgl. z. B. den Report of the Section on Unity auf der dritten Vollversammlung des Ökumenischen Rates der Kirchen 1961 in Neu Dheli, URL: https://www.oikoumene.org/resources/documents/new-delhi-statement-on-unity (Stand: 20.04.2023); JOBST SCHÖNE, Überlegungen und Gedanken zu Fragen von Kirche und Kirchengemeinschaft, in: WERNER KLÄN (Hrsg.), Lutherische Identität in kirchlicher Verbindlichkeit. Erwägungen zum Weg lutherischer Kirchen in Europa nach der Millenniumswende, OUH.E 4, Göt-

grundsätzlich der Fall, wäre eine Nichtanerkennung theologisch nicht mehr begründbar, da Gott selbst Grundlage der zwischenkirchlichen Anerkennung ist und sein muss, solange es um die Anerkennung als Teil der Kirche Gottes gehen soll. Es ist erst die Anerkennung Gottes selbst, sowohl als *genitivus obiectivus* als auch, und das primär, als *genitivus subiectivus* (Gal 4,9),[39] welche die einzelnen Partikularkirchen überhaupt herausfordert, auch über die Anerkennung anderer Partikularkirchen nachzudenken.

Erst wenn Christus selbst fordert, dass alle eins seien, wie er und der Vater eins sind (Joh 17,21 f.), wird die zwischenkirchliche Nichtanerkennung zu einem Skandal. Keineswegs aber ist der Skandal allein die Trennung der Kirchen, sondern die vermeintliche Notwendigkeit derselben, da sie immer impliziert, dass in der anderen Kirche das rechte Wirken Gottes, die rechte Gottesbeziehung und das rechte Gotteslob infrage stehen.[40] Die Nichtanerkennung stellt dabei immer eine Infragestellung des gemeinsamen Bekenntnisses des einen Gottes dar.[41]

Zwischen der Anerkennung der Kirche durch Gott und der Anerkennung durch andere Kirchen besteht dabei ein fundamentaler Unterschied, indem zwei ganz unterschiedliche Anerkennungsmodelle zur Anwendung kommen. Die Anerkennung durch Gott ist frei und durch nichts begründet. Keine der Partikularkirchen hat Gott irgendetwas anzubieten, weshalb Gott eben diese als seine Kirche oder Teile derselben annehmen müsste. Vielmehr werden die Partikularkirchen erst durch sein Handeln an und in ihnen zur Kirche. Die Anerkennung durch Gott ist zum einen kausativer Grund der Kirche, zum anderen aber auch immer Wesensinhalt des Kirche-Seins schlechthin,[42] da Gottes Anerkennung, das ist Gottes Wirken, die Kirche erst zur Kirche macht.

Anders sieht dies im Hinblick auf die zwischenkirchliche Anerkennung aus. Diese Anerkennung ist notwendig immer reflexiv auf vorgegebene Eigenschaften oder Gegebenheiten bezogen. Eben weil die eigene Partikularkirche in den anderen Kirchen Berufene und Gläubige erkennen kann, weil sie auch dort erkennt, dass Gott in Wort und Sakrament wirkt und Heil möglich ist, erkennt beispielsweise Löhe auch die anderen Partikularkirchen als zur Kirche Christi gehörend an.[43] Es sind in diesem zweiten Fall immer bestimmte konstitutive Merkmale oder Einzelelemente, welche der Anerkennung vorausgehen und diese

---

tingen 2007, 29–45, hier 33, welcher darin die Gefahr einer falschen Beruhigung in der Frage der kirchlichen Zugehörigkeit zur *una sancta ecclesia* sieht.

[39] Vgl. SAARINEN, Recognition (s. Anm. 7), 43 f.
[40] Vgl. KINDER, Glaube (s. Anm. 29), 209 f.
[41] Vgl. WA 51, 491, 34–492, 21.
[42] Vgl. HEIKKI IKÄHEIMO, Anerkennung, Berlin/New York 2014, 19.
[43] Vgl. LÖHE, Drei Bücher (s. Anm. 3), u. a. 119 f.

herausfordern und einen Mangel oder gar ein Fehlen derselben kritisierbar werden lassen.⁴⁴

Da die Anerkennung durch die Partikularkirchen immer eine reflexive ist und keinem Menschen und – so mögen wir hier einmal sagen – keiner Kirche ins Herz geschaut werden kann, beinhaltet sowohl Anerkennung als auch Nichtanerkennung immer einen eschatologischen Vorbehalt. Zwischenkirchliche Anerkennung ist, wie jede Anerkennung, nur auf das soziale, das immer in bestimmter Weise sicht- und erfahrbare Objekt bezogen,⁴⁵ immer auf die sichtbare, nie aber auf die verborgene Kirche.⁴⁶ Gleichwohl ist eine Nichtanerkennung selbstverständlich ein Ruf zur Umkehr oder zum Sichtbarmachen einer potenziell schon »vorhandene[n] Apostolizität«⁴⁷, so dass letztlich Kirchengemeinschaft hergestellt oder festgestellt werden kann.⁴⁸ Somit geht es bei der zwischenkirchlichen Anerkennung vor allem um die praktische Frage, wie eine andere Partikularkirche praktisch behandelt werden soll, nicht darum zu bestimmen, was genau sie letztlich ist.⁴⁹

Mit dieser Einschränkung auf die sichtbare Kirche im Hintergrund wird sodann deutlich, dass die zwischenkirchliche Anerkennung gerade daran scheitern kann und gegebenenfalls scheitern muss, wenn deren Anerkennung durch Gott in Frage steht, beziehungsweise Gottes Wirken in ihr nicht erkannt wird.⁵⁰ Bildet beispielsweise die Taufe auf den dreieinigen Gott ein *sine qua non* der Kirche,⁵¹ weil Gott es ist, der sie als *sine qua non* eingesetzt hat (Mt 28,19), dann widersteht dies einer Anerkennung bestimmter »Kirchen« – nur noch in Anführungsstrichen –, welche die Taufe auf den dreieinigen Gott nicht kennen, wenngleich es sogleich ebenso Elemente geben kann, welche die Anerkennung

---

⁴⁴ Vgl. IKÄHEIMO, Anerkennung (s. Anm. 42), 19.
⁴⁵ Vgl. BEDORF, Verkennende Anerkennung (s. Anm. 11), 144–146.
⁴⁶ Vgl. KURT E. MARQUARDT, The Church. And Her Fellowship, Ministry, and Governance, Confessional Lutheran Dogmatics 9, St. Louis 1990, 42.
⁴⁷ DAGMAR HELLER, Anerkennung – Dimensionen eines Schlüsselbegriffs der Ökumene, in: THOMAS BREMER/MARIA WERNSMANN (Hrsg.), Ökumene – überdacht. Reflexionen und Realitäten im Umbruch, QD 259, Freiburg i. Br. u. a. 2014, 262–273, hier 272.
⁴⁸ Die Verwendung der Begriffe *herstellen* und *feststellen* soll in diesem Fall nur deutlich machen, dass es im ersten Fall darum geht, Eigenschaften zu verändern, um apostolisch zu werden, im zweiten Fall dagegen die schon vorhandene Apostolizität deutlich werden zu lassen. Nicht gemeint ist dagegen, dass die Kirchen nach eigenem Gutdünken Kirchengemeinschaft schaffen können; diese ist immer eine Gabe Gottes.
⁴⁹ Vgl. BEDORF, Verkennende Anerkennung (s. Anm. 11), 127.
⁵⁰ Vgl. MARTIN LUTHER, Kurzes Bekenntnis vom heiligen Sakrament (1544), WA 54 (119) 141–167, hier 157, 3–7.
⁵¹ Dies gilt selbstverständlich immer nur aus Sicht bestimmter einzelner Partikularkirchen.

als Kirche gerade erfordern und auch die eschatische (Nicht-)Anerkennung durch Gott nicht einfach vorweggenommen wird.

5 Die Bedeutung dritter Kirchen für die zwischenkirchliche Anerkennung

Neben der Bedeutung der Anerkennung durch Gott steht, wie oben bereits festgehalten, die Anerkennung einer bestimmten Partikularkirche potenziell der Anerkennung einer anderen entgegen. Wann immer bestimmte Elemente zur Grundlage der Gemeinschaft gemacht werden, ruft gerade diese Gemeinschaft an anderer Stelle Unterschiede und Trennungen hervor. So ist die Anerkennung immer auch mit Anerkennungsdissidenz[52] verbunden, wenn der Wunsch nach Anerkennung von Gott oder einer bestimmten Partikularkirche die Kirchengemeinschaft und damit Anerkennung mit einer anderen Partikularkirche infrage stellt. Faktisch ist eine solche Infragestellung nach dem Zweiten Weltkrieg formuliert worden, als die lutherischen Landeskirchen aufgrund des Wunsches, in die Gemeinschaft der EKD einzutreten, die Kirchengemeinschaft mit den Altlutheranern aufs Spiel setzten.[53]

6 Erkenntnis und Anerkennung

Das bisher Gesagte hing bereits zusammen mit der Unterscheidung beziehungsweise dem Zusammenhang von Erkenntnis und Anerkennung. Das Verhältnis zwischen beiden ist keineswegs deutlich und wird vielfach debattiert. Im Englischen und Französischen fallen die Begriffe in eins,[54] wobei der deutsche Begriff *Anerkennung* als der weitestgehende Aspekt des Wortfeldes *reconnaissance* oder auch *recognition* anzusehen ist. Dabei ist Erkenntnis ein rein kognitiver Akt. Die Anerkennung hingegen stellt ein aktives Zugestehen dar, eine

---

[52] Vgl. ANDREAS KEMPER, Kampf um Anerkennungsordnungen, in: CHRISTOPH HALBIG/ MICHAEL QUANTE (Hrsg.), Axel Honneth. Sozialphilosophie zwischen Kritik und Anerkennung, Münster 2004, 87–92.

[53] Vgl. THOMAS M. SCHNEIDER, Gegen den Zeitgeist. Der Weg zur VELKD als lutherischer Bekenntniskirche, AKZG 49, Göttingen 2008, 260–262; WERNER KLÄN, Die Gründungsgeschichte der SELK 1945–1972. Auf dem Weg zu verbindlicher Gemeinschaft konkordienlutherischer Kirchen in Deutschland, OUH.E 27, Göttingen 2022, 92–108.

[54] Vgl. PAUL RICŒUR, Wege der Anerkennung. Erkennen, Wiedererkennen, Anerkanntsein, Frankfurt a. M. 2006. BEDORF, Verkennende Anerkennung (s. Anm. 11), 129, weist darauf hin, dass Ricœur nur einen lexikalischen Zusammenhang herauszustellen vermag.

praktische Änderung der Beziehung zwischen den Anerkennungsparteien.⁵⁵ Wir haben bereits festgestellt, dass die zwischenkirchliche Anerkennung immer auf Erkenntnis beruhen muss, um gerechtfertigt und einforderbar zu sein.

Nun haben die SELK und die Union Evangelischer Kirchen (UEK) in einem *Gemeinsamen Wort* 2017 bewusst den Begriff »Erkennen« anstelle des Begriffs »Anerkennen« verwendet.⁵⁶ Sie schreiben: »Auf dieser Grundlage [gemeint ist das ›Erbe der altkirchlichen Bekenntnisbildung im trinitarischen und christologischen Dogma‹] erkennen sie [i. e. SELK und UEK] sich wechselseitig als Kirchen in der einen, heiligen, allgemeinen und apostolischen Kirche.«⁵⁷ Das Erkennen bezeichnet hier weniger als ein mögliches Anerkennen. Zu fragen ist aber, ob nicht die Erkenntnis gerade die praktische Anerkennung fordert.⁵⁸ Wenn die andere Partikularkirche aufgrund des altkirchlichen trinitarischen und christologischen Dogmas als Kirche *erkannt* werden kann, warum wird sie dann nicht *anerkannt*? Infrage steht somit, ob und inwiefern die Anerkennung über die Erkenntnis hinausgeht. Ist die Anerkennung ein beliebiges, und damit aber auch nicht einforderbares, Geschehen, eben weil sie grundsätzlich von der Erkenntnis

---

[55] Vgl. AXEL HONNETH, Anerkennung als Ideologie. Zum Zusammenhang von Moral und Macht, in: DERS., Das Ich im Wir. Studien zur Anerkennungstheorie, Berlin 2010, 103–130, hier 109 f.; DAGMAR HELLER, Receive What You Recognize – Recognize What You Receive. Reception and Recognition: Two Key Terms in the Ecumenical Discource, in: DIES./MINNA HIETAMÄKI (Hrsg.), Just Do It?! Recognition and Reception in Ecumenical Relation – Anerkennung und Rezeption im ökumenischen Miteinander, ÖR.B 117, Leipzig 2018, 21–38, hier 34 f.

[56] SELBSTÄNDIGE EVANGELISCH-LUTHERISCHE KIRCHE/UNION EVANGELISCHER KIRCHE, »Lasset uns aber wahrhaftig sein in der Liebe …« Evangelische Unionskirchen und selbständige evangelisch-lutherische Kirchen 1817–2017. Gemeinsames Wort der Selbständigen Evangelisch-Lutherischen Kirche (SELK) und der Union Evangelischer Kirchen in der EKD (UEK), 2, URL: https://www.selk.de/download/UEK-SELK-2017_Gemeinsames-Wort.pdf (Stand: 20.04.2023). Dass es sich hierbei um eine bewusste Entscheidung gehandelt hat, wurde mir von verschiedenen beteiligten Personen bestätigt. Neben theologischen Argumenten wurde die rechtliche Bedeutung des Anerkennungsbegriffs gegen dessen Verwendung ins Feld geführt. Die Stimmigkeit einer solchen außertheologischen Begründung soll hier nicht weiter geprüft werden.

[57] SELK/UEK, Gemeinsames Wort (s. Anm. 56), 2.

[58] Vgl. DIETER REINSTORF, Christ's heart of mercy and the challenge of a Christendom divided at the Lord's Supper, in: CHRISTOPH BARNBROCK/GILBERTO DA SILVA (Hrsg.), »Die einigende Mitte«. Theologie in konfessioneller und ökumenischer Verantwortung, OUH.E 20, Göttingen 2018, 41–56, hier 54. Zum Phänomen der Anerkennung als Tat vgl. MEYER/QUANTE/ROJEK, Status von Anerkennung (s. Anm. 2), 41 f.

getrennt ist und auf einer anderen Ebene liegt;⁵⁹ oder ist die Anerkennung als Kirche Christi an die Erkenntnis der Apostolizität der anderen Partikularkirche gebunden?⁶⁰

Für den Philosophen Axel Honneth ist Anerkennung als Attribuierung nur dann vertretbar, wenn ihr »die objektive Existenz von Werten«⁶¹ vorausgesetzt werden kann. Wenn »Anerkennung [...] durch Gründe motiviert ist, [...] läßt sie sich als ein Handeln aus Einsicht begreifen und damit in einem weiten Sinn dem Bereich der Moral zuschlagen.«⁶² Was Honneth hier performativ festlegen muss, gilt für die zwischenkirchliche Ökumene normativ: *Weil* unsere Anerkennung anderer Kirchen durch Gründe – die Erkenntnis der Kirche Christi – motiviert ist, ist sie sowohl theologisch als auch moralisch einforderbar.⁶³

Es ist doch die Erkenntnis selbst, welche bei dieser und jeder zwischenkirchlichen Anerkennung und Nichtanerkennung fraglich bleibt, eben weil wir in der anzuerkennenden Partikularkirche sogleich die wahre als auch die falsche Kirche erblicken. »Gleichwie die Kirche zum Unterschied von der ganzen Welt Wort und Sakrament besitzt, so unterscheidet sich die Partikularkirche durch

---

⁵⁹ PATCHEN MARKELL, The Potential and the Actual. Mead, Honneth and the »I«, in: BERT VAN BRINK/DAVID OWEN (Hrsg.), Recognition and Power. Axel Honneth and the Tradition of Critical Social Theory, Cambridge u. a. 2007, 100–132.

⁶⁰ Vgl. HONNETH, Grund (s. Anm. 19), 320 f.

⁶¹ HONNETH, Grund (s. Anm. 19), 322. In späteren Jahren ändert sich die Ansicht Honneths zum Zusammenhang von Erkenntnis und Anerkennung (vgl. Bedorf, Verkennende Anerkennung [s. Anm. 11], 132, Anm. 13).

⁶² HONNETH, Grund (s. Anm. 19), 322 f.

⁶³ Anerkenntnis des Erkannten ist ein Gebot der Vernunft. Nur wenn ich die von mir erkannte Wirklichkeit ignoriere, kann ich mich weigern das Erkannte auch anzuerkennen. Der Begriff der Moral ist an dieser Stelle meines Erachtens unentbehrlich, auch wenn er nach dem Vortrag für Kritik gesorgt hat, da erst die moralische Problematisierung ausbleibender Anerkennung die existenzielle Bedeutung von kirchlicher Anerkennung und Nichtanerkennung deutlich macht. Geht der Glaube an Gott in einer bestimmten Partikularkirche wirklich den Menschen in seinem Innersten an, so ist ein Absprechen oder Infragestellen desselben nicht nur theologisch, sondern auch moralisch bedeutsam. Vgl. für den afrikanischen Kontext RADIKOBO NTSIMANE, The Fragile Identity of Being Lutheran and African: The Vulnerability of Confessional Lutheran Seminaries in Africa Today, in: Studia Historiae Ecclesiasticae, 36 (2010), 219–235, hier 223: »While the Europeans have not found it strange to practice that separation [i. e. die Trennung am Abendmahlstisch] from other people, it was not easy for African people to adhere to that separation. To separate people and compartmentalise them has been shunned by African people.«

Verständnis und Brauch des Gemeinguts aller«[64], so schreibt Löhe. Vielleicht erkennen wir in der anderen Partikularkirche das Sakrament der Taufe oder das Heilige Abendmahl, sehen aber zugleich eine Liturgie, in welche wir nicht einzustimmen bereit sind, oder eine theologische Deutung dieser Elemente, welche unserer Meinung nach falsch ist – dies wurde ja auch in Magdeburg nicht überwunden![65]

Bleibt somit die Erkenntnis der anderen Partikularkirchen als Kirche Christi immer fraglich – das gleiche gilt aufgrund der »Flecken«[66] und »manchem Mangel«[67] gleichsam für die eigene Partikularkirche –, so ist es die Anerkennung, welche die fragliche Erkenntnis als Wagnis in die Ungewissheit hinein zumindest ansatzweise überwinden kann, gleichzeitig aber auch immer in der Gefahr steht, enttäuscht zu werden und letztlich falsch zu sein.[68] Damit ist die Anerkennung aber nicht nur dahingehend Wagnis, dass das absolut andere, die verborgene Kirche, in dieser Welt gar nicht erkannt werden kann,[69] sondern gerade weil die Erkenntnis der sichtbaren Kirche ambivalent, beziehungsweise ihre Kirchlichkeit fraglich ist:[70] Es werden Elemente, welche je für sich *notae ecclesiae* sind,

---

[64] LÖHE, Drei Bücher (s. Anm. 3), 128f.; vgl. REINHARD SCHWARZ, Die gemeinsame Grundlage der christlichen Religion und deren strittiges Grundverständnis. Eine von Luther angeregte Unterscheidung mit ökumenischer Relevanz, ZThK 106 (2009), 41–78.

[65] So wurde ein geplanter Langtext wegen dogmatischer Differenzen nicht zu Ende verfolgt (vgl. ULRIKE SCHULER, Die Erklärung der wechselseitigen Anerkennung der Taufe (Magdeburg 2007), in: ARBEITSGEMEINSCHAFT CHRISTLICHER KIRCHEN/ÖKUMENISCHE CENTRALE (Hrsg.), Priestertum aller Getauften. Positionen der Mitgliedskirchen der ACK, Frankfurt a. M. 2019, 41–47, hier 45).

[66] LÖHE, Drei Bücher (s. Anm. 3), 127.

[67] LÖHE, Drei Bücher (s. Anm. 3), 133.

[68] Vgl. LÖHE, Drei Bücher (s. Anm. 3), 119: »Und zwar geschieht das alles [i. e. das Berichten Philipp Nicolais von der weltweiten Jesuitenmission] mit so viel *Anerkennung* und mit einer so unverhohlenen Freude an dem Guten, was etwa gesagt werden kann, und darf, daß man nur nicht gleich begreift, wie der strenge Lutheraner, der Streitheld seines Heeres, zu einer so neid- und harmlosen Freude und zu einer so großen Mildigkeit gegen Leute kommt die er sonst als Feinde *erkennt*« (Hervorhebung TRS). Vgl. für die Möglichkeit der misslingenden Anerkennung BEDORF, Verkennende Anerkennung (s. Anm. 11), 157f.

[69] Vgl. BEDORF, Verkennende Anerkennung (s. Anm. 11), 145;

[70] Dies aber widerspricht so lange Versuchen, die verschiedenen Kirchenlehren komplementär zu verstehen, wie die Fraglichkeit der Kirchlichkeit als eschatologische wahrgenommen wird und ihr somit – und nur somit – kirchentrennende Bedeutung zukommt (vgl. WERNER KLÄN, Aspekte lutherischer Identität. Eine konfessionelle Sicht, in: DERS./ CHRISTOPH BARNBROCK [Hrsg.], Gottes Wort in der Zeit: verstehen – verkündigen – verbreiten. FS für Volker Stolle, Münster 2005, 323–338, hier 326f.; WERNER KLÄN,

erkannt, doch fehlen zugleich andere Elemente, die zu den *sine qua non* der Kirche gerechnet werden.[71] So ist die Anerkennung letztlich kein allein kognitives Problem mehr, das sich allein durch weitere theologische Gespräche und Klarstellungen verringern ließe. Vielmehr werden der Erkenntnis weder Anerkennung noch Nichtanerkennung gerecht,[72] da die Erkenntnis zwar die Problematik aufzeigt, sich jedoch aus ihr keine klaren Handlungsanweisungen gewinnen lassen. Gleichzeitig kommt aber keine Partikularkirche umhin, sich gegenüber den anderen Partikularkirchen in bestimmter Weise handelnd zu verhalten.

Ist allerdings die Erkenntnis der Kirchlichkeit fraglich, so ließe sich sogleich fragen, warum die Antwort auf diese Fraglichkeit das Wagnis der Anerkennung sein sollte und nicht vielmehr das ebenso große Wagnis der Nichtanerkennung. Eine solche Nichtanerkennung war schließlich im Großen und Ganzen Jahrhunderte lang auch zwischen den Partikularkirchen gegeben. Das änderte sich erst im 19. und 20. Jahrhundert.[73] Wollen wir nicht zurück zu solchen Formen der Anökumene, dann muss der Übergang von der Konflikt- zur Gemeinschaftsbeziehung theologisch begründet werden.[74] Es muss also begründet werden, warum im Zweifel für die Anerkennung der anderen Partikularkirche als Kirche Christi zu votieren wäre. Lässt sich dies theologisch zwingend begründen, so wäre einer Rückkehr in eine Zeit vor der ökumenischen Bewegung nicht nur faktisch, sondern auch theologisch der Weg versperrt.[75]

    Einführung zum Symposion »Lutherische Identität in kirchlicher Verbindlichkeit«, in: DERS. [Hrsg.], Lutherische Identitäten [s. Anm.38], 15–28, hier 15f.).

[71]   Für das Luthertum wäre zu fragen, inwiefern eine Ekklesiologie der Aspektive dem grundlegend ähnlichen röm.-kath. Modell der Elementenekklesiologie vergleichbar wäre und was gleichwohl die Vorteile der ersteren gegenüber der letzteren wären. Dies kann in diesem Rahmen leider nicht weiter erörtert werden. Vgl. DAHLKE, Elementa Ecclesiae (s. Anm. 16); kritisch zur Elementenekklesiologie HERIBERT MÜHLEN, Una Mystica Persona. Die Kirche als das Mysterium der Identität des Heiligen Geistes in Christus und den Christen. Eine Person in vielen Personen, München u.a. ²1967, 496–502.

[72]   Vgl. SCHLINK, Theologie (s. Anm. 4), 304, Anm. 32.

[73]   Für eine detaillierte Geschichte des ökumenischen Gedankens seit der Reformation vgl. STEPHEN C. NEILL/RUTH ROUSE, Geschichte der ökumenischen Bewegung 1517–1948, 2 Bde., Göttingen 1957f. Dass es auch schon vor dem 19. Jahrhundert ökumenische Versuche und zwischenkirchliche Anerkennung gab, ist natürlich keineswegs verneint.

[74]   Selbstverständlich müsste eine gegenteilige Entscheidung ebenso begründet werden.

[75]   Vgl. GUNTHER WENZ, Theologie der Bekenntnisschriften der evangelisch-lutherischen Kirche. Eine historische und systematische Einführung in das Konkordienbuch, Bd. 1, Berlin/New York 1996, 13.

7 Graduelle und absolute Anerkennung

Ein Ausweg aus der Radikalität von Nichtanerkennung und Anerkennung als Kirche Christi ist der Versuch, Anerkennung graduell zu fassen. Allerdings gilt grundsätzlich, dass Anerkennung ein absoluter Begriff ist – entweder ich erkenne an, oder ich erkenne ab.[76] Anerkennung und Nichtanerkennung sind diametrale Gegensätze, welche kein Mehr oder Weniger kennen, sie liegen also ihrem Begriff nach nicht auf einem Kontinuum.[77]

Ein solches Kontinuum der Anerkennung lässt sich nur dann vertreten, wenn man verschiedene Grade des Anerkannten annimmt. So versucht Löhe, eine graduelle Differenzierung von Anerkennung mithilfe eines Kreismodells zu fassen:

> Ist doch in jedem Kreise ein Theil der Kreißfläche dem Mittelpunkte näher, als der andere, – und in jedem Kreis ein Mittelpunkt! Warum soll denn von den verschiedenen Partikularkirchen nicht eine dem Mittelpunkt näher sein, als die andere?[78]

Auffällig ist allerdings, dass Löhe bei allen Unterschieden zwischen den Partikularkirchen diese nicht begrifflich unterscheidet; alle bleiben für ihn Kirche. Damit aber wird sein Kirchenbegriff äquivok.[79] Eine sprachliche Differenzierung vollzieht in Ansätzen das Zweite Vaticanum in einem ganz ähnlichen Modell.[80]

---

[76] Honneth geht sprachlich weiter, indem er als Gegenteil der *Anerkennung* die *Mißachtung* versteht, was die existenzielle Bedeutung der Anerkennung aufzeigt (vgl. HONNETH, Kampf [s. Anm. 19], 212). Rein sprachlich »fehlt es im Deutschen ganz an einem gebräuchlichen Gegenbegriff zu Anerkennung.« (CHRISTOPH HALBIG, Struktur des Begriffs »Anerkennung«, in: IKÄHEIMO/QUANTE/SIEP [Hrsg.], Handbuch Anerkennung [s. Anm. 2], 29–37, hier 36).

[77] Vgl. HELLER, Anerkennung (s. Anm. 47), 263.

[78] LÖHE, Drei Bücher (s. Anm. 3), 127.

[79] Vgl. dagegen MARTIN LUTHER, Die Schmalkaldischen Artikel, Das Dritte Teil der Artikel, Von der Kirchen, BSELK 776, 4–8.

[80] Vgl. LG 15, DH 4139. Die Abstufung zu den orthodoxen Kirchen ist dabei auch sprachlich deutlich geringer als zu den reformatorischen. So spricht die röm.-kath. Kirche den reformatorischen Partikularkirchen den Kirchennamen ab, den orthodoxen Kirchen aber zu (vgl. DI 17, DH 5088), wenngleich dies nur eingeschränkt gilt (vgl. die Einschränkung »usum traditionalem nominis« [GLAUBENSKONGREGATION, Antworten auf Fragen zu einigen Aussagen, die die Lehre von der Kirche betreffen, 4. Frage, DH 5108]. Eine ähnliche Einschränkung nimmt auch die Orthodoxe Kirche auf ihrem Konzil 2016 in der Begrifflichkeit »τὴν ἱστορικὴν ὀνομασίαν« für die von ihr getrennten Partikularkirchen auf. Vgl. GROßES UND HEILIGES KONZIL DER ORTHODOXEN KIRCHE, Σχέσεις τῆς Ὀρθοδόξου Ἐκκλησίας πρὸς τὸν λοιπὸν Χριστιανικὸν κόσμον, 2016, 6, URL: https://www.holycouncil.org/official-documents/-/asset_publisher/VA0WE2pZ4Y0I/content/

Dieses legt den einzelnen Graden von Kirche einzelne Elemente zugrunde. Etwas einfach ausgedrückt macht etwa die Taufe die kirchliche Gemeinschaft, die apostolische Sukzession macht Kirche und der Primat macht röm.-kath. Kirche.[81] In beiden Fällen steht aber fest, dass es diesen Mittelpunkt, die Kirche im Vollsinn gibt[82] und die anderen Gemeinschaften davon geringere Grade darstellen, jedoch nicht anderen Wesens sind.[83] Sonst wäre die Anerkennung nicht mehr eine auf das Gleiche bezogene und damit auch keine graduelle Anerkennung mehr.

Sind aber Glaube, Christ, Kirche und Anerkennung ihrer eigentlichen Bedeutung nach absolute Begriffe, so bleibt zu fragen, ob es in der Theologie überhaupt graduelle Anerkennung geben kann. Ist nicht der Mensch in Christus hineingetauft und aus diesem Grund mit ihm und allen seinen Brüdern und Schwestern als Glaubender in einer *communio plena*,[84] oder ist nicht in den Gnadenmitteln das ganze Heil geschenkt? Anders gefragt: Ist ein gradueller Kirchen- oder Christenbegriff überhaupt möglich, ohne entweder das Heil zu

---

rest-of-christian-world?_101_INSTANCE_VA0WE2pZ4Y0I_languageId=el_GR (Stand: 20.04.2023).

[81] Vgl. LG 15, DH 4139; DI 1, DH 5088.

[82] Vgl. LG 8, DH 4419. Vgl. zum »subsistit in« immer noch ALEXANDRA VON TEUFFENBACH, Die Bedeutung des *subsistit in* (LG8). Zum Selbstverständnis der katholischen Kirche, München 2002. Die Debattenbeiträge zu dem Thema sind spätestens seit der Milleniumswende legion, so dass sich festhalten lässt, dass »no topic in contemporary ecclesiology has received as much attention as the specific choice of terminology made by the council Fathers at the Second Vatican Council in order to express the relationship existing between the Church of Christ and the Catholic Church.« (STEPHEN A. HIPP, »Est,« »Adest,« and »Subsistit in« at Vatican II, in Ang. 91 [2014], 727–794, 727; für eine Auswahl an Debattenbeiträgen vgl. die Literatur a.a.O., 728 f.).

[83] Vgl. VERONIKA HOFFMANN, Vielfältige Anerkennungsprozesse und die Frage nach ihrer theologischen Basis, in: HELLER/HIETAMÄKI (Hrsg.), Just Do It?! (s. Anm. 55), 85–96, hier 89. Sowohl bei Löhe als auch in der röm.-kath. Theologie zeichnet sich dies in Sonderheit dadurch aus, dass das Wirken der Wahrheit in den heterodoxen Partikularkirchen durch die Kirche im Vollsinn, die lutherische respektive die röm.-kath. Kirche geschieht (vgl. LÖHE, Drei Bücher [s. Anm. 3], 128; DI 16, DH 5088).

[84] Vgl. MARTIN LUTHER, Der Große Katechismus, Das III. Teil. Von der Taufe, BSELK 1110, 14 f.; GERTA SCHARFFENORTH, Taufe und Kirchengliedschaft in der Theologie Luthers und in den Kirchenordnungen der Reformation, in: CHRISTINE LIENEMANN-PERRIN (Hrsg.), Taufe und Kirchenzugehörigkeit. Studien zur Bedeutung der Taufe für Verkündigung, Gestalt und Ordnung der Kirche, München 1983, 192–245, insb. 203–209; dagegen UR 3, DH 4188; GEORG GÄNSWEIN, Kirchengliedschaft – Vom Zweiten Vatikanischen Konzil zum Codex Iuris Canonici. Die Rezeption der konziliaren Aussagen über die Kirchenzugehörigkeit in das nachkonziliare Gesetzbuch der Lateinischen Kirche, MThS.K St. 47, Ottilien 1995, 26–36.

quantifizieren[85] oder aber dieses oder die Kirchengliedschaft von den Gnadenmitteln und der Christus- und Geistgegenwart zu trennen?[86] Gibt es und kann es Zwischenstufen zwischen wahrer und falscher Kirche geben? Luther zumindest kennt keine.[87]

Nun aber ist in der Ökumene dieses graduelle Anerkennungsdenken tief verankert und es sollte auch nicht vorschnell *ad acta* gelegt werden. Das Ringen, der Diskurs oder, hegelianisch gesprochen, der *Kampf um Anerkennung*[88] ist ein bleibender Kampf um letztlich absolute Positionen. Gleichwohl kennt er immer wieder Zwischenzustände oder Stufen,[89] welche sich zeitweise als Friedenszustände ausweisen.[90] Jeder dieser Zwischenzustände stellt dabei eine Form der Anerkennung dar, aber keineswegs eine Form der vollwertigen Anerkennung, so zum Beispiel die Anerkennung der Taufe ohne Abendmahlsgemeinschaft. Gleichzeitig stellt er einen zwischenzeitlichen, vorläufigen Friedenszustand dar,[91] der den Kampf beruhigt – in den Augen mancher allerdings auch auf Eis legt.

Ich bin der Überzeugung, dass der bleibende und beständige Kampf um Anerkennung, welcher sich immer in graduell weitergehenden Anerkennungen

---

[85] Vgl. auch Dahlke, Elementa Ecclesiae (s. Anm. 16), 312. Eine solche quantifizierende Sicht würde meines Erachtens nur mithilfe der Lehre einer postmortalen Reinigung funktionieren; ansonsten bliebe zu fragen, welche eschatologische Auswirkungen Kirchenzugehörigkeit und Rechtgläubigkeit haben könnten.

[86] Vgl. Hünerfeld, Ecclesiae (s. Anm. 4), 261–263; in Bezug auf die Verwendung des »Spiritum Christi habentes« in LG 14 s. Georg Gänswein, Kirchengliedschaft gemäß dem Zweiten Vatikanischen Konzil. Zur Vorgeschichte, Erarbeitung und Interpretation der konziliaren Lehraussagen über die Zugehörigkeit zur Kirche, MThS.K 13, St. Ottilien 1996.

[87] Vgl. WA 51, 477, 24–26: »Ja, weil da kein mittel ist, so muessen wir die Kirche Christi, und sie des Teufels Kirche sein, oder widerumb.«

[88] Vgl. Jakub Kloc-Konkolowicz, Anerkennung bei Hegel, in: Ikäheimo/Quante/Siep (Hrsg.), Handbuch Anerkennung (s. Anm. 2), 127–131. Mit diesem Begriff ist selbstverständlich nicht nur solch eine Auseinandersetzung oder Kommunikation, welche umgangssprachlich als Kampf bezeichnet wird, gemeint.

[89] Vgl. Honneth, Kampf (s. Anm. 19), 187–189; Ludwig Siep, Formen und Stufen der Anerkennung, in: Ders./Ikäheimo/Quante (Hrsg.), Handbuch Anerkennung (s. Anm. 2), 55–67, hier 62–66.

[90] Vgl. Honneth, Anerkennung als Ideologie (s. Anm. 56), 120f.; Ricœur, Wege (s. Anm. 55), 305f. Der hiesige Gedanke eines Friedenszustandes ist dem von Ricœur verschieden. Zum Versuch Ricœurs Gedanken der Friedenszustände ökumenisch nutzbar zu machen vgl. Pascale Jung, Anerkennung. Paul Ricœurs Beitrag zu einem ökumenischen Schlüsselbegriff, KTh 20, Ostfildern 2019.

[91] Vgl. Axel Honneth, Anerkennung. Eine europäische Ideengeschichte, Berlin ²2019, 72–80.

(oder in deren Gegenteil) zeigt, für die Ökumene alternativlos ist. Mit einem *ganz oder gar nicht* würden wir weder den anderen Kirchen noch der Selbstanerkennung als Kirche gerecht werden. Gleichwohl ist die Rede von Friedenszuständen innerhalb der Ökumene schwierig, da das finale Ziel, die volle wechselseitige Anerkennung der Partikularkirchen als Kirche Christi, beiden Anerkennungspartnern bereits bekannt ist.[92] Die Zwischenzustände können somit nie als vollends beruhigter, endgültiger Frieden angesehen werden, sondern müssen immer schon als unbefriedigender Kompromiss betrachtet werden. Das liegt daran, dass ein gradueller Kirchenbegriff – zumindest aus lutherischer Sicht – nicht dem Wesen der Kirche selbst entspricht.

Werden Zwischenzustände, wie die Anerkennung der Taufe bei gleichzeitigem Ausschluss vom Abendmahl, bereits als Zielpunkte angesehen – das bedeutet als Punkte, über die wir, wenn sich die Gegenseite nicht bewegt, nicht hinauszukommen meinen –, würden diese nicht nur die Ökumene lähmen. Zugleich beruhen sie auf einer weder konsistenten noch konsequenten Argumentation und stellen damit sogar die Selbstanerkennung der eigenen Partikularkirche als Kirche Christi infrage. Auf dem Erreichten können sich die einzelnen Partikularkirchen nicht ausruhen, zu sehr schmerzt der Stachel, nämlich die Forderung der absoluten Anerkennung anderer Partikularkirchen als Kirche Christi, im Fleisch nicht nur der Ökumene, sondern auch der jeweiligen konfessionellen Ekklesiologien, insbesondere der lutherischen![93]

---

[92] Vgl. dagegen die Unwissenheit bei Honneth, Kampf (s. Anm. 19), 287.
[93] Vgl. SCHLINK, Theologie (s. Anm. 4), 304, Anm. 32.

Taufe als der Anfang christlichen Lebens in christlicher Gemeinschaft

Luthers Einsichten im Diskurs mit der Frage nach der Bedeutung der Taufe asylsuchender Geflüchteter

Anne Käfer

Bereits im April 1933 ruft Dietrich Bonhoeffer dazu auf, Einhalt zu gebieten. Es müsse dem Eingreifen des Nazi-Regimes in die Ordnungen der christlichen Religionsgemeinschaften Einhalt geboten werden.

In seinem Vortrag »Die Kirche vor der Judenfrage« hält der lutherische Theologe fest, die Kirche habe den Staat, wenn nötig, zur Verantwortung zu rufen. Sie habe ihn dann danach zu befragen, ob er bei seinem Handeln noch »Recht und Ordnung« im Blick behalte.[1] Sei dies nicht der Fall, gelte es, »dem Rad selbst in die Speichen zu fallen«[2].

Vor allem aber hat nach Bonhoeffer die Kirche als Kirche Sorge dafür zu tragen, dass sich der Staat nicht erdreiste, Vorschriften über »ihr Handeln an ihren Gliedern« zu erlassen.[3] Zu diesen Gliedern gehören nach Bonhoeffer ausdrücklich auch getaufte Jüdinnen und Juden.[4] Dass der Staat es unternehme, diesen getauften Jüdinnen und Juden die Teilnahme an Gottesdiensten zu verweigern und sie aus der Kirche ausgeschlossen sehen wolle, sei nicht zu dulden. Bonhoeffer hält fest: »Ein solcher Ausschluss bleibt [...] eine kirchliche Unmöglichkeit.«[5]

Nach Bonhoeffer *bleibt* ein solcher Ausschluss eine kirchliche Unmöglichkeit, da diese Möglichkeit noch nie bestanden habe. Vielmehr würde die Annahme einer solchen Möglichkeit dem Wesen der christlichen Kirche widersprechen. Es sei schon immer im Sinne der christlichen Kirche, dass die

---

[1] Dietrich Bonhoeffer, Die Kirche vor der Judenfrage, in: DBW 12: Berlin 1932–1933, hrsg. v. Carsten Nicolaisen und Ernst-Albert Scharffenorth, Gütersloh 1997, 349–358, hier 354.

[2] A.a.O., 353.

[3] A.a.O., 355: »Die Kirche kann sich ihr Handeln an ihren Gliedern nicht vom Staate vorschreiben lassen.«

[4] S. dazu ebd.: »Der getaufte Jude ist Glied unserer Kirche. Damit stellt sich die Judenfrage für die Kirche anders als für den Staat.«

[5] A.a.O., 357.

Zugehörigkeit zur christlichen Gemeinschaft durch kein Gesetz bedingt sei. Keine gesetzliche Vorschrift könne, ja dürfe Voraussetzung sein »für die Zugehörigkeit zum Volk Gottes, zur Kirche Christi«; allein der »Ruf Gottes durch sein Wort in Christus« führe in die Kirche Christi.[6] Dieser Ruf ist nach Bonhoeffer das Evangelium, auf dem die christliche Gemeinschaft gründe.

Kein Gesetz dürfe die im Evangelium fundierte Kirchengemeinschaft verwehren. Als ein solches zurückzuweisendes Gesetz beschreibt Bonhoeffer die Forderung nach »der rassischen Einheit der Gemeindeglieder«[7]. Eine solche Forderung stelle den Ruf Gottes unter menschliche Maßstäbe und versage der Kirche Kirche Jesu Christi zu sein. Denn aus dieser dürfe niemand ausgeschlossen werden, der sich qua seiner Taufe zur Kirche Christi zugehörig weiß.

Sollte ein Kirchenglied Anstoß daran nehmen, dass auch von »judenstämmigen Christen« gilt, dass sie zur Gemeinde gehören, könne diesem Kirchenglied nicht »verwehrt werden, selbst aus dieser kirchlichen Gemeinschaft auszuscheiden. Es muß ihm aber dann mit letztem Ernst dies klar gemacht werden, daß er sich damit von dem Ort lossagt, an dem die Kirche Christi steht, und daß er damit [...] den judenchristlichen Gedanken einer Gesetzesreligion verwirklicht«[8]. Die Gesetzesreligion, die Paulus zu seiner Zeit den sogenannten Judenchristen als nicht evangeliumsgemäß vorhielt, verwirklichen nach Bonhoeffer auch diejenigen, die 1933 die ethnische Abstammung von Menschen zur Bedingung der Kirchenzugehörigkeit machen.

Sowohl gegenüber diesen als auch gegenüber dem Staat, der die Grenzen seiner Zuständigkeit überschreitet, ruft Bonhoeffer zu christlicher Verkündigung auf. Denn es sei »Aufgabe christlicher Verkündigung zu sagen: hier, wo Jude und Deutscher zusammen unter dem Wort Gottes stehen, ist Kirche, hier bewährt es sich, ob Kirche noch Kirche ist oder nicht.«[9]

Die beiden Punkte, die Bonhoeffer in seinem Vortrag herausstellt und die zum einen das Staat-Kirche-Verhältnis und zum anderen das Verständnis der Taufe betreffen, sind im Folgenden Thema, und zwar mit Blick auf gegenwärtige Herausforderungen. Ich gehe allerdings umgekehrt vor. Zuerst interessiert mich die Frage, wie Taufe aus evangelischer Sicht dem Evangelium gemäß zu verstehen ist und welche Bedeutung sie dann also für die Kirchengemeinschaft hat. Diesem Anliegen gehe ich insbesondere im Rückgriff auf Ausführungen Martin Luthers zum Verständnis der Taufe nach. Anschließend frage ich, wie es aus dogmatischer Sicht zu bewerten ist, dass sich der gegenwärtige deutsche Staat herausnimmt, die Bedeutung der Taufe bei getauften Asylsuchenden zu ermitteln.

---

[6] A.a.O., 356.
[7] Ebd.
[8] A.a.O., 358.
[9] Ebd.

1 Dogmatische Einsichten zur Frage nach Taufe und Kirchengemeinschaft

Kirche ist nach evangelischem Verständnis Gemeinschaft der Glaubenden und der Getauften. Damit ist eine heikle Sache ausgesagt. Anders als die Taufe nämlich lässt sich der Glaube äußerlich nicht sehen, erkennen und nachweisen. Ob ein Mensch im Vertrauen auf den dreieinigen Gott lebt oder nicht, das kann nur Gott beurteilen. Die Taufe hingegen wird in einem besonderen Akt und im Beisein der christlichen Gemeinde vollzogen, mit einer Taufurkunde bestätigt und in die Kirchenbücher eingetragen.

Ob sich in einer Gemeinde getaufter Christinnen und Christen tatsächlich glaubende und also durch das Wirken des Geistes geheiligte Personen befinden, kann von Menschen nicht entschieden werden. Der Glaube und die Heiligkeit von Menschen sind anderen Menschen unsichtbar. Deshalb hält Martin Luther in seiner Kontroverse mit Erasmus von Rotterdam fest, dass es die römisch-katholische Kirche tunlichst unterlassen sollte, bestimmte Menschen als Heilige zu bezeichnen. Vielmehr verlange es die christliche *Liebe*, alle Getauften als Glaubende und Heilige anzunehmen. Die Liebe nehme für jeden Getauften an, dass er christlichen Glaubens und also heilig sei. Für den *Glauben* hingegen stellt Luther in seiner Schrift *De servo arbitrio* fest:

> »Fides [...] nullum vocat sanctum nisi divino iudicio declaratum, Quia fidei est, non falli. Ideo cum omnes debeamus haberi invicem sancti iure charitatis, nullus tamen debet sanctus decerni iure fidei«.[10]

Für die Gemeinschaft der Christenmenschen ist der unsichtbare Glaube also zwar sehr wohl Zugehörigkeitskriterium, jedoch keines, das von Menschen abgefragt werden könnte. Die Taufe aber bedingt nach evangelischem Verständnis die sichtbar manifestierte Zugehörigkeit zur Kirchengemeinschaft.[11] Diese Bedin-

---

[10] MARTIN LUTHER, De servo arbitrio, WA 18, 600–787, hier 652,6–9; s. dazu die Übersetzung von ATHINA LEXUTT in: Lateinisch-Deutsche Studienausgabe, Bd. 1: Der Mensch vor Gott, unter Mitarbeit von MICHAEL BEYER hrsg. und eingel. v. WILFRIED HÄRLE, Leipzig 2006, 219–661, hier 323: »Der Glaube [...] nennt keinen heilig, außer er ist durch göttliches Urteil dazu erklärt. Denn es ist Sache des Glaubens nicht getäuscht zu werden. Daher müssen wir uns alle gegenseitig für heilig halten nach dem Recht der Liebe, und dennoch darf keiner als heilig beurteilt werden nach dem Recht des Glaubens«.

[11] S. CA VII, BSELK, 102 f. Vgl. dazu auch JOHANNES CALVIN, Unterricht in der christlichen Religion. Institutio Christianae Religionis, nach der letzten Ausgabe von 1559 übersetzt und bearbeitet von OTTO WEBER. Im Auftrag des Reformierten Bundes bearbeitet und neu hrsg. v. MATTHIAS FREUDENBERG, Neukirchen-Vluyn 2008, IV,15,1, 733: »Die Taufe ist ein Zeichen der Einweihung, durch das wir in die Gemeinschaft der Kirche aufgenommen

gung kann ganz im Sinne Bonhoeffers keine gesetzliche sein. Die Taufe kann keine gesetzliche Vorgabe sein, die erfüllt werden müsste, um Gottes heilvolle Zuwendung zu erlangen, die in der Gemeinde verkündigt und gefeiert wird. Sie kann nur insofern Bedingung sein, als sie nicht Gesetz, sondern Evangelium ist. Diese Anforderung bestimmt das evangelische Taufverständnis.

Um das Sakrament der Taufe recht zu verstehen und angemessen zu beschreiben, ist vornehmlich darauf zu achten, dass die Taufe Gottes Evangelium ist. In ihr kommt die heilvolle Zuwendung Gottes zum Ausdruck. Sie bringt einem Menschen das Christusgeschehen körperlich nahe. Im Christusgeschehen hat Gott seinen Geschöpfen seine Liebe geoffenbart, indem er sich ihnen bis in den Sündentod hinein zugewendet hat und ihnen so den Weg zum ewigen Leben eröffnete. Dieses Werk Gottes, das ein für alle Mal geschah, wird am einzelnen Menschen einmalig körperlich spürbar vollzogen, indem dieser getauft wird. Denn in der Taufe wird einem Menschen symbolisch der Sündentod zu erleben gegeben, indem er unter Wasser getaucht wird. Indem er auftaucht aus dem Taufwasser, ereignet sich an ihm seine eigene Auferstehung mit Christus aus dem Tod zum ewigen Leben.[12]

Aus der Taufe geht ein Mensch hervor, der aus Sünde erlöst worden ist.[13] Für den Getauften gilt, dass er befreit ist aus der Annahme, werktätig Heil erlangen zu können und zu müssen; ihm ist also christliche Freiheit eröffnet. Dass Gottes Befreiungshandeln, das dieser an einem Menschen unverdienbar und völlig unverdient wirksam werden lässt, der eigentliche Gehalt der Taufe ist, drückt Luther aus, indem er die Taufe gleich wie den Glauben ein »werck Gottes« nennt.[14]

---

werden, um in Christus eingeleibt und damit zu den Kindern Gottes gerechnet zu werden.«

[12] S. dazu MARTIN LUTHER, De captivitate Babylonica ecclesiae, WA 6, 484–573, hier 534,18–20: »Quod ergo baptismo tribuitur ablutio a peccatis, vere quidem tribuitur, sed lentior et mollior est significatio quam ut bapismum exprimat, qui potius mortis et resurrectionis symbolum est.« S. dazu die Übersetzung von RENATE und REINER PREUL in Lateinisch-Deutsche Studienausgabe, Bd. 3: Die Kirche und ihre Ämter, hrsg. v. GÜNTHER WARTENBERG und MICHAEL BEYER, eingel. v. WILFRIED HÄRLE, Leipzig 2009, 173–375, hier 273: »Wenn also der Taufe die Sündenabwaschung zugeschrieben wird, so ist das zwar richtig, aber diese Bedeutung ist doch zu wenig treffsicher und zupackend, als dass sie den Sinn der Taufe recht ausdrücken könnte, die doch viel eher das Sinnbild für Tod und Auferstehung ist.«

[13] Vgl. ebd.

[14] Vgl. MARTIN LUTHER, Von der Wiedertaufe an zwei Pfarrherrn, WA 26, 137–174, hier 153. Zum Glauben als Werk Gottes vgl. MARTIN LUTHER, Von den guten Werken, WA 6, 196–276, hier 210. – S. zur Entwicklung von Luthers Taufverständnis DOROTHEA WENDEBOURG, Art. Taufe und Abendmahl, in: ALBRECHT BEUTEL (Hrsg.), Luther Handbuch, Tübingen ³2017, 462–471.

Die erlösende Liebe des allmächtigen Gottes, die durch kein menschliches Werk beeinflusst werden kann, wird dem Täufling in der Taufe zugewendet. Dieser Zuwendung entspricht die Annahme der gewährten Erlösung als eines Geschenks, das täglich gewürdigt und in Ehren gehalten werden sollte. Hierzu bedarf es des Glaubens. Denn dass es Gottes erlösende Liebe ist, die ihm in der Taufe zugeeignet wurde, ist dem Täufling erst und nur im Glauben gewiss.

Gottes Erlösungshandeln wird dem Täufling in der Taufe zugewendet. Sie ist »Symbol«[15] für das Christusgeschehen, das der Täufling am eigenen Leib erlebt; er stirbt und aufersteht mit Christus. Dieses Geschehen, der Mitvollzug des Christusgeschehens, gilt einem Menschen unabhängig von dessen Glauben. Das mitvollzogene Christusgeschehen wird für den Lebensvollzug des Täuflings jedoch erst bedeutsam, wenn er daran glaubt, dass er mit dem inkarnierten Gott durch den Sündentod hindurch gegangen und also von Sünde befreit ist.

Aus den skizzierten Einsichten in die Bedeutung der Taufe ergeben sich drei Fragen: 1. Ist das Heil des Menschen schlechterdings an die Taufe gebunden? 2. Welche Bedeutung hat die Taufe für einen Menschen, der nicht als Säugling oder Kleinkind getauft wurde, sondern erst im späteren Verlauf seines Lebens den Wunsch äußert, getauft zu werden? 3. Was bedeutet die Taufe für die christliche Kirchengemeinschaft? Die Beantwortung wird vornehmlich entlang maßgeblicher Schriften Martin Luthers zur Taufe vollzogen, wobei deutlich wird, dass über die Heilsbedeutung der Taufe kein Mensch verfügt.

1.1 Ist das Heil des Menschen an die Taufe gebunden?

Selbstverständlich wissen Bibelkundige gleich wie Luther auf diese Frage mit Mk 16,16 Antwort zu geben: »Wer da gleubt und getaufft wird, der wird selig. Wer aber nicht gleubt, der wird verdampt.«[16] Die Taufe ist hier als heilswirkend ausgesagt.[17] Bedeutet dies etwa, dass Ungetaufte auf ewig verloren sind und christliche Eltern ihre Kinder möglichst rasch taufen lassen sollten, vor allem dann, wenn deren Überleben gefährdet ist?

Im Blick auf Ungeborene, also im Blick auf Kinder, die vor oder während der Geburt verscheiden, lässt Luther die Frage, ob sie getauft werden sollten, ausdrücklich unbeantwortet. Er gibt an, unsicher zu sein, ob einem ungeborenen Kind bereits eine Seele zu eigen sei, die die Taufe empfangen könne.[18] Dieser

---

[15] S. dazu das Zitat in Anm. 12.
[16] Martin, Luther, Der Große Katechismus, Auslegung zur Taufe, BSELK, 1110, 23 f.
[17] S. dazu Martin Luther, Der Kleine Katechismus, Taufbüchlein, BSELK, 907, 19 f.: Die Taufe ist »unser einiger trost und eingang zu allen Göttlichen gütern und aller heiligen gemeinschafft«.
[18] S. Luther, De captivitate, WA 6 (s. Anm. 12), 538.

Zweifel soll hier nicht weiter interessieren, da vielmehr ernstgenommen wird, dass Sternenkinder seelenbegabte Menschen sind. Damit aber ist die Frage nach der Bedeutung der Taufe geweitet, und es gilt davon zu handeln, wie die Wirksamkeit der Taufe angemessen vorgestellt wird.

Wird zum einen davon ausgegangen, dass die Taufe erst im Glauben des Täuflings zu ihrer vollen Wirkung kommt, und wird zum anderen nicht übersehen, dass der Glaube erst beim »Hören« des Evangeliums entstehen kann,[19] dann setzt die Heilswirksamkeit der Taufe eine gewisse Evangeliumskenntnis voraus. Solche Kenntnis wiederum ist durch die Fähigkeit bedingt, den Inhalt des Evangeliums wahrnehmen zu können. Das aber ist weder Ungeborenen und Sternenkindern noch Menschen mit stark begrenzten Wahrnehmungsfähigkeiten in der Weise möglich, dass ihnen beim Hören des Evangeliums das Christusgeschehen sprachlich vermittelt deutlich werden kann. Gleichwohl ist Menschen mit begrenzter Fähigkeit, sprachliche Kommunikation zu verstehen, keineswegs die Möglichkeit des Glaubens verwehrt. Denn gerade durch die Sakramente, die als »mittel« und Instrumente der Glaubensvermittlung fungieren,[20] wird die Heilsbotschaft von Christi erlösendem Kreuzestod nicht allein sprachlich und ausschließlich hörbar kommuniziert. Vielmehr sprechen gerade die Sakramente den Menschen als ganzheitliches *körperlich*-seelisches Wesen an und können ihn daher in vertrauensvolle Beziehung zum Erlöser bringen. Dass die gesamte körperliche Beschaffenheit des Menschen Medium für den Empfang der Heilsbotschaft ist, ist an der körperlichen Zuwendung des Heilsgeschehens in den Sakramenten Taufe und Abendmahl ersichtlich. So wie bei der Taufe der Sinn der Haut angesprochen wird, so sind es beim Abendmahl die Sinne des Geruchs und des Geschmacks, über die das Evangelium wahrgenommen werden kann.[21]

Um die ungetauft verstorbenen Kinder muss hingegen darum keine Sorge getragen werden, da die Heilswirksamkeit der Taufe an den Glauben gebunden ist, der während eines Lebens entsteht. Weil ihnen jedoch das irdische Glaubensleben definitiv nicht gewährt ist, bedürfen sie auch der Taufe nicht. Dass ihnen ein Erdenleben im Glauben nicht gegeben war, schließt allerdings meines Erachtens keineswegs aus, dass sie gleich wie die Getauften und Glaubenden nach ihrem Tod in Gottes ewige und unverbrüchliche Liebe aufgehoben werden. Gerade die Gewissheit der allmächtigen Liebe Gottes lässt darauf vertrauen, dass

---

[19] S. CA V, BSELK, 100 f.; s. auch CALVIN, Institutio (s. Anm. 11), IV,2,1, 582.
[20] So in CA V, BSELK, 100 f.
[21] Als körperlich-seelisches Geschöpf empfängt ein Mensch durch Menschen vermittelt auf sinnlich-rezeptive Weise die Botschaft des Evangeliums; s. dazu ANNE KÄFER, Inkarnation und Schöpfung. Schöpfungstheologische Voraussetzungen und Implikationen der Christologie bei Luther, Schleiermacher und Karl Barth, TBT 151, Berlin/New York 2010, 71 f.

auch ungetauft Verstorbene in Gottes ewige Liebesgemeinschaft aufgenommen sind.

Gegenüber solcher Zuversicht wird nun allerdings die Frage nach der Bedeutung der *Nottaufe* brisant. Auch die Nottaufe darf nicht als Gesetz, sondern muss als Evangelium verstanden werden. Es ist also nötig, dass die Nottaufe nicht im Sinne von Werkgerechtigkeit gehandhabt wird. Das wäre der Fall, wenn der Täufling selbst oder wenn die, die ihn zur Taufe bringen, meinten, allein die Nottaufe errette vor ewiger Verdammnis. Wird angenommen, der sterbende Mensch werde heillos verloren sein, wenn der Taufritus nicht an ihm vollzogen wird, ist das Heil des Sterbenden in Menschenhände gelegt. Es wird dann die Taufe als ein Werk verstanden, das von Menschen erbracht werden muss, damit in Ewigkeit Gottes ewige Liebe an einem verstorbenen Menschen wirksam werde. Das wäre ein unangemessener Versuch der Verfügung über Gottes ewige und allmächtige Liebe.

Damit die Taufe eines als Kind getauften Menschen für diesen zu Lebzeiten heilswirksam werden kann, bedarf es der Zeit, in der einem Menschen das Evangelium verkündet und in der vor allem sein Glaube an die Heilszuwendung Gottes gebildet wird. Entsprechend gibt Luther denjenigen, die keinen Nachweis über ihre eigene Kinds- oder Säuglingstaufe besitzen, den Rat, fest davon auszugehen, dass ihnen das Sakrament zuteilgeworden sei.[22] Letztlich entscheidend für das irdische Dasein eines Menschen sei nämlich nicht der Taufritus, sondern dass ein Mensch auf Gottes Zuwendung in Jesus Christus vertraue. Der *Glaube* an Gottes Rettung aus dem Sündentod rechtfertige einen Menschen und lasse ihn also das eigene Dasein als von Gott gewollt und geliebt erkennen. Luther schreibt hierzu:

> »Ita baptismus neminem iustificat nec ulli prodest, sed fides in verbum promissionis, cui additur baptismus: haec enim iustificat et implet id quod baptismus significat. Fides enim est submersio veteris hominis et emersio novi hominis.«[23]

Der Glaube des einzelnen hat nach Luther einen solch hohen Stellenwert, dass er aus dem zitierten Vers Mk 16,16 die zweite Satzhälfte betont. Die Aussage »qui non crediderit, condemnabitur« sei dahingehend zu verstehen, dass »fidem in

---

[22] S. LUTHER, Von der Wiedertaufe an zwei Pfarrherrn, WA 26 (s. Anm. 14), 171.
[23] LUTHER, De captivitate, WA 6 (s. Anm. 12), 532,36–533,2; s. dazu LDStA, Bd. 3 (s. Anm. 12), 269: »Sie [i. e. die Taufe] rechtfertigt keinen und nützt auch keinem, wohl aber der Glaube an das Wort der Verheißung, welchem die Taufe hinzugefügt ist. Der nämlich macht gerecht und erfüllt, was die Taufe bedeutet. Denn Glaube heißt: Der alte Mensch taucht unter und der neue Mensch taucht auf.«

sacramento adeo necessariam, ut etiam sine sacramento servare possit«[24]. Allerdings kann der Glaube von keinem Menschen festgehalten und auf Dauer gestellt werden. Immer wieder ist es erforderlich, dass einem Menschen durch Gott selbst Glaube gewährt und die Gewissheit über Gottes Liebe gegen allen Zweifel stark gemacht werde.[25] »Ita semel es baptisatus sacramentaliter, sed semper baptisandus fide, semper moriendum semperque vivendum.«[26]

Die Taufe, die am Körper des Täuflings vollzogen wurde, bietet diesem Menschen, solange er in Raum und Zeit existiert, die sichtbare und handfeste Zusage der Liebe Gottes, die aus dem Sündentod zu ewigem Leben erlöst.[27] Im Rückbezug auf seine Taufe, im *reditus ad baptismum*,[28] kann der Getaufte während seines Erdenlebens immer wieder Stärkung seines Glaubens finden.[29] Der Glaube lässt ihn in seiner Existenz die Auferstehung aus dem Tod erleben, die in der Taufe an seinem Leib vollzogen wurde. In der Taufe wurde er leibhaft in die Nachfolge des auferstandenen Gekreuzigten gestellt. Sie ist damit der Grund seines Vertrauens auf den in Christus geoffenbarten Schöpfer. In diesem Vertrauen hat der Getaufte Anteil am ewigen Leben während seiner irdischen Existenz.

Auch wenn er sich nicht erinnert, wie er selbst getauft wurde, kann und sollte der Täufling von seiner Taufe durch die Erzählungen der Taufpatinnen und -paten, der Eltern und der Gemeinde wissen, sodass ihm die erzählte Taufe Stütze seines Glaubens sein kann. Auf die Zusage, die ihm bei seiner Taufe gegeben wurde, wird er bei jeder Taufe aufmerksam gemacht, die er in seiner Gemeinde mitfeiert. Jede in der Gemeinde durchgeführte Taufe stellt dem getauften Christenmenschen vor Augen, was ihm selbst widerfuhr und lässt ihn hören, dass mit der Taufe ein Leben in Gemeinschaft mit Gott eröffnet wurde.

---

[24] LUTHER, De captivitate, WA 6 (s. Anm. 12), 533,36–534,1; s. dazu LDStA, Bd. 3 (s. Anm. 12), 271: Auf das Zitat »[W]er aber nicht glaubt, der wird verdammt werden«, folgt dessen Auslegung: »Womit er [i. e. Christus] uns zu verstehen gibt, dass der Glaube so sehr notwendig ist beim Sakrament, dass er uns sogar ohne das Sakrament selig machen kann«.

[25] S. zur Frage der Gewissheit ANNE KÄFER, Gewissen – Gewissheit – Gewissenhaftigkeit. Zur Überprüfung der Innerlichkeit, in: HENNING THEIßEN/KNUD HENRIK BOYSEN (Hrsg.), Integration und Konversion. Taufen muslimischer Flüchtlinge als Herausforderung für Kirchen und Gesellschaft, Paderborn 2021, 174–193.

[26] LUTHER, De captivitate, WA 6 (s. Anm. 12), 535,10f.; s. dazu LDStA, Bd. 3 (s. Anm. 12), 275: »So bist du ein Mal sakramental getauft worden, im Glauben jedoch musst du immer wieder getauft werden, immer wieder heißt es zu sterben und zu leben.«

[27] Nach Luther handelt es sich bei der Taufe um einen »schatz« fürs Leben; s. LUTHER, Der Große Katechismus, Auslegung zur Taufe (s. Anm. 16), 1120,3.

[28] S. LUTHER, De captivitate, WA 6 (s. Anm. 12), 572.

[29] S. dazu a. a. O., 527.

Das Heil eines Menschen ist also insofern an die Taufe gebunden, als sie völlig unverfügbar und in leiblicher Weise die Liebe Gottes erleben lässt, die aus dem Tod ins ewige Leben führt. Das Heil eines Menschen zu seinen Lebzeiten ist allerdings durch den Glauben an Gottes Heilszuwendung bedingt, in dem immer wieder Freiheit von Sünde und Sündentod gewährt ist. Das Heil eines Menschen in Ewigkeit verdankt sich der Liebe Gottes, die ewig währt und dementsprechend nicht durch einen Mangel an Taufe aufgehalten werden kann.

1.2 Welche Bedeutung hat die Taufe für einen Menschen, der nicht als Säugling oder Kleinkind getauft wurde, sondern erst im späteren Verlauf seines Lebens den Wunsch äußert, getauft zu werden?

Will ein erwachsener Mensch getauft werden, ist es nötig, dass er zuvor darüber aufgeklärt wird, was die Taufe bedeutet. Hierbei sollte dem Täufling deutlich werden, dass mit der Taufe nicht sein Glaube besiegelt wird. Zwar wird zur Taufe ein christliches Bekenntnis verlangt. Dieses kann jedoch von keinem Menschen daraufhin geprüft werden, ob es tatsächlich aus Glauben gesprochen ist oder nicht. Und deshalb weist Luther darauf hin:

> »wer die tauffe wil grunden auff dem glawben der taufflinge, der mus nymer mehr kein mensch teuffen, Denn wenn du gleich einen menschen hundert mal teuffest einen tag, dennoch weistu kein mal, ob er glewbe.«[30]

Ist sich der Täufling dessen bewusst, dass er an seinem Glauben nie festzuhalten vermag und also immer wieder in Sünde gerät, empfängt ein erwachsener Mensch seine Taufe in evangelischem Sinn. Er nimmt sie als ein unverdientes Werk Gottes entgegen, das ihm zum Heil gereicht. Solcher Empfang wird vollzogen, wenn der Täufling zu bekennen vermag:

> »Ja, [...] ich glewbe, aber auff solchen glauben bawe ich nicht, Er mocht mir zu schwach odder ungewis sein, Ich wil getaufft sein auff Gottes gebot[31], der es haben wil von mir, Auff solch gebot wage ichs, mit der zeit mag mein glawbe werden, wie er kan, Wenn

---

[30] LUTHER, Von der Wiedertaufe an zwei Pfarrherrn, WA 26 (s. Anm. 14), 154,23–25; s. auch a.a.O., 162.

[31] S. dazu Mt 28,19: »[G]ehet hin und lehret alle Völker: Taufet sie auf den Namen des Vaters und des Sohnes und des Heiligen Geistes«.

ich auff sein gepot getaufft bin, so weis ich, das ich getaufft bin, Wenn ich auff meinen glawben getaufft wurde, solt ich morgen wol ungetaufft funden werden, wenn mir der glawbe entfiele«.[32]

Mit solchem Taufbekenntnis wird die eigene Sündhaftigkeit eingestanden und das schlechthinnige Angewiesensein auf Gottes Zuwendung zum Ausdruck gebracht. Die Taufe kann dann zu dem Zweck empfangen werden, zu dem sie eingesetzt ist, nämlich zur Vergebung der Sünde. Sie ist dann leibhafte Vergegenwärtigung des erlösenden Evangeliums. Damit sie dieser ihrer Bestimmung entspricht, ist nicht der Glaube des taufwilligen Erwachsenen abzufragen, sondern dessen Einsicht in seine Sündhaftigkeit relevant, auf dass er mit der Taufe ins ewige Leben übertrete.

Mit seinem Taufbegehren zeigt sich der Täufling angewiesen auf Gottes Heilszuwendung, und mit der Taufe lässt er sich Gottes lebensspendende Liebe auf körperliche Weise schenken. So kommt ihm Gottes Erlösung in einmaliger Weise leibhaft nahe und kann ihm ein Leben lang als Rückversicherung der Liebe Gottes dienen. Mit seiner Taufe ist zudem öffentlich sichtbar sein Übertritt in die Gemeinschaft der Getauften vollzogen, die sich dadurch auszeichnet, dass sie das Evangelium verkündet und die Sakramente Taufe und Abendmahl feiert.[33] Damit er sich immer wieder seiner Taufe erinnere und zu ihr zurückkehre, bedarf es seiner Teilnahme am öffentlichen Gottesdienst, in dem er nicht nur andere Taufen mitfeiert, sondern in dem ihm vor allem das Evangelium immer wieder zugesagt und in der Feier des Abendmahls vergegenwärtigt wird.

1.3 Was bedeutet die Taufe für die christliche Kirchengemeinschaft?

Mit jeder Taufe in der Gemeinde werden alle anderen getauften Gemeindeglieder an ihre eigene Taufe erinnert. Zugleich wird ihnen der neugetaufte Mensch als Glied der Gemeinschaft anvertraut.

Die Taufe ist Zeichen der Zugehörigkeit zur Gemeinschaft derjenigen, die sich auf Gottes Heilszuwendung angewiesen wissen. Mit diesem Wissen geht die Einsicht einher, dass es der gegenseitigen und gemeinsamen Verkündigung und Feier des Evangeliums bedarf. Denn nur auf diese Weise kann der christliche Glaube immer wieder gestärkt werden und den Lebensvollzug eines Getauften dominieren.

Insbesondere das Abendmahl, zu dem sich die Getauften im öffentlichen Gottesdienst versammeln, lässt Gottes Sündenvergebung leibhaft erleben. Im

---

[32] LUTHER, Von der Wiedertaufe an zwei Pfarrherrn, WA 26 (s. Anm. 14), 165,20–27.
[33] S. dazu CA VII, BSELK, 102f.

von Glauben getragenem Genuss von Brot und Wein wird der Sündentod, den Christus zur Erlösung starb, den Körpern und Seelen der das Mahl Genießenden einverleibt. So wird Christi Sündentod zum Nährboden für ihr neues Leben, für ein Leben, das von Gottes Liebe gespeist ist.

Auf das Abendmahl, auf die Taufe und auf die öffentliche Predigt kann im Sinne der Heilszuwendung Gottes nicht verzichtet werden. Die Sakramente wie die Predigt sind entscheidend dafür, dass ein Mensch sein Leben im Vertrauen auf das Evangelium und also im Glauben zu leben vermag. Und dementsprechend bedarf es der Kirchengemeinschaft, die sich dadurch auszeichnet, dass sie die Taufe denen, die sie ersuchen, nicht verwehrt. Den Getauften gegenüber aber weiß sich die Kirchengemeinschaft dazu verpflichtet, sie durch Predigt und Abendmahl in ihrem Glauben zu stärken. Denn kein Mensch vermag sich selbst die glaubensstärkende Vergebung Gottes zuzusprechen. Hierzu bedarf es des Vergebungszuspruchs durch andere Christenmenschen. Ebenso bedarf es der Gabe der Abendmahlselemente durch Mitchristinnen und Mitchristen, damit der Getaufte mit den Elementen die Zuwendung Gottes in Jesus Christus empfangen kann. In der Gemeinschaft der Empfangenden und Austeilenden kommunizieren die Getauften das Evangelium und lassen sich gegenseitig an den Instrumenten Anteil haben, mit denen der Glaube an das Evangelium gestärkt werden kann. Wer aus dieser Gemeinschaft ausgeschlossen wird, dem wird dementsprechend das Evangelium verweigert.

Gegen solchen Ausschluss verwahrt sich Bonhoeffer in seinem eingangs zitierten Vortrag. Bonhoeffers Votum, dass sich Kirche dann als Kirche erweist, wenn sie sich dafür einsetzt, dass niemandem das Evangelium verwehrt werde, ist meines Erachtens auch heutzutage laut vorzubringen und neu zu bedenken. Denn im Blick auf geflüchtete und getaufte Asylsuchende in Deutschland kann ein staatliches Vorgehen beobachtet werden, das dazu führt, dass Getaufte aus der Kirchengemeinschaft ausgeschlossen werden, und nicht nur das: Wenn die Asylanträge getaufter Asylsuchender, die insbesondere dem Iran entstammen, abgewiesen werden, ist zu befürchten, dass ihnen in ihrem Herkunftsland Verfolgung droht. Eben deshalb ersuchen sie in Deutschland Asyl. Die Herausforderungen, die mit diesen Asylanträgen einhergehen, werden im nächsten Kapitel vor dem Hintergrund des dargelegten Taufverständnisses thematisiert.[34]

---

[34] S. zu diesen Herausforderungen die Texte in: Theißen/Boysen (Hrsg.), Integration und Konversion (s. Anm. 25). S. auch Henning Theißen, Understanding Conversion from Different Perspectives and Scientific Disciplines. The Present State of the Debate About Christian Convert Asylum Seekers, in: Churches' Commission for Migrants in Europe (Hrsg.), Conversion in the Asylum Procedure: New Developments and Old Challenges, Conference Report compiled by Deborah Romano, Brüssel 2022, 37–49.

2 Vom staatlichen Umgang mit der Taufe und getauften Gemeindegliedern

Auch für Menschen, die nach Deutschland fliehen und hier von ihrer muslimischen Herkunftsreligion zum Christentum übertreten, indem sie sich taufen lassen, gilt, dass sie lebenslang der Gemeinschaft bedürfen, in der ihr Glaube durch die Feier des Abendmahls und die Verkündigung des Evangeliums immer wieder gestärkt werden kann. Da die Taufe nicht auf einen einmal gewonnenen und zukünftig verfügbaren Glauben hin erfolgt, sondern im Bewusstsein darum, Gottes stetige Zuwendung zur Glaubensstärkung nötig zu haben, widerspricht es dem Sinn der Taufe, wenn in ihrer Folge die Möglichkeit zur Teilnahme an öffentlichen Gottesdiensten verwehrt wird.

Gleichwohl werden getaufte Geflüchtete, die in Deutschland Asyl beantragen, abgewiesen und in Herkunftsländer zurückgeschickt, in denen ihnen die Feier des Gottesdienstes nicht gefahrlos möglich ist. Mit welcherlei Argumenten Abweisungen begründet werden, skizziere ich im Folgenden beispielhaft (2.1). Die gewählten Beispiele machen deutlich, zu welchen Seltsamkeiten staatliche Stellen fähig sind, die am evangelischen Verständnis der Taufe vorbei über Getaufte und deren christliches Leben ein Urteil fällen. Zudem unternehmen es die staatlichen Stellen, Vorhersagen über die zukünftige Verfolgungswahrscheinlichkeit der getauften Asylsuchenden zu treffen, indem sie mutmaßen, inwiefern diese wohl in ihrem Herkunftsland weiterhin als Glieder der christlichen Kirche existieren werden (2.2).

2.1 Staatliche Prüfungen

Staatliche Stellen unternehmen, die *Ernsthaftigkeit* der Taufe getaufter Asylsuchender zu überprüfen, die bei ihrer Abschiebung Verfolgung fürchten. Sie wollen herausfinden, wie ernst es dem Täufling um seine Taufe sei. Staatliche Stellen wie das Bundesamt für Migration, kurz BAMF, gehen davon aus, sie könnten dies eruieren, indem sie die *religiöse Identität* eines Asylsuchenden prüfen. Die vormalige Vizepräsidentin des BAMF behauptet 2017 in einem Interview: »Wir prüfen nicht den Glauben, sondern wollen herausfinden, was die religiöse Identität des Betreffenden ausmacht.«[35]

Die religiöse Identität eines Getauften ist allerdings maßgeblich durch seinen mehr oder weniger stark ausgeprägten Glauben bestimmt. Dass dieser ganz und gar nicht herausgefunden werden kann, ist Luthers *ceterum censeo*. Luther betont

---

[35] URSULA GRÄFIN PRASCHMA im Interview von NICOLAI FRANZ, »Unsere Entscheidungspraxis ist differenziert«, URL: https://www.pro-medienmagazin.de/politik/2017/10/01/unsere-entscheidungspraxis-ist-differenziert/ (Stand: 28.02.2023).

sogar ausdrücklich, und zwar in seiner Obrigkeitsschrift, in der er die Grenzen staatlichen Handelns aufzeigt, dass Gerichte es tunlichst unterlassen sollten, ins Innere eines Menschen blicken und das seine Identität auszeichnende Denken und Sinnen herausfinden zu wollen.

> »Eyn gericht soll und muß gar gewiß seyn, wenn es urteylen soll, und alles am hellen liecht haben. Aber der seele gedancken und synnen kunnen niemant denn Gott offinbar seyn.«[36]

Auch wenn die staatlichen Stellen nicht in die Seelen der Getauften blicken können, scheinen sie doch davon auszugehen, dass sie anhand bestimmter Kenntnisse und im Blick auf das Handeln eines Getauften über dessen religiöse Identität sowie über die Ernsthaftigkeit, mit der er sich taufen ließ, Auskunft geben könnten.[37] Dies macht eines der vielen Beispiele deutlich, das für das gerichtliche Unternehmen, Ernsthaftigkeit zu eruieren, genannt sei:

Bei der Befragung eines asylsuchenden Getauften gibt dieser an, an Karfreitag »sei Gott ans Kreuz geschlagen worden. ›Wirklich Gott?‹, fragt der Richter. Anwalt [...] Kerschies rutscht unruhig auf seinem Stuhl hin und her – und atmet erleichtert auf, als sein Mandant schließlich seine Antwort auf ›Jesus‹ korrigiert.«[38]

Gerade diese Abfrage und die Reaktionen des Richters wie des Anwalts machen unübersehbar, wie erschreckend und beängstigend unbedarft das juristische Fachpersonal auf dem Gebiet der Theologie agiert, das ihm augen-

---

[36] MARTIN LUTHER, Von weltlicher Oberkeit, wie weit man ihr Gehorsam schuldig sei, WA 11, 229–281, hier 264,1–3.

[37] S. dazu BENJAMIN KARRAS, Staatliche Glaubensprüfung? Wege zu transparenten und fairen Beurteilungsmaßstäben religiöser Konversionen und ihre Bedeutung für die Bleiberechtsperspektive, in: THEIẞEN/BOYSEN (Hrsg.), Integration und Konversion (s. Anm. 25), 159–173, 170: Im Blick auf »eine sachverständige Einschätzung der Ernsthaftigkeit des Glaubenswechsels [...] sind staatliche Gerichte selbst fachkundig und bedürfen – auch wenn Religionsgemeinschaften dies oftmals anders sehen – keiner kirchlichen oder religionswissenschaftlichen Expertise.« S. auch DERS., Missbrauch des Flüchtlingsrechts? Subjektive Nachfluchtgründe am Beispiel der religiösen Konversion, Jus Internationale et Europaeum 134, Tübingen 2017, 260: Karras nennt hier »das Problem [...], das mit jeder rein kognitiven Überprüfung von religiöser Identität einhergeht: Bloßes Wissen kann niemals ein Beleg für eine entsprechende Prägung sein, da es immer aus bloß asyltaktischen Gründen gelernt und wiedergegeben werden kann«. Umgekehrt kann die Unfähigkeit eines Geflüchteten, sich vor Gericht überzeugend zu präsentieren, dazu führen, dass das Gericht seine Konversion als nicht glaubwürdig beurteilt.

[38] PETER WENIG, Glaube oder Trick?, URL: https://www.morgenpost.de/politik/article 211716485/Glaube-oder-Trick.html (Stand: 28.02.2023).

scheinlich völlig fremd ist. Richterliche Prüfungen wie die zitierte Abfrage oder vielmehr Leugnung des Gottseins Jesu Christi sind ein Schlag ins Gesicht christlicher Dogmatik. Selbstverständlich starb Gott am Kreuz. Das ist die Pointe des Karfreitagsgeschehens, die dem Glaubenden einsichtig ist; allerdings ist sie nur dem Glaubenden einsichtig, weshalb die Frage nach dem Verständnis der Person Jesu Christi eine Abfrage christlichen Glaubens ist. Sowohl Glaubensabfragen als auch theologische Erörterungen sollten meines Erachtens dann, wenn Menschenleben auf dem Spiel stehen, wenigstens nicht Unkundigen überlassen sein.

Neben sogenannten Kenntnissen wird auch das Handeln der asylsuchenden Getauften von staatlichen Stellen daraufhin bewertet, inwieweit es angeblich christlich sei. So gibt es beispielsweise ein Urteil des Verwaltungsgerichts Ansbach, in dem festgehalten ist, dass der »Handel mi[t] Betäubungsmitteln als Indiz für eine fehlende Verinnerlichung und Ernsthaftigkeit christlicher Glaubensinhalte und Werte, wie der Nächstenliebe, angesehen [werden müsse].«[39] Entsprechend wird einem Getauften, der mit Betäubungsmitteln handelnd erwischt wurde, eine christliche Identität abgesprochen.

Eine solch entschiedene Feststellung christlicher Nichtidentität gibt zu denken. Jedenfalls dann, wenn beispielsweise ein Blick auf die Vielzahl an Geistlichen geworfen wird, die sich in Sachen sexuellen Kindesmissbrauchs schuldig gemacht haben. Nach wie vor gilt grundlegend deren Taufe als Ausweis ihrer Zugehörigkeit zur christlichen Gemeinde. Sie sind Glieder der Kirche qua ihrer Taufe. Ihre christliche Identität ist mit der Taufe bestimmt.

Auch muss wohl angenommen werden, dass dann, wenn unternommen würde, nachzuprüfen, welche Getauften denn die sogenannten Werte wie Nächstenliebe nicht verletzen, niemand zu finden wäre. Die Gemeinschaft der Getauften ist jedoch gerade der Ort, an dem die eigene Sündigkeit bekannt und vergeben werden kann. Zum Zweck der Sündenvergebung und zum Zweck der Stärkung von Glauben und Liebe ist die Teilnahme an ihren öffentlichen Gottesdiensten vorgesehen, zu denen alle Sünderinnen und Sünder eingeladen sind. Von Seiten des Staates hingegen ist gefordert, Straftaten zu ahnden, ganz gleich mit wie viel oder wenig Nächstenliebe sie durchgeführt wurden.

---

[39] RALPH GÖBEL-ZIMMERMANN, Die Bedeutung von Taufe und Konversion im asylgerichtlichen Verfahren, unveröffentlichtes Typoskript eines Vortrags in Speyer am 27.05. 2009, 9; hier verweist Göbel-Zimmermann auf das VG Ansbach Urt. v. 15.01.2009 – AN 18 K 08.30313, Rn. 88: »Der Kläger mag zwar ein ausgiebiges Bibelstudium betrieben haben, die christlichen Gebote, insbesondere das Gebot der Nächstenliebe, hat der Kläger nicht verinnerlicht, wenn er mit dem Drogenhandel dazu beiträgt, die Gesundheit und das Leben anderer Menschen zu gefährden.« S. auch RALPH GÖBEL-ZIMMERMANN u. a., Asyl- und Flüchtlingsrecht, München 2017, Rn. 147.

2.2 Staatliche Prognosen

Die staatlichen Stellen prüfen nicht nur Kenntnisse und in der Vergangenheit erfolgte Taten von getauften Asylsuchenden. Ebenso werden Prognosen über das *zukünftige* Handeln getaufter Asylbewerberinnen und -bewerber ins Auge gefasst. Das ist recht gewagte Spekulation, da die Zukunft Menschen ebenso unverfügbar ist wie der Glaube.

Doch die vormalige Vizepräsidentin des BAMF gibt an, dass gerade auch bei Flüchtlingen aus dem Iran solche Voraussagen getroffen werden könnten. Christliches Leben im Iran ist lebensbedrohlich. Entsprechend erläutert die vormalige Vizepräsidentin:

> »Das iranische Regime sieht nach unseren Erkenntnissen im Christentum eine Bedrohung seiner eigenen Staatsphilosophie. Es sieht in den Christen Abtrünnige, die dem Propheten Mohammed eine Absage erteilt haben und den Islam als Staatsräson in Frage gestellt haben. Das ist der Grund für Verfolgung. Ohne öffentliche Glaubensäußerung kann man im Iran aber noch nicht von Verfolgung ausgehen. Wenn jemand im Iran seinen Glauben in den eigenen vier Wänden in der Zwiesprache mit Gott lebt, vielleicht auf einen Berg geht, um zu beten, dann löst er beim Regime noch keine Verfolgung aus.«[40]

Auch hier schlägt dogmatischer Mangel wieder voll zu. Christlicher Glaube lässt sich, wie unter 1. gezeigt, nicht »in den eigenen vier Wänden« leben. Es bedarf der christlichen Gemeinschaft, die das Evangelium kommuniziert und gemeinsam Abendmahl feiert, um Sündenvergebung und Glaubensstärkung zu empfangen. Wenn von einem Getauften verlangt wird, dass er »seinen Glauben in den eigenen vier Wänden [...] lebt«, verweigert man ihm das Wirklichwerden der Taufzusage in seinem Leben. Man unterläuft das Sakrament der Taufe und die Bedeutung der Kirche, die tauft, predigt und Abendmahl feiert.

Ist davon auszugehen, dass getauften Asylsuchenden in ihrem Herkunftsland Verfolgung droht, wenn sie das Evangelium verkündigen, taufen und Abendmahl feiern, dann bedeutet die Abweisung ihres Asylantrags ihren Ausschluss aus der kirchlichen Gemeinschaft.[41] Und dann hat sich, wie es Bonhoeffer formuliert, Kirche als Kirche zu bewähren, indem sie für ihre getauften Glieder

---

[40] PRASCHMA, Interview (s. Anm. 35).
[41] S. zu solch einem abgelehnten Antrag, bei dem mit massiver Verfolgung für den Antragsteller zu rechnen ist, den Bericht: Germany denies refuge to Christian convert – after family member tortured, killed for his faith, in: ADF international, vom 11.08.2022, URL: https://adfinternational.org/germany-denies-refuge-christian-convert/ (Stand: 28.02.2023). S. zu diesem Fall auch die Darstellung: Iranian Christian convert's rejection reveals flaws in Germany's asylum process, in: Article 18, vom 19.08.2022, URL: https://articleeighteen.com/analysis/11553/ (Stand: 28.02.2023).

eintritt. Sie kann nicht zulassen, dass getaufte Menschen Situationen ausgesetzt werden, in denen sie nicht nur keinen Zugang zu christlicher Gemeinschaft haben, sondern zudem mit Verfolgung und Sanktionen rechnen müssen, wenn sie für ihren Glauben Stärkung suchen. Die Kirche hat um des Evangeliums willen den Staat auf ihre deutlich voneinander unterschiedenen Zuständigkeitsbereiche hinzuweisen. Sie hat ihn zur Verantwortung zu rufen um der Getauften und um der Taufe willen, die das Wesen der Kirche auszeichnet und die heilvoll ist für diejenigen, deren Glaube an die in der Taufe übermittelte Heilszuwendung Gottes immer wieder wachgehalten und gestärkt wird.

Interessanterweise ist die Notwendigkeit, die Zuständigkeitsbereiche von Staat und Kirche klar zu unterscheiden, staatlichen Stellen keineswegs unbekannt. Das Verwaltungsgericht Schwerin hat bereits im Jahr 2013 ausgeführt, dass es nach deutschem Recht unzulässig sei, nachdem der Taufakt durch die Kirche vollzogen worden ist, dessen Ernsthaftigkeit zu prüfen.[42] Das Verwaltungsgericht Schwerin hält fest, dass »die Prüfung der Frage des ernsthaften Übertritts zu einer Religion staatlichen Behörden und Gerichten aus staatskirchenrechtlichen Gründen grundsätzlich entzogen ist, wenn eine Religionsgesellschaft oder Kirche im Sinne des Art. 140 GG, Art. 137 der Weimarer Reichsverfassung (WRV) diesen Übertritt begleitet und dokumentiert hat.«[43]

Ein ernsthafter Übertritt und die damit erfolgte Eingliederung in die Kirchengemeinschaft sollte nach diesem Urteil von sämtlichen staatlichen Behörden und Gerichten nicht in Zweifel gezogen oder gar geleugnet werden, wenn er durch Kirchen im Sinne des Art. 140 GG, Art. 137 WRV begleitet und urkundlich festgehalten wurde. Von Seiten der Kirchengemeinschaft wiederum verlangt solch ein Übertritt, dass sie für die stetige Glaubensstärkung der Ge-

---

[42] S. hierzu CHRISTOPH THIELE, Art. Taufe, VII. Rechtlich, in: RGG[4] Bd. 8, 2005, 85–87, hier 87: »Jedenfalls nach ev. Kirchenrecht darf eine T. nämlich nur vollzogen werden, wenn der zuständige Pfarrer die Ernsthaftigkeit des Taufwunsches festgestellt und die erforderliche Taufvorbereitung durchgeführt hat. Dies muß dem weltanschaulich neutralen Staat genügen, da er nicht befugt und in der Lage ist, Überprüfungen über innere Haltung und Inhalt der Glaubensüberzeugungen anzustellen.«

[43] VG Schwerin, Urt. v. 13.02.2013, Az. 3 A 1877/10 As, Rn. 169 (s. https://openjur.de/u/620085.html [Stand: 15.03.2020]). S. hierzu auch die Ausführungen von GERHARD ROBBERS, Aktuelle Probleme des Staatsreligionsrechts. Ein Zwischenruf, in: RÜDIGER ALTHAUS/JOCHEN SCHMIDT (Hrsg.), Staat und Religion. Aspekte einer sensiblen Verhältnisbestimmung, QD 303, Freiburg i.Br. 2019, 271–278, hier 276: »Der Staat darf nicht in religiösen Fragen entscheiden. Er würde sich sonst zu seiner eigenen Säkularität in Widerspruch setzen. Er würde die verfassungsrechtlich gebotene Neutralität verletzen. Das tut er aber in weitem Umfang.« Robbers nennt als Beispiel dafür, dass der Staat die gebotene Neutralität verletze, dessen Umgang mit in Deutschland getauften Asylbewerberinnen und -bewerbern.

tauften einsteht. Zu diesem Zweck sollte die ökumenische Kirchengemeinschaft weitere staatliche Übergriffe zu verhindern suchen, die die Glaubensstärkung verwehren. Damit sich Kirche als Kirche bewährt, sollte sie sich um der Getauften und der Taufe willen staatlicher Einmischung, die sich schon viel zu oft als christlicher Tauftheologie völlig unkundig erwies, widersetzen.

Taufe und Eucharistiegemeinschaft aus katholischer Sicht

Burkhard Neumann

Auf den ersten Blick könnte ich es mir einfach machen und meinen Beitrag in drei kurzen Sätzen zusammenfassen. Diese Sätze würden lauten: Die Taufe ist die notwendige, aber nicht hinreichende Voraussetzung für die Teilhabe an der Eucharistie. Eucharistiegemeinschaft ist Ausdruck von voller Kirchengemeinschaft und setzt diese darum wesentlich voraus. Ausnahmen davon gibt es nur im Einzelfall und unter bestimmten, engen Bedingungen.

Mit diesen wenigen Sätzen hätte ich einen verbindlichen Rahmen gegeben und könnte meine Ausführungen beenden. Und da viele Nichtkatholiken der Überzeugung sind, dass die katholische Lehre eine für den einen beeindruckende, für den anderen eher erschreckende systematische Geschlossenheit besitze, würden sich viele wahrscheinlich gar nicht darüber wundern, dass mit diesen Sätzen alles gesagt sein soll.

Nun ist das aber so eine Sache mit der systematischen Geschlossenheit. Schon angesichts unserer bleibend bruchstückhaften Erkenntnis, eben »in einem Spiegel und rätselhaften Umrissen« (1Kor 13,12), wie Paulus sagt, und damit erst recht der Bruchstückhaftigkeit der rationalen Durchdringung der Offenbarung Gottes und seiner Geschichte mit den Menschen, sollten einen alle Behauptungen einer solchen Geschlossenheit eher misstrauisch machen. Dass weder Thomas von Aquin seine *Summa theologiae* vollenden konnte noch Karl Rahner je eine umfassende Dogmatik verfasst hat, von Karl Barths unvollendeter »Kirchlicher Dogmatik« ganz zu schweigen (als katholischer Theologe füge ich hinzu: wer weiß, was er sonst noch über die Sakramente geschrieben hätte!), mag historisch betrachtet ein Zufall sein, aber selbst wenn das so ist, sollten einem diese Zufälle gerade als Theologe und Theologin zu denken geben.

Und über diese grundlegenden, wenn auch abstrakten Überlegungen hinaus lassen sich sowohl im Blick auf die Lehre wie auch und erst recht im Blick auf das kirchliche Leben bzw. die kirchliche Praxis immer so etwas wie Inkonsequenzen feststellen, oft genug gleichsam »glückliche« Inkonsequenzen, die das Denken umso mehr herausfordern und eventuell auch neue Wege für Theologie und Praxis erschließen können.

Im Rahmen meiner Darstellung möchte ich auf einige dieser Inkonsequenzen oder offenen Fragen hinweisen, weil sie in der Frage nach einer auf der Taufe aufbauenden Eucharistiegemeinschaft ohne eine volle bzw. vor einer vollen Kirchengemeinschaft weiterführen könnten. Denn genau um diese Frage geht es ja im ökumenischen Kontext, weil die volle und wechselseitige Gemeinschaft in Abendmahl bzw. Eucharistie als Ausdruck voller Kirchengemeinschaft oder Einheit innerchristlich nicht wirklich kontrovers ist.

1 Die Taufe als Tor zu den Sakramenten

Nach katholischer (und nicht nur katholischer) Auffassung ist die Taufe, wie es gerne heißt, das Tor zu den anderen Sakramenten.[1] Sie ist, anders gesagt, der erste und wesentliche Ritus der Initiation, also das Sakrament, d. h. das wirksame Zeichen der Christwerdung und damit, weil sich beides nicht trennen lässt, der Aufnahme in den Leib Christi, die Kirche. Diese Neugeburt, diese Hineinnahme in den Leib Christi, die Kirche, ist darum auch die notwendige Voraussetzung für die Teilhabe am eucharistischen Leib Christi. So heißt es zurecht in dem jüngsten Dokument der Lutherisch/Römisch-katholischen Kommission für die Einheit »Baptism and Groth in Communion«:

> »Taufe und Eucharistie sind also organisch miteinander verbunden. Die Taufe ist die Eingliederung in den Leib Christi, und die Eucharistie ist die Feier dieser Gemeinschaft in Christus: ›Wir, die wir viele sind, sind ein Leib, denn wir haben alle teil an dem einen Brot‹ (1Kor 10,17). Die Taufe ist eine grundlegende Voraussetzung für die Teilnahme an der Eucharistie, denn niemand kann ›am Leib‹ und ›am Blut‹ Christi teilhaben (1Kor 10,16), der nicht durch die Taufe zum Leib Christi gehört«[2].

Und darum gilt zunächst:

> »Die eucharistische Gemeinschaft ist ein zentrales Merkmal der kirchlichen Gemeinschaft. Die gemeinsame Teilhabe am Leib und Blut Jesu Christi ist der tiefste Ausdruck der Einheit der Gläubigen und ihrer Gemeinschaften.«[3]

---

[1] Vgl. Katechismus der Katholischen Kirche, München u. a. 2005, Nr. 1213; Katholischer Erwachsenen-Katechismus. Das Glaubensbekenntnis der Kirche, hrsg. von DER DEUTSCHEN BISCHOFSKONFERENZ, Kevelaer u. a. 1985, 330.

[2] LUTHERAN WORLD FEDERATION/PONTIFICAL COUNCIL FOR PROMOTING CHRISTIAN UNITY, Baptism and Growth in Communion. Report of the Lutheran-Roman Catholic Commission on Unity, 1.5.2. (1), URL: http://www.christianunity.va/content/dam/unitacristiani/Relazioni%20ecumeniche/Sezione%20occidentale/Federazione%20luterana%20mondiale/2019-2021%20baptism_and_growth_in_communion_en_0.pdf (Stand: 15.03.2023).

[3] A. a. O., 1.5.2.1 (2).

Das bedeutet zum einen, dass die Taufe auf die Eucharistie hingeordnet ist: »Eine Taufe, die die Eucharistie ausschließt, ist ein Versprechen ohne Inhalt. Und umgekehrt baut die Eucharistie auf dem in der Taufe zugesagten Versprechen Gottes auf.«[4] Denn »die Eucharistie hält die Taufzusage auf dem Weg des Glaubens in diesem Leben aufrecht.«[5]

Mit der Taufe beginnt also der Weg des Christseins, der auf der sakramentalen (d. h. nicht unbedingt auf der existentiellen!) Ebene seine tiefste Verwirklichung, seinen tiefsten Ausdruck und damit seine *Vollendung* bzw. sein Ziel in der Feier der Eucharistie findet. Sie ist im Gegensatz zur Einmaligkeit der Taufe die »Wegzehrung« im wahrsten Sinne des Wortes, die den Gläubigen auf seinem weiteren Weg des Glaubens stärkt und begleitet.

Auf diesen Wegcharakter des Glaubens, der mit der Taufe beginnt und der durch die Eucharistie immer neu gestärkt und vertieft wird, möchte ich im Folgenden etwas näher eingehen.

2 Zur Problematik der Initiationssakramente – Taufe, Firmung und Eucharistie

Bekanntlich bestand die altkirchliche Initiation, die in der Regel in der Osternacht stattfand, wesentlich aus drei zentralen Teilen: der Taufe, der postbaptismalen Salbung, aus der sich nach katholischer Auffassung das Sakrament der Firmung entwickelt hat, und schließlich als Vollendung bzw. tiefster Ausdruck der Aufnahme in die Kirche die Teilhabe an der Eucharistie.[6] Wenn sich in der katholischen Kirche Erwachsene taufen lassen, wird diese Reihenfolge in der Regel beibehalten – sie ist dann, auch darauf sei hingewiesen, eine der wenigen Situationen, in denen mit entsprechender Erlaubnis auch ein Priester die normalerweise dem Bischof vorbehaltene Firmung spenden kann. Und bekanntlich ist dieser Zusammenhang einschließlich des Empfangs der Eucharistie bis heute in den Kirchen der Orthodoxie in Gebrauch, und zwar auch bei der Säuglingstaufe.

Nun hat sich diese Reihenfolge in der katholischen Kirche zumindest in der weithin geltenden pastoralen Praxis jedoch geändert, und zwar, wenn ich es recht

---

[4] A. a. O., 2.2.8 (1) = 5.3.3.
[5] A. a. O., 5.3.3.
[6] Zu den einzelnen Taufriten in der alten Kirche vgl. Christian Lange, Gestaltung und Deutung der christlichen Initiation in der alten Kirche, in: Christian Lange/Clemens Leonhard/Ralph Olbrich (Hrsg.), Die Taufe. Einführung in Geschichte und Praxis, Darmstadt 2008, 1–28, zur weiteren Entwicklung vgl. Stephan Wahle, Gestaltung und Deutung der christlichen Initiation im mittelalterlichen lateinischen Westen, in: a. a. O., 29–48.

sehe, spätestens seit Einführung der sogenannten Frühkommunion durch Papst Pius X. Sie lautet nun Taufe, Buße, Eucharistie, Firmung. Das führt aber dazu, dass es eine interessante Spannung zwischen der theologischen Bestimmung der Firmung und ihrer faktischen Wahrnehmung gibt.

Historisch hat sich, wie schon gesagt, die Firmung entwickelt aus dem Gesamt der in der alten Kirche verwendeten Riten im Umfeld der Taufe, die vom Bischof gespendet wurde.[7] Die postbaptismale Salbung bzw. Handauflegung beginnt sich etwa im 4. Jahrhundert von der Taufe zu lösen. Ein wesentlicher Grund dafür ist das Wachsen der christlichen Gemeinden und die damit verbundenen Veränderungen im Verständnis und vor allem in der Praxis des Bischofsamtes. Es ist nun nicht mehr möglich, dass der Bischof alle Katechumenen tauft, sondern das tun nun die Priester, die Handauflegung bleibt aber weiterhin Sache des Bischofs. Daraus bildet sich dann das eigene Sakrament der Firmung (*confirmatio*) heraus, das nun aber theologisch gedeutet werden musste, wobei vor allem das Motiv der *Stärkung* bzw. *Kräftigung* des Glaubens eine zentrale Rolle spielt: »Die Wirkung aber dieses Sakraments ist, dass in ihm der Heilige Geist zur Stärkung gegeben wird, so wie er den Aposteln am Pfingsttag gegeben wurde, damit nämlich der Christ mutig den Namen Christi bekenne«[8] – so heißt es im Dekret für die Armenier aus dem Jahr 1439.

Dabei wurde und wird dieses Sakrament, gerade wegen seiner engen Beziehung zur Taufe, bis heute immer komparativisch gedeutet, als etwas also, das »das in der Taufe Grundgelegte entfalten, bekräftigen und vollenden«[9] soll, wie immer man das konkret verstehen mag. »Die Firmung, welche die Taufe vollendet, vertieft den Taufcharakter und stärkt uns für den Dienst«, so fasst es beispielsweise der internationale mennonitisch/katholische Dialog zusammen.[10]

Zwar weiß man in der katholischen Theologie um die Schwierigkeit einer expliziten Einsetzung der Firmung durch Christus, doch dient vor allem

---

[7] Vgl. Josef Zerndl u. a., Art. Firmung, in: LThK³ Bd. 3, 1995, 1298–1305.
[8] Dekret für die Armenier (1439), DH 1319.
[9] Katholischer Erwachsenen-Katechismus (s. Anm. 1), 339.
[10] Gemeinsam berufen, Friedensstifter zu sein. Bericht über den Internationalen Dialog zwischen der Katholischen Kirche und der Mennonitischen Weltkonferenz 1998–2003, in: DWÜ 4, Paderborn/Leipzig 2012, 679–758, Nr. 115; vgl. auch CIC can. 879: »Das Sakrament der Firmung, das ein Prägemal eindrückt, beschenkt die Getauften, die auf dem Weg der christlichen Initiation voranschreiten, mit der Gabe des Heiligen Geistes und verbindet sie vollkommener mit der Kirche; es stärkt sie und verpflichtet sie noch mehr dazu, sich in Wort und Tat als Zeugen Christi zu erweisen sowie den Glauben auszubreiten und zu verteidigen.« Zur Problematik dieser komparativischen Aussagen vgl. Otto Hermann Pesch, Katholische Dogmatik aus ökumenischer Erfahrung, Bd. 2: Die Geschichte Gottes mit den Menschen. Ekklesiologie, Sakramentenlehre, Eschatologie, Ostfildern 2010, 720f.

Apg 8,14-17 als biblische Legitimation einer Unterscheidung zwischen der Taufe als dem Sakrament des Christwerdens und der Firmung als dem Sakrament der Gabe des Geistes. Zugleich soll dadurch ein Aspekt deutlich werden, der sich vor allem auf den Bischof als den ordentlichen Spender der Firmung bezieht, nämlich der Bezug der Firmung zur Kirche.[11] Die Firmung wird dann verstanden als Sakrament der Hineinnahme in die Sendung der Kirche und die vom Geist getragene Befähigung, diese Sendung in der Kirche zu leben. In diesem Sinne lässt die Firmung den Christen »intensiver *teilhaben an der Sendung Jesu Christi und der Kirche*. Sie bestellt uns zu öffentlichen Zeugen des Glaubens und sendet uns zur verantwortlichen Mitarbeit in der Kirche.«[12] Oder, wie es etwa im mennonitisch/katholischen Dialog heißt, »die Gefirmten [sind] als treue Zeugen Christi strenger verpflichtet, den Glauben durch Wort und Tat zu verbreiten und zu verteidigen.«[13]

Das schließt allerdings nicht aus, dass die katholische Theologie weiterhin nach einer wirklich überzeugenden und umfassenden Theologie der Firmung sucht. Denn abgesehen von der Erwachsenentaufe, bei der das die Regel sein soll, aber nicht zwingend vorgeschrieben ist, wird die Firmung einige Jahre *nach* dem ersten Empfang der Eucharistie gespendet und gewinnt somit immer mehr den Charakter eines Sakraments der Entscheidung, woraus sich aber unweigerlich die Frage ergibt, worin dabei die besondere Gnadengabe des Sakraments besteht.[14]

Zwar wird diskutiert, ob diese Reihenfolge eigentlich legitim ist oder ob es eine realistische Möglichkeit gibt, sie im Sinne der altkirchlichen Ordnung zu ändern. Ein wirklich überzeugendes und zugleich praktikables Ergebnis hat diese Diskussion meines Erachtens aber noch nicht erbracht. Dafür sind die Erstkommunion im Alter etwa von neun Jahren und die Firmung im jugendlichen Alter viel zu sehr im Leben der katholischen Gemeinden verankert.[15] Selbst wenn man sich eine Änderung aus theologischen Gründen wünscht, dürfte sie kaum durchzuführen sein.

Nun kann man fragen, was das mit dem hier behandelten Thema zu tun hat. Zum einen ist die Firmung durch diese Praxis *faktisch* weitgehend aus dem Geschehen der Initiation gelöst, wenn man daran festhält, dass die Eucharistie als Teilhabe am Leib Christi die sakramentale *Vollendung* der Gemeinschaft mit Christus darstellt. Denn man kann die Eucharistie ohne die Firmung empfangen

---

[11] Vgl. dementsprechend im Dekret für die Armenier, DH 1318.
[12] Katholischer Erwachsenen-Katechismus (s. Anm. 1), 341; vgl. LG 11, DH 4127.
[13] Gemeinsam berufen, Friedensstifter zu sein (s. Anm. 10), Nr. 115.
[14] Vgl. den Überblick über die verschiedenen Ansätze bei EVA-MARIA FABER, Einführung in die katholische Sakramentenlehre, Darmstadt 2002, 95-97.
[15] Vgl. GEORG LANGENHORST, Verschenktes Sakrament. Vorschläge zu einer grundlegend neuen Firmpastoral, in: HerKorr 69 (2015), 365-367.

und tut es in der Regel auch.[16] Vorausgesetzt ist »nur« der Empfang der Taufe, denn die Buße ist zwar faktisch vorgeschrieben, aber ihr Empfang gehört nicht zwingend zur Vorbereitung auf die Feier der Erstkommunion. Sie ist vielmehr eine rein disziplinarische Vorschrift, über die vor allem in den siebziger Jahren des letzten Jahrhunderts intensiv diskutiert wurde.[17] In welchem Verhältnis die Vollendung der Taufe durch die Firmung zur Vollendung in der Feier der Eucharistie steht, ist darum theologisch nicht wirklich geklärt.

Hier wäre nun im Gespräch mit der Kirche der Orthodoxie zu fragen, welche Rolle für diese die Firmung bzw. die Myronsalbung hat und wie sie diese Eigenheit katholischer Lehre und mehr noch katholischer Praxis bewerten, vor allem wenn sie, wie das mit der syrisch-orthodoxen Kirche ausdrücklich der Fall ist, eine wechselseitige gastweise Zulassung zur Eucharistie ausdrücklich vereinbart haben.[18] Und umgekehrt kann darum die Tatsache, dass andere Kirchen keine Firmung im katholischen Sinn kennen, kein Argument dafür sein, dass eine mögliche gastweise Zulassung zur Eucharistie nicht möglich ist. Meines Wissens wird interessanterweise von katholischer Seite auch nie so argumentiert, obwohl die Differenz im Umgang mit Firmung im Rahmen der Erwachsenentaufe und der Kindertaufe eigentlich ein offenes theologisches Problem oder in dem oben genannten Sinn eben zumindest eine Inkonsequenz darstellt, über die zu wenig nachgedacht wird.

3 Kirchengemeinschaft als dynamische Gemeinschaft

Dazu kommt ein weiterer Aspekt, der mir vor allem in der Auseinandersetzung mit dem Kirchenmodell der Leuenberger Konkordie bewusst geworden ist.[19] Gerade in der Debatte um die Eucharistiegemeinschaft in dem hier gemeinten Sinn, also als gastweise Zulassung, wird meines Erachtens von katholischer Seite oft übersehen, dass auch die *innerkirchliche* Gemeinschaft nicht vollkommen ist,

---

[16] Ähnliches gilt für die Ehe: Der katholische Partner soll zwar gefirmt sein, aber die Firmung ist keine notwendige Voraussetzung einer katholischen Eheschließung, vgl. CIC can. 1065 § 1.

[17] Vgl. KONRAD BAUMGARTNER, Art. Erstbeichte, in: LThK³ Bd. 3, 1995, 833f.

[18] Vgl. die Erklärung von Papst Johannes Paul II. und dem syrisch-orthodoxen Patriarchen von Antiochien und dem Ganzen Orient, Ignatius Zakka I. Iwas, zu gegenseitigen pastoralen Hilfen, 23. Juni 1984, in: DWÜ 2, 571-574. Sie geht selbstverständlich von der Reihenfolge Taufe - Firmung - Eucharistie aus.

[19] Vgl. BURKHARD NEUMANN, Leuenberg als ökumenisches Modell? Katholische Anfragen und Überlegungen, in: Cath(M) 67 (2013), 179-192; DERS., Einheit vor uns. Überlegungen zu einer eschatologischen Perspektive in der Ökumene, in: Cath(M) 72 (2018), 43-57, hier 48-51.

sondern sich auf dem Pilgerweg des Glaubens befindet, einem Weg, der erst eschatologisch sein Ende bzw. seine Vollendung findet. In diesem Sinne ist eine vollkommene Einheit der Christen auch innerkirchlich gesehen nur *eschatologisch* möglich und wird erst dann ganz verwirklicht sein.

In diesem Sinne wächst die irdische Gemeinschaft mit Christus durch die je und je neue Feier der Eucharistie. »Durch die Feier der Eucharistie, das Trinken des Blutes Christi und das Essen des Leibes Christi lebt und wächst die Gemeinschaft mit Christus innerhalb des kirchlichen Leibes«[20], und dies gilt sowohl für das Glaubensleben des einzelnen wie auch für die Gemeinschaft der Kirche als ganzer. Denn »Wachstum hat sowohl eine persönliche als auch eine soziale oder kirchliche Dimension. Beide Dimensionen gehören zusammen, denn jeder getaufte Gläubige ist ein Glied der Kirche, und die Kirche ist die Gemeinschaft der Gläubigen.«[21]

Wenn aber vollkommene Gemeinschaft oder Einheit eine eschatologische Kategorie ist, dann ergeben sich daraus zwei Fragen. Die erste lautet, was dieser dynamische Charakter der Kirchengemeinschaft bedeutet für die in den vergangenen Jahrzehnten durch den ökumenischen Dialog *gewachsene* Gemeinschaft zwischen den Kirchen und damit verbunden den Möglichkeiten einer wechselseitigen Zulassung zur Eucharistie.

Die andere, damit zusammenhängende Frage lautet dann, inwieweit die Eucharistie als *Mittel* der Einheit, also als Sakrament, das die Gemeinschaft der Kirche immer mehr vertieft, auch im Blick auf eine solche Zulassung anderer Christen zur Eucharistie verstanden werden kann.

4 Gestufte Kirchengliedschaft und Eucharistiegemeinschaft

Ich gehe zunächst auf die erste Frage ein. Sie setzt natürlich, und das ist eine notwendige Folge einer wechselseitigen Anerkennung der Taufe, ein Verständnis von Kirche voraus, das die Kirche als Gemeinschaft der Glaubenden, d. h. als Volk Gottes, Leib Christi und als Tempel des Heiligen Geistes nicht exklusiv mit der je eigenen (sichtbaren) Kirche identifiziert.

Ich nenne hier bewusst diese unterschiedlichen Bilder für die Kirche, weil ich der Ansicht bin, dass das Bild von der Kirche als dem Leib Christi für den Umgang mit der Spannung zwischen dem Ideal der einen Kirche und der faktischen Situation getrennter Kirchen nur begrenzt hilfreich ist. Das zeigt etwa die

---

[20] Baptism and Growth in Communion (s. Anm. 2), 1.6. (3); 3.3 (3); vgl. CIC can. 897: »durch dieses Opfer wird die Einheit des Volkes Gottes bezeichnet und bewirkt sowie der Aufbau des Leibes Christi vollendet«.

[21] Baptism and Growth in Communion (s. Anm. 2), 4.2.2 (2).

aus katholischer Sicht insgesamt durchaus wegweisende Enzyklika *Mystici Corporis* von Papst Pius XII. aus dem Jahr 1943, denn gerade bei diesem Bild, das den Leitgedanken der Enzyklika ausmacht, lässt sich eine wirkliche, wenn auch unvollkommene Verbundenheit kaum denken, denn entweder ist man Glied an diesem Leib oder man ist es nicht.

Herausgefordert, tiefer nachzudenken über das Verhältnis zu den anderen Kirchen wurde die katholische Theologie dabei vor allem durch das Bekenntnis zur Wirksamkeit der außerhalb der katholischen Kirche gespendeten Taufe. Man konnte natürlich auch die Konstruktion wählen, dass jede gültige Taufe die Aufnahme in die katholische Kirche bedeutet und sich die Nichtkatholiken irgendwann in einem wie auch immer gearteten persönlichen Akt von der Kirche trennen und so Häretiker oder zumindest Schismatiker werden. Aber der faktische Umgang mit den nichtkatholischen Kirchen, vor allem den Kirchen der Orthodoxie, aber durchaus auch mit den protestantischen Kirchen, war genau besehen immer schon wesentlich differenzierter und bedurfte darum einer vertieften Reflexion.[22]

Denn wenn deren Taufe gültig ist, dann bedeutet das vom Wesen der Taufe her auch die Eingliederung in den Leib Christi, und damit gehört der Getaufte eben nicht nur, wie *Mystici Corporis* sagt, dem »votum« nach zur Kirche,[23] sondern wirklich, wenn auch nicht notwendig in (aus katholischer Sicht!) objektiv vollkommener Weise. Dann kann man nicht mehr unterschiedslos von einer Kirchenzugehörigkeit »*in voto*« aller Nichtkatholiken sprechen, sondern man muss einen wesentlichen Unterschied machen zwischen einer Hinordnung der Nichtchristen zur Kirche[24] und einer wirklichen, wenn auch nicht in ihrer vollen Gestalt gegebenen Kirchengliedschaft der getauften Christen.

Diese Berücksichtigung der Taufe erlaubt es dann auch nicht mehr, die nichtkatholischen Christen primär als Häretiker oder Schismatiker anzusehen, zumal eine solche Sicht weder den geschichtlichen Ereignissen der Kirchenspaltungen und der auf beiden Seiten vorliegenden Schuld gerecht wird noch der Tatsache, dass seit mehreren Jahrhunderten Christen getrennt von der katholischen Kirche existieren und in ihrer eigenen Konfession ihren Glauben an Christus glaubwürdig gelebt und bezeugt haben. Die vielfältigen Kontakte zwischen Katholiken und nichtkatholischen Christen in der ersten Hälfte des 20. Jahrhunderts, auch die gemeinsamen Erfahrungen der Christen im Dritten

---

[22] Vgl. BRUNO HÜNERFELD, Ecclesiae et Communitates ecclesiales. Eine Analyse des ekklesiologischen Status von Protestanten und ihren Gemeinschaften in den lehramtlichen Dokumenten der Pontifikate von Pius IX. (1846–1878) bis Benedikt XVI. (2005–2013), Dogma und Geschichte 9, Berlin 2016.

[23] Vgl. DH 3821.

[24] Dabei ist natürlich noch einmal zu unterscheiden zwischen der Beziehung des jüdischen Volkes zur Kirche und den Beziehungen zu den anderen Religionen.

Reich, ließen eine solche Position kaum noch glaubhaft erscheinen und stellten so einen wesentlichen Motor für die ökumenische Verständigung dar. Die nichtkatholischen Christen sind demnach aufgrund der durch die Taufe gegebenen Verbundenheit in dem einen Leib Jesu Christi als Brüder und Schwestern »in Christus« anzusehen.[25] Johannes Paul II. hat darum in seiner Ökumene-Enzyklika aus dem Jahr 1995 zurecht die »wiederentdeckte Brüderlichkeit«[26] (bzw. Geschwisterlichkeit) als erste Frucht der ökumenischen Bewegung genannt und betont, dass sie ausdrücklich »in der Anerkennung der einen Taufe«[27] wurzelt.

Aus diesen und anderen Sachverhalten, »die sich ausschließlichen Identifizierungen widersetzen«[28], ergab sich der Gedanke einer gestuften Kirchengliedschaft, bzw. »einer stufen- oder gradweisen Verwirklichung von Kirche«[29], die das Kirchenverständnis der katholischen Kirche seit dem II. Vatikanischen Konzil prägt und die damit auch bekanntlich den Weg eröffnete, dass sich die katholische Kirche der ökumenischen Bewegung anschließen konnte.[30]

Eine solche gestufte Kirchenzugehörigkeit macht nun nach den Aussagen des Konzils eine Gemeinschaft in der Eucharistie in Einzelfällen durchaus möglich, weil die Eucharistie zwei Aspekte hat, den ekklesialen und den personalen. Oder anders und mit den Worten des Ökumenismusdekrets gesagt, ist die Eucharistie sowohl Bezeugung der Einheit wie Mittel der Gnade: »Man darf jedoch die Gemeinschaft beim Gottesdienst (*communicatio in sacris*) nicht als ein allgemein und ohne Unterscheidung gültiges Mittel zur Wiederherstellung der Einheit der Christen ansehen. Hier sind hauptsächlich zwei Prinzipien maßgebend: die Bezeugung der Einheit der Kirche und die Teilnahme an den Mitteln der Gnade. Die Bezeugung der Einheit verbietet in den meisten Fällen die Gottesdienstgemeinschaft, die Sorge um die Gnade empfiehlt sie indessen in manchen Fällen.«[31]

---

[25] Vgl. JOHANN WILLEBRANDS, Mandatum Unitatis. Beiträge zur Ökumene, KKSMI 16, Paderborn 1989, 15–28.

[26] JOHANNES PAUL II., Enzyklika »Ut unum sint« über den Einsatz für die Ökumene vom 25. Mai 1995, hrsg. vom SEKRETARIAT DER DEUTSCHEN BISCHOFSKONFERENZ, VApS 121, Bonn 1995, Nr. 41 f.

[27] A.a.O., Nr. 42.

[28] Baptism and Growth in Communion (s. Anm. 2), 3.4 (1).

[29] GEORG HINTZEN, Zum Thema »Eucharistie und Kirchengemeinschaft«, Handreichung für Erwachsenenbildung, Religionsunterricht und Seelsorge, Paderborn 1990, 26; vgl. WILLEBRANDS, Mandatum Unitatis (s. Anm. 25), 172–178; 341–356.

[30] Vgl. KARL LEHMANN, Zum Selbstverständnis des Katholischen. Zur theologischen Rede von Kirche, in: DERS., Auslotungen. Lebensgestaltung aus dem Glauben heute, Freiburg i. Br. 2016, 415–441.

[31] UR 8.

Das wird ausführlicher im Dekret über die katholischen Ostkirchen ausgeführt, das ausdrücklich nicht nur vom »Heilsnotstand (*necessitas salutis*)« spricht, sondern auch vom »geistlichen Wohl der Seelen (*bonum spirituale animarum*)«[32], was meines Erachtens mehr ist als die oft als einzige Ausnahme genannte Todesgefahr. Und umgekehrt spricht das Dekret im Blick auf die Katholiken (»nur« möchte man fast sagen) von einem »ernsten Bedürfnis (*necessitas*)« oder »einem wirklichen geistlichen Nutzen (*vera spiritualis utilitas*)«[33], der ihnen aus katholischer Sicht die Teilnahme an der orthodoxen Eucharistie erlaubt.

Wenn man darum in den aktuellen Debatten bisweilen von katholischer Seite hört, es gebe keine Möglichkeit für nichtkatholische Christen, an der Eucharistie teilzunehmen, dann muss man sagen, dass das schlicht und einfach nicht stimmt und der Ekklesiologie des Konzils widerspricht.[34]

Strittig ist und bleibt allerdings, nach welchen *Kriterien* eine solche Teilhabe an der Eucharistie möglich ist. Im Blick auf die Kirchen der Orthodoxie wird dabei ohne weitere Begründung eine Einheit im Verständnis der Eucharistie vorausgesetzt, während das im Blick auf die aus der Reformation entstandenen Kirchen bekanntlich nicht der Fall ist.

Die Debatte darum wurde und wird weiterhin intensiv und kontrovers geführt. Sie ist auch deshalb kontrovers, weil es von Seiten der katholischen Kirche (noch) keine klaren Kriterien dafür gibt, wieviel Einheit und wieviel Unterschiede es im Verständnis oder der Deutung der Eucharistie geben darf, sondern man den Eindruck gewinnen kann, es werde mehr oder weniger ein klares Bekenntnis zum katholischen Eucharistieverständnis in seiner Gänze erwartet.

Nun hilft auch hier ein Blick auf den Umgang mit der Orthodoxie. Denn er zeigt, dass z. B. das ausdrückliche Bekenntnis zur Transsubstantiation kein solches Kriterium sein kann,[35] nicht nur, weil das den entsprechenden Aussagen des Konzils von Trient widerspricht,[36] sondern weil dieses Denkmodell der Orthodoxie zwar fremd ist und dennoch eine begrenzte Eucharistiegemeinschaft aus katholischer Sicht möglich ist.

---

[32] OE 26.

[33] OE 27.

[34] Vgl. etwa PAUL JOSEF CORDES, »Wer nicht Gott gibt, gibt zu wenig«. Glaubensimpulse nach sechzig Priesterjahren, Heiligenkreuz 2021, 241.

[35] So etwa MANFRED HAUKE, Die Weise der Gegenwart Christi, in: GERHARD STUMPF (Hrsg.), Eucharistie. Quelle und Höhepunkt des ganzen christlichen Lebens. 14. Theologische Sommerakademie Dießen 2006, Landsberg 2006, 83–103, hier 94, URL: http://www.ik-augsburg.de/pdf/berichte/Buch2006.pdf (Stand: 3.12.2022).

[36] Vgl. Dekret über das Sakrament der Eucharistie, DH 1642; KARL LEHMANN/WOLFHART PANNENBERG (Hrsg.), Lehrverurteilungen – kirchentrennend? I. Rechtfertigung, Sakramente und Amt im Zeitalter der Reformation und heute, DiKi 4, Freiburg i. Br./Göttingen ³1988, 104.

Nun hat Papst Johannes Paul II. in seiner Eucharistienzyklika einerseits seine Freude darüber ausgedrückt, dass auch Nichtkatholiken an der Eucharistie teilnehmen können und sie, wie ich aus glaubwürdigen Aussagen weiß, auch anderen Christen gereicht, andererseits aber in der gleichen Enzyklika darauf hingewiesen, dass zu den Voraussetzungen solcher Teilnahme auch die Zustimmung zur Lehre von der Notwendigkeit des Weihepriestertums für die Feier der Eucharistie gehört.[37]

Im Blick auf die sogenannte »Handregel« des Wiener Kardinals Christoph Schönborn, wonach derjenige, der das Amen des Hochgebetes ehrlich mitbeten könne, dann auch ehrlichen Gewissens zur Eucharistie kommen dürfe,[38] wird darum oft argumentiert, dass dieses Ja eigentlich das Ja zum vollen katholischen Glauben voraussetze und insofern einem evangelischen Christen eigentlich nicht möglich sei. Abgesehen von der Frage, ob jeder Katholik in diesem Sinne ein ehrliches Ja zum Hochgebet sagen kann, gibt es aber auch an diesem Punkt eine jener Inkonsequenzen, die der Theologie zu denken geben sollten. Denn ein orthodoxer Christ kann aus katholischer Perspektive nach geltendem Kirchenrecht ausdrücklich ohne Einschränkung die katholische Eucharistie empfangen, obwohl er die Papstdogmen des I. Vatikanischen Konzils nicht akzeptiert. Wie passt das aber zu der Aussage im Dekret über die katholischen Ostkirchen, dass eine *communicatio in sacris* nicht möglich ist bei der »formalen Bejahung einer Irrlehre«[39]? Wird hier mit zweierlei Maß gemessen? Wenn man das aber ablehnt, was sagt das aus über die theologische Bewertung oder den Rang der Aussagen des I. Vatikanischen Konzils? Karl Rahner hat in diesem Zusammenhang zu Recht darauf hingewiesen, dass die Frage nach dem Papsttum mit diesem Konzil »nicht

---

[37] Vgl. JOHANNES PAUL II., Enzyklika »Ecclesia de Eucharistia« an die Bischöfe, an die Priester und Diakone, an die Ordensleute und an alle Christgläubigen über die Eucharistie in ihrem Verhältnis zur Kirche vom 17. April 2003, hrsg. vom SEKRETARIAT DER DEUTSCHEN BISCHOFSKONFERENZ, VApS 159, Bonn ²2003, Nr. 46: »Die Ablehnung einer oder mehrerer Glaubenswahrheiten über diese Sakramente, etwa die Leugnung der Wahrheit bezüglich der Notwendigkeit des Weihepriestertums zur gültigen Spendung dieser Sakramente, hat zur Folge, dass der Bittsteller nicht für ihren rechtmäßigen Empfang disponiert ist«.

[38] Der Text dieser »Handregel« findet sich in der Orientierungshilfe: Mit Christus gehen – Der Einheit auf der Spur. Konfessionsverbindende Ehen und gemeinsame Teilnahme an der Eucharistie (20. Februar 2018), in: THOMAS SÖDING/WOLFGANG THÖNISSEN (Hrsg.), Eucharistie – Kirche – Ökumene. Aspekte und Hintergründe des Kommunionstreits, QD 298, Freiburg i. Br. 2019, 13–40, hier 36; vgl. dazu STEFAN KOPP, Das »Amen« zum Hochgebet und zum Kommunionempfang, in: ebd., 111–134.

[39] OE 26.

nur zu einer rechtlichen und disziplinären, sondern in etwa zu einer dogmatischen Angelegenheit geworden ist.«[40]

Von daher stellt sich, gerade angesichts der im lutherisch/katholischen Dialog auf Weltebene erreichten Verständigungen nicht nur über die Eucharistie bzw. das Abendmahl, sondern auch über die Notwendigkeit des ordinierten Amtes für die Kirche natürlich verstärkt die Frage, was denn tatsächlich Voraussetzung für die Teilhabe an der Eucharistie zu sein hat und was nicht. Die Debatte um die Orientierungshilfe für konfessionsverbindende Paare, die die meisten Bischöfe Deutschlands für ihre Diözesen übernommen haben,[41] wie auch und erst recht um das Votum des Ökumenischen Arbeitskreises evangelischer und katholischer Theologen »Gemeinsam am Tisch des Herrn«[42] sollten darum die katholische Kirche herausfordern, noch mehr über das Recht und die Grenzen bzw. mögliche Inkonsequenzen ihrer bisherigen Position nachzudenken. Auch wenn es in der Praxis in der Regel wenig Probleme gibt,[43] darf das nicht davon abhalten, diese Praxis theologisch sauber zu reflektieren und zu begründen.

5 Die Eucharistie als Mittel der Einheit?

Im Blick darauf, dass Kirchengemeinschaft irdisch nie vollkommen ist, möchte ich schließlich noch auf den zweiten Punkt eingehen, der nach meiner Ein-

---

[40] HEINRICH FRIES/KARL RAHNER, Einigung der Kirchen – reale Möglichkeit, in: KARL RAHNER, Sämtliche Werke Bd. 27: Einheit in Vielfalt. Schriften zur ökumenischen Theologie, bearb. v. KARL LEHMANN u. ALBERT RAFFELT, Freiburg i.Br. 2002, 286–396, hier 389.

[41] Vgl. Orientierungshilfe: Mit Christus gehen – Der Einheit auf der Spur (s. Anm. 38).

[42] Vgl. Gemeinsam am Tisch des Herrn. Ein Votum des Ökumenischen Arbeitskreises evangelischer und katholischer Theologen. Für den Ökumenischen Arbeitskreis evangelischer und katholischer Theologen hrsg. v. DOROTHEA SATTLER u. VOLKER LEPPIN, DiKi 17, Freiburg i.Br./Göttingen 2020; zur Diskussion vgl. Gemeinsam am Tisch des Herrn. Ein Votum des ökumenischen Arbeitskreises evangelischer und katholischer Theologen. II. Anliegen und Rezeption. Für den Ökumenischen Arbeitskreis evangelischer und katholischer Theologen hrsg. v. DOROTHEA SATTLER u. VOLKER LEPPIN, DiKi 18, Freiburg i.Br./Göttingen 2021; MARKUS GRAULICH (Hrsg.), Alles gleich-gültig? Theologische Differenzierungen zum Votum »Gemeinsam am Tisch des Herrn«, Freiburg i.Br. 2022.

[43] Vgl. WALTER KASPER, Konfessionelle Identität – Reichtum und Herausforderung, in: DERS., Wege zur Einheit der Christen. Schriften zur Ökumene I, Walter Kasper Gesammelte Schriften 14, Freiburg i.Br. 2012, 433–452, hier 443: »Ich habe es auch noch nie erlebt und noch weniger jemals selbst praktiziert, dass jemand, der ernsthaft zur Eucharistie hinzugetreten ist, abgewiesen wurde«.

schätzung erst recht eine besondere Herausforderung für die katholische Kirche darstellt.

Ich wage mich damit für manche vielleicht sehr weit vor, meine aber, dass sich diese Frage als eine Konsequenz aus dem bisher Gesagten ergibt. Wenn wir grundsätzlich davon ausgehen, dass in den Sakramenten Christus selbst handelt und den Glaubenden seine Gnade schenkt, wenn wir zudem davon ausgehen, dass die Feier der Eucharistie die irdische und daher immer zu vertiefende Einheit mit Christus und untereinander nicht nur bezeugt, sondern auch bewirkt, müssten wir dann nicht die im II. Vatikanischen Konzil genannten Kriterien für eine *communicatio in sacris*, d. h. »die Bezeugung der Einheit der Kirche und die Teilnahme an den Mitteln der Gnade«[44], in dem Sinne erweitern oder vertiefen, dass auch eine noch nicht volle irdische Kirchengemeinschaft eine solche Gastfreundschaft zulassen kann, weil die Eucharistie eben auch einheitsstiftend wirkt? Ganz fremd kann der katholischen Kirche dieser Gedanke jedenfalls nicht sein, denn das bereits genannte Dekret über die katholischen Ostkirchen legt seine Richtlinien zur *communicatio in sacris* ausdrücklich fest »zur immer stärkeren Förderung der Einheit mit den von uns getrennten Ostkirchen«[45].

Selbstverständlich setzte eine solche Wirkung den gemeinsamen Glauben im Verständnis der Eucharistie bzw. des Abendmahles voraus, was sich aus dem Wesen der Sakramente ergibt. Alles andere wäre ein magisches Missverständnis der Eucharistie. Eine solche Sicht würde damit also voraussetzen, dass es auch einen grundlegenden Konsens im inhaltlichen Verständnis des Abendmahls in der ganzen Breite der evangelischen Interpretationen und der katholischen Eucharistie gibt. Ob dieser Konsens erreicht ist, wird, wie im vorherigen Punkt dargestellt, gerade intensiv und kontrovers diskutiert. Aber wenn wir in der irdischen Gestalt der katholischen Kirche auf die einheitsstiftende Wirkung der Eucharistie vertrauen, müsste dies dann (noch einmal: unter den genannten Voraussetzungen!) nicht auch Folgen haben für das Wachsen der Einheit bzw. Gemeinschaft zwischen den Kirchen? Können wir dann nicht auch von der einheitsstiftenden Wirkung einer begrenzten wechselseitigen Teilhabe an der Eucharistie ausgehen, die einmal zur vollen Kirchengemeinschaft und damit auch Eucharistiegemeinschaft führt?

Ich stelle diese Frage nicht nur mir, sondern uns allen und schließe darum mit einem Zitat aus dem Dokument »Baptism and Growth in Communion«, das viele meiner Fragen bzw. Herausforderungen für die katholische Theologie noch einmal bündelt:

---

[44] UR 8.
[45] OE 26.

»Die Diskussion über die Grade der Gemeinschaft und das Wachstum in der Gemeinschaft setzt ein Konzept der vollen Gemeinschaft voraus. Für die Getauften ist die volle Gemeinschaft mit Gott ein eschatologisches Konzept, auch wenn es eine volle Teilnahme an den Mitteln der Gnade geben kann. Die volle Gemeinschaft mit Gott kann hier auf Erden nicht erreicht werden. Dennoch ist es ein Aufruf nicht nur an die einzelnen Gläubigen, sondern auch an die kirchlichen Gemeinschaften, ihre Gemeinschaft durch gegenseitige Anerkennung, gemeinsame Mission und praktizierten Glauben zu vertiefen.«[46]

Es lohnt sich, auf diesem Weg theologisch weiter zu denken.

---

[46] Baptism and Growth in Communion (s. Anm. 2), 4.2.4 (6.).

Taufanerkennung und Abendmahlszulassung
Versuch einer Verhältnisbestimmung

Werner Klän

1 Vorbemerkung: Zum lutherischen Sakramentsbegriff

Für den lutherischen Sakramentsbegriff sind das Stiftungshandeln Gottes und seine heilvolle Selbstzusage grundlegend. Das schöpferische Wort Gottes »macht« die Sakramente. Eben darin haben Taufe und Abendmahl, aber auch die Absolution ihren sozusagen »objektiven« Bestand. Das Wort Gottes als der grundlegende Faktor von Verkündigung, Taufe, Eucharistie und Absolution ist nichts anderes als die Selbstmitteilung Gottes in Richtung auf das Heil seiner geliebten Geschöpfe.

Diese wird in der Einen, heiligen, christlichen Kirche ausgeteilt. Was nun der Una Sancta gegeben ist, kommt zur Ausführung in der Einzel-/Orts-Gemeinde. Denn die christliche Gemeinde ist – ungeachtet der gestaltlichen Vielfalt, in der sie sich vorfinden mag[1] – der Ort, an dem, und der Raum, in dem das geschieht, was Jesus Christus seiner Christenheit zu tun aufgetragen hat, das Evangelium zu verkündigen, Sünde zu vergeben, Menschen zu taufen, das Sakrament seines Leibes und Blutes zu feiern. Diese Aufträge des Herrn der Kirche an seine Christenheit werden ausgeführt als Aufgaben des der Christenheit »eingestifteten Dienstes an Wort und Sakrament«[2].

Indem nun die von Christus durch die Kirche in das Amt der Wortverkündigung und Sakramentsspendung Berufenen austeilen, was ihnen befohlen ist, wo mithin das Wort des Evangeliums laut wird und die Taufe vollzogen, Eucharistie gefeiert und Absolution erteilt werden, darf die Gemeinde, darf ein glaubender Mensch gewiss sein, dass Gott der Heilige Geist selbst durch eben

---

[1] Vgl. HERMANN SASSE, Über das Verhältnis von Gesamtkirche und Einzelgemeinde im Neuen Testament, in: FRIEDRICH WILHELM HOPF (Hrsg.), In Statu Confessionis I. Gesammelte Aufsätze von Hermann Sasse, Berlin/Schleswig-Holstein 1975, 131–138, bes. 133–135.

[2] HERMANN SASSE, Über Recht und Grenze der Einzelgemeinde, in: HOPF, In Statu Confessionis I (s. Anm. 1), 139–151, hier 147.

diese Mittel gegeben wird (CA V, BSELK, 100f.). Wo das Evangelium in seinen verschiedenen Vollzugsgestalten vorhanden ist, darf auch, ja muss die Präsenz Gottes des Heiligen Geistes für uns angenommen werden. Dies gilt unbeschadet der Wahrheit, dass die Selbstbindung Gottes des Heiligen Geistes an die Gnadenmittel die Souveränität Gottes nicht aufhebt.[3] Um der unauflöslichen Zusammengehörigkeit Gottes des Heiligen Geistes mit Jesus Christus willen ist eben hier auch von der Gegenwart Christi bei und in seiner Christenheit zu reden: »Ubi Christus, ibi Spiritus Sanctus; ubi Spiritus Sanctus, ibi Christus.«[4]

2 Die heilige Taufe – konkordienlutherisch buchstabiert

2.1 Was die Taufe ist

Als grundlegende Gegebenheit ist die Taufe von Christus selbst gestiftet und seinen Jüngern zu steter Spendung aufgetragen und anvertraut (Mt 28,18; Mk 16,16). Anfängliches Grundgeschehen, steter Lebensvollzug und Ausrichtung auf das Ziel unserer Seligkeit ist und meint die Taufe. Sie ist nichts anderes als das Evangelium in grundlegender Gestalt, nämlich heilvolle Selbstmitteilung Gottes, mit der uns alles gegeben ist, was wir benötigen, um vor Gott zu bestehen: »ubirwindung des Teuffels und Tods, vergebung der Sünde, Gottes gnade, den gantzen Christum und heiligen Geist mit seinen gaben«[5].

Dabei arbeitet Luther bei der Taufe (wie beim Abendmahl) die göttliche Stiftung, die göttliche Initiative und die göttliche Aktivität heraus: Die Taufe ist »Gottes gebot und einsetzung, das man nicht zweiffele, die Tauffe sey ein Göttlich ding«[6]. Denn in seinem Wort bindet Gott das Element des Wassers ein in diesen grundlegenden Vorgang, der uns in den Leib Christi, die Kirche, einleibt.

Daher wird lutherischerseits auch betont, dass sich in der Taufe nicht nur eine Selbstkundgabe, sondern die Selbstgabe Gottes vollzieht: Mit der Taufe wird dem Täufling der Heilige Geist geschenkt. In der Taufe, in der Wort und Name Gottes so unauflöslich mit dem Taufwasser verbunden sind, dass es »ein Gottes wasser« genannt werden kann,[7] geschieht auf solche Weise die Mitteilung von

---

[3] Vgl. HERMANN SASSE, Jesus Christus der Herr, in: FRIEDRICH WILHELM HOPF (Hrsg.), In Statu Confessionis II. Gesammelte Aufsätze und Kleine Schriften von Hermann Sasse, Berlin/Schleswig-Holstein 1976, 22–41, hier 40f.
[4] A.a.O., 39.
[5] MARTIN LUTHER, Großer Katechismus, Das III. Teil. Von der Tauffe, BSELK 1120, 26–28.
[6] BSELK 1110, 25f.
[7] BSELK 1114, 1.

Leben und Seligkeit. In dieser Hinsicht ist die Taufe das fundamentale Datum christlicher Existenz.

Die Weise, wie die Gabe der Taufe empfangen wird, ist der von Gott im Vollzug der Taufe geschaffene Glaube; daher trägt der Glaube nichts zum Entstehen des Sakraments bei. Denn er wird erst dadurch ins Dasein gerufen, dass Gottes Wort und das mit diesem unauflöslich verbundene »Zeichen« dem einzelnen zugeeignet wird und auf ihn Anwendung findet; so wird dem Täufling der Geist Gottes mitgeteilt.

In der Taufe werden Menschen hineingenommen in den Raum göttlichen Wohlwollens. Damit zugleich werden sie dem Herrschaftsbereich der Verderbensmächte »Sünde, Tod und Teufel« entnommen.[8] Solche Neubestimmung des Lebens lässt Gott ihnen widerfahren, gönnt und gibt jeder und jedem persönlich und leibhaft spürbar seine Gnade. Sie gilt jedem einzelnen unvertretbar und gliedert doch zugleich in den größeren Zusammenhang der Christenheit ein.[9] Es ist immer ein einzelner Mensch, dem seine Taufe ganz persönlich gilt, aber eben dieser einzelne wird gleichzeitig in die Gemeinschaft der Getauften aufgenommen. Die Einleibung des Täuflings in den Leib Christi, in die Eine, heilige, christliche und apostolische Kirche (über alle Konfessionsgrenzen hinweg) ist ein so grundlegender Akt Gottes, dass er niemandem, der ihn begehrt, vorzuenthalten ist.[10]

Darum darf, wenn Lebensgefahr besteht und kein Pfarrer zugegen sein kann, jeder Christ die Taufe spenden. Diese Nottaufe ist dem zuständigen Pfarrer umgehend unter Angabe der Taufzeugen anzuzeigen, damit er den richtigen Vollzug der Taufe feststellen und sie beurkunden kann.[11]

2.2 Was die Taufe bringt

Taufe ist das Eingangssakrament, mit dessen Empfang aus einem Menschenkind ein Gotteskind wird. Auch wenn die Christenheit gemäß dem Wort ihres aufer-

---

[8] S. BSELK 1116, 18–20: »Selig werden aber, weis man wol, das nichts anders heisse, denn von Sünden, Todt, Teuffel erlöset, in Christus Reich komen und mit im ewig leben.«

[9] Vgl. MARTIN LUTHER, Kleiner Katechismus, Der Ander Artickel: von der Erlösung, BSELK 872, 17–21: »Sondern der heilige Geist hat mich durchs Evangelium beruffen, mit seinen gaben erleuchtet, im rechten glauben geheiliget und erhalten, gleich wie er die gantze christenheit auff Erden berufft, samlet, erleuchtet, heiliget und bei Jhesu Christo erhelt im rechten einigen Glauben«.

[10] Vgl. z. B. GUNTHER WENZ, Einführung in die evangelische Sakramentenlehre, Darmstadt 1988, 79 f.

[11] Vgl. Mit Christus leben. Eine evangelisch-lutherische Wegweisung, 12 f., URL: https://www.selk.de/download/Lutherische_Orientierung6.pdf (Stand: 07.08.2023).

standenen Herrn die Taufe übt, bleibt diese doch immer Gottes eigenes Werk. Ihr Wert und ihre Reichweite besteht in der gottgemeinten, bleibenden Gültigkeit dieses Aktes. Als unverbrüchliche (Selbst-)Zusage Gottes bleibt die Taufe immer gültig und ist daher unwiederholbar.

Das heißt: Gott ist diesem Menschen ganz persönlich zugewandt, ja er selbst schenkt sich ganz und gar.[12] Grundlegend hat er sich des Täuflings angenommen und ihn unter seine Herrschaft gestellt. So müssen getaufte Christenmenschen nicht länger in der Gefangenschaft der Mächte des Verderbens bleiben. Gott schenkt sich selbst, befreit von den Kräften, die seinen geliebten Menschen an den Kragen wollen, überbrückt den garstigen Graben zwischen ihnen und sich selbst, und mehr als das: Er macht auch alles gut, was zwischen ihnen und ihm nicht stimmte.

Dabei gilt aus lutherischer Sicht: Menschen können und brauchen nichts dazu zu tun, dass Gott sie in die Schar seiner Leute aufnimmt. Sie müssen keine Voraussetzungen erbringen, keine Bedingungen erfüllen, nichts leisten und vorweisen. Bedingungslos hat Gott sich auf ihre Seite gestellt.

Daraus folgt: Wir gehören zu Gott, wir gehören Gott. Und diese Wirklichkeit macht uns frei! Die Bande des Bösen binden uns nicht mehr. Ein neues Leben ist uns geschenkt. Ein neuer Anfang ist gemacht. Wir sind nun wirklich Gottes Kinder. Das lassen wir uns gesagt sein; das lassen wir gelten als wirklich wahr.

Von daher ist die Taufe die bleibende, bestimmende Wirklichkeit christlichen Lebens bis zum Tod; von ihr gilt nämlich: wie »einmal in der Tauffe vergebung der sünden uberkomen ist, so bleibet sie noch teglich, so lang wir leben«[13].

Das heißt: Weil Gottes Wort gilt, das jedem getauften Menschen persönlich zukam, als aus diesen Menschenkindern Gotteskinder wurden, können sie sich stets darauf berufen. Sie brauchen sich nicht in sich selbst zu gründen. Und sie sind ganz gemeint, mit Haut und Haaren, mit Geist und Seele, als er sie annahm als seine Kinder im Bad der Heiligen Taufe. Wahrhaftig neu geboren sind wir durch die Heilige Taufe. Nun gehören wir zu ihm, ist er auf unserer Seite. Wir wissen und sind gewiss, dass Gott uns ganz persönlich meint, dass er es jedenfalls gut mit uns meint.

Daraus folgt: Dankbarkeit ist die angemessene Reaktion auf das, was Gott zuvorkommend zusagt und grundlegend getan hat, dass Menschen mit ihm ins Reine kommen. So kann Luther auch einen progressiven Aspekt der Taufe herausarbeiten, der sich mit dem Gedanken der Heiligung verbindet, wie er in der

---

[12] Vgl. MARTIN LUTHER, Großer Katechismus, der II. Artikel, BSELK 1054, 25–27: »Nemlich, wie er sich gantz und gar ausgeschüttet hat und nichts behalten, das er uns nicht gegeben habe«. Vgl. auch WERNER KLÄN, »Der dir helfen und dich mit allem Guten reichlich überschütten will, OUH 46, Oberursel 2006; DERS., Grund-Sätze aus den evangelisch-lutherischen Bekenntnisschriften, Göttingen 2018, 25–28.

[13] BSELK 1132, 14f.

Auslegung des dritten Artikels im Glaubensbekenntnis entwickelt wird. Von der in der Taufe gesetzten Basis aus, heißt es: »[...] einmal angefangen und immer darin gegangen«[14]; oder – in der Verschränkung der Aspekte des Rückgangs auf die Taufe und des Fortgangs aus der Taufe: »das heisset recht in die Tauffe gekrochen und teglich wider herfür komen«[15].

Das bedeutet: Von unserer heiligen Taufe her sind wir eingeladen und werden angeleitet, nicht von unserm Mangel her zu denken, sondern vom Reichtum Gottes her, mit dem wir begabt sind. Die Wirklichkeit unserer heiligen Taufe bietet uns an und lässt uns erfahren, nicht auf unsere Bedürftigkeit zu schauen, sondern auf die Fülle seiner Gaben, mit der er uns beschenkt. Denn als getaufte Menschen werden wir gespeist von der Quelle des Lebens selbst: Gott. Wir werden getränkt mit dem Wasser des Lebens: Jesus Christus. Wir werden durchflossen vom Strom des Lebens: dem göttlichen Geist.[16]

Daraus folgt denn auch: Die Taufe ist nach Martin Luther als *tägliche* Übung christlichen Lebens aufzufassen, so dass für ihn »ein Christlich leben nichts anders ist denn eine tegliche Tauffe«[17]. Nach Martin Luther ist die Taufe daher weit mehr als nur ein Geschehen der Vergangenheit, so grundlegend dieses Geschehen zu Beginn des Christenlebens ist und in gottgemeinter Gültigkeit bleibt. Ihre Wirklichkeit und »sinnbildliche Bedeutung« zeitigt Wirkung das ganze irdische Leben der Christen hindurch, wie Luther es schon in der ersten der 95 Thesen im Jahr 1517 beschrieben hatte: Die Taufe ist ein lebenslanger Lebensvollzug.[18]

Dazu gehört wesentlich die Übung des in der Taufe geschenkten Glaubens als stete, immer erneute Rückkehr zur fundamentalen Wirklichkeit Taufe, da die Taufe die Gotteskindschaft begründet. Von ihr ausgehen und Fortschritte machen und doch immer wieder zu ihr zurückkehren sind die bestimmenden Bewegungen christlicher Tauf-Existenz.

Die gestaltet sich so, dass getaufte Glaubende allmählich in Übung kommen. Sie sind schon neu geworden und streben danach, ganz neu zu sein, wie Gott sie haben will. Das Leben aus der Taufe ist Einübung ins Christentum, alltägliche Übung der Frömmigkeit. Fortgang aus der Taufe, Fortschritt im neuen Leben ist möglich, weil Gott eine unzerstörbare Grundlage gelegt hat. Und wenn auch glaubende Getaufte müde werden und erlahmen im neuen Leben, sie der

---

[14] BSELK 1128, 13.
[15] BSELK 1130, 2 f.
[16] Vgl. KLÄN, Grund-Sätze (s. Anm. 12), 110–120.
[17] BSELK 1128, 11 f.
[18] Martin Luther, »Aus Liebe zur Wahrheit ...«. Die 95 Thesen. Faksimile der Originalausgabe (Basel 1517) und Übersetzung ins Deutsche, mit Beiträgen von REINHARD FELDMANN und KLAUS-RÜDIGER MAI, herausgegeben von THOMAS A. SEIDEL im Auftrag der Internationalen Martin Luther Stiftung, Frankfurt am Main 2017.

Schwung verlässt, sie scheitern, bleibt noch immer eins: Sie können – in der Buße – zurück zur Taufe, zurück zu Gottes großem Ja zu ihnen, das unverbrüchlich gilt.[19]

2.3 Wem die Taufe gilt

Die lutherische Anschauung von der Befindlichkeit des Menschengeschlechts nach dem Sündenfall sieht jeden Menschen von Beginn seines Lebens an in den Schuldzusammenhang der gesamten Menschheit verstrickt. Aus diesem kann er sich aus eigenem Vermögen nicht lösen; es bedarf dazu einer Tat Gottes.[20]

Die Taufe ist nun Hineinnahme in den Bereich der Gnade Gottes, so dass unvertretbare Individualisierung und unüberbietbare Sozialisierung zugleich wirklich sind. Es ist immer ein einzelner Mensch, dem seine Taufe ganz persönlich gilt, aber eben dieser einzelne wird gleichzeitig in die Gemeinschaft der Getauften aufgenommen. Die Inkorporation des Täuflings in den Leib Christi ist grundlegender Akt Gottes, der niemandem vorzuenthalten ist.

Die Weise des Empfangs der Taufgaben ist der von Gott im Vollzug der Taufe geschaffene Glaube; daher trägt der Glaube nichts zum Entstehen des Sakraments bei, wird er doch erst dadurch ins Dasein gerufen, dass Gottes Wort und das mit diesem unauflöslich verbundene »Zeichen« dem einzelnen zugeeignet wird und auf ihn Anwendung findet. Nicht der Glaube konstituiert die Taufe, vielmehr umgekehrt: »Denn mein glaube machet nicht die Taufe, sondern empfehet die Tauffe.«[21]

Das heißt: Ein Anfang ist gemacht, und in Gottes Augen schon vollendet. Denn seine Verheißung, seine Zusage, sein Versprechen gilt: Der Täufling ist ein neuer Mensch. Ein neues Leben hat ihm Gott geschenkt. Und Gott erhebt nun Anspruch auf den neuen Menschen. Der soll bestimmend sein für unser Dasein und Herr im Hause unseres Lebens. Mehr Anfang war nie, als in deiner Heiligen Taufe. Und: Anfang ist immer.

Dabei gilt: Der Getaufte ist auf einen neuen Weg gebracht und trägt doch sein altes Wesen noch an sich. So ist er in den Kampf gestellt. Da sind die alten Muster und Verhaltensweisen, die nicht einfach »klein beigeben« und sich unterkrie-

---

[19] Vgl. BSELK 1130: »Also ist die Busse nichts anders, denn ein widergang und zutreten zur Tauffe, das man das widerholet und treibet, so man zuvor angefangen und doch davon gelassen hat.«

[20] So Luthers radikales Verständnis der Ursünde, vgl. etwa BERNHARD LOHSE, Luthers Theologie in ihrer historischen Entwicklung und in ihrem systematischen Zusammenhang, Göttingen 1995, 264–273; OSWALD BAYER, Martin Luthers Theologie. Eine Vergegenwärtigung, Tübingen ⁴2016, 160–176.

[21] BSELK 1124, 14f.

gen lassen. Sie möchten uns gerne weiter in ihrer Gewalt haben und über uns herrschen; aber es ist wahr: Sie tun nicht gut. Das neue Ich, von Gott geschaffen und geschenkt, lebt dagegen an. Es ist auf Gott bezogen und gerichtet und soll uns lenken und geleiten.

2.4 Warum wir »unmündige« Kinder taufen

Wegen der ursündlichen Verfasstheit allen menschlichen Lebens ist die Taufe heilsnotwendig; zugleich wird im lutherischen Bekenntnis die Unmündigentaufe in anti-täuferischer Abwehr betont und jede Wiedertaufe mit einer Lehrverurteilung belegt. Aus der Grundbedingung der Entfremdung von Gott kann der Mensch sich aus eigenen Kräften nicht befreien. Um dem Geschick völliger Verlorenheit vor Gott zu entrinnen, bedarf darum jeder Mensch eines grundlegenden Eingreifens Gottes.

So ist es folgerichtig, dass auch das Kind christlicher Eltern gleich zu Beginn seiner Erdentage durch das von Gott dazu bestimmte »sakramentale« Mittel, die heilige Taufe, dem Machbereich von Schuld und Sünde entnommen und in den Herrschaftsbereich Gottes überstellt wird. (In der missionarischen Situation, wie sie weitestgehend im Neuen Testament vorausgesetzt ist, werden im Regelfall die Verkündigung des Evangeliums und das Bekenntnis des Glaubens der Taufe voraufgehen.)[22]

Luthers Anschauung vom Kinderglauben[23] ist Absage an jeden »stellvertretenden« Glauben, denn eine Haltung des unbedingten Vertrauens ist je unvertretbar. So wird der Glaube, auch der unartikulierte Glaube der Unmündigen, begriffen als Empfang des ausgeteilten göttlichen Wohlwollens, freilich als ein (noch) nicht reflexiver Akt.[24] Als Reflexion kommt er der Gnade nach; so ist Taufunterricht, Tauferinnerung als Weg der Bewusstmachung bei Festhalten an der gut begründeten Praxis der Kindertaufe unabdingbar.

---

[22] Vgl. WENZ, Einführung, (s. Anm. 10), 73–78.
[23] Vgl. KARL BRINKEL, Die Lehre Luthers von der fides infantium bei der Kindertaufe, ThA VII/7, Berlin 1958; LORENZ GRÖNVIK, Die Taufe in der Theologie Martin Luthers, AAAbo.H 36, Nr. 1, Göttingen/Zürich 1968, 154–172; Eero Huovinen, Fides infantium. Martin Luthers Lehre vom Kinderglauben, VIEG, Abteilung für Abendländische Religionsgeschichte 159, Mainz 1997.
[24] WENZ, Einführung (s. Anm. 10), 104–108.

2.5 Die Magdeburger Tauferklärung

Im Jahr 2007, vor 15 Jahren, fand bekanntlich die Unterzeichnung der wechselseitigen Taufanerkennung durch die Mehrheit der Mitgliedskirchen der Arbeitsgemeinschaft Christlicher Kirchen in Deutschland, einschließlich der SELK, statt.[25] Darin kommt zum Ausdruck, dass zumindest eine Mehrheit der ökumenischen Dialogpartner in der Lage ist, »eine klare Übereinstimmung hinsichtlich der Taufe zu konstatieren und ein gemeinsames Verständnis über die Stiftung der Taufe durch Jesus Christus, über die Taufe mit Wasser und mit trinitarischer Formel und über die Taufe als Eingliederung in Christus und Geschenk des neuen Lebens in Christus auszusprechen.« In der Tat ist die Taufe somit »Quelle der Einheit, die die getrennten Christen miteinander verbindet, und sie sprechen die gegenseitige Anerkennung der Taufe aus. Das ist grundlegend für den ökumenischen Dialog und für die gegenseitige Anerkennung als Brüder und Schwestern in Christus.«[26] Es handelt sich bei der Magdeburger Tauferklärung also um ein »Grundeinverständnis über die Taufe«[27].

So entsteht – nicht nur aus römisch-katholischer Sicht – ein »gewisse[s] Maß an kirchlicher Gemeinschaft«[28]. Damit verbunden ist die (Selbst-)Verpflichtung der ökumenischen Partner, »durch Gottes Gnade all die Trennungen zu überwinden, die der Fülle der eucharistischen und kirchlichen Gemeinschaft noch entgegenstehen«[29], wie es schon im Lima-Dokument hieß.[30] Nicht zu bestreiten ist – auch aus Sicht der SELK –, dass mit der Taufanerkennung »auch eine faktische Anerkennung des ekklesialen Charakters der taufenden Gemeinschaft« gegeben ist.[31] Gleichwohl liegt die »Suche nach notwendigen Grundeinverständnissen bezüglich Taufe, Glaube, Kirche« noch vor den Kirchen.[32]

In diesem Zusammenhang sei daran erinnert, dass in der Vorbereitung zu Magdeburg der Entwurf des Langtexts nicht zum Zuge kam; es blieb bei einer »möglichst knappe[n] Formulierung, die in wenigen Sätzen die Grundlagen

---

[25] URL: https://www.ekd.de/pm86_2007_wechselseitige_taufanerkennung.htm (Stand: 17.10.2022).

[26] WALTER KARDINAL KASPER, Die Früchte ernten. Grundlagen christlichen Glaubens im ökumenischen Dialog, Paderborn/Leipzig 2011, 169.

[27] Ebd.

[28] KASPER, Früchte (s. Anm. 26), 172, aus dem Methodistisch/Römisch-katholischen Dialog.

[29] Ebd., aus dem Anglikanisch/Römisch-katholischen Dialog.

[30] Vgl. ULRIKE SCHULER, Die Erklärung der wechselseitigen Anerkennung der Taufe (Magdeburg 2007), in: ACK, Priestertum aller Getauften. Positionen der Mitgliedskirchen der ACK, Frankfurt am Main 2019, 41–47.

[31] JÖRG BICKELHAUPT, Wo steht die Ökumene in der Frage der Taufe in Deutschland?, in: ÖR 68 (2019), 426–440, hier 432.

[32] BICKELHAUPT, Ökumene (s. Anm. 31), 438.

und Eckpunkte des gemeinsamen Taufverständnisses beschrieb«[33]. Einen weitreichenden tauftheologischen Konsens stellt die Magdeburger Tauferklärung gleichwohl nicht dar:

> »Zwar wird man konstatieren können, dass es zwischen verschiedenen Kirchen, die die MT unterschrieben haben, tauftheologisch weitreichende Konvergenzen gibt – und oft innerhalb ein und derselben Kirche eine nicht unbeträchtliche Vielfalt von Überzeugungen. Das Projekt der Formulierung eines tauftheologischen Konsenses ist man im Vorfeld der MT aber wohlweislich nicht angegangen.«[34]

Gemeinsam konnte aber ausgesagt und kann nach wie vor festgestellt werden, dass die Taufe nach Überzeugung der Unterzeichnerkirchen ein Grundgeschehen ist, das als »Teilhabe am Geheimnis von Christi Tod und Auferstehung [...] Neugeburt in Jesus Christus« bedeutet. Sie wirkt Vereinigung mit Christus und »mit seinem Volk aller Zeiten und Orte« und ist somit »Zeichen der Einheit aller Christen«[35]. Auch teilen diese Kirchen die Überzeugung von der Einmaligkeit und Unwiederholbarkeit der Taufe und ihrem sakramentalen Charakter.

Im Jahr 2007 fand die Unterzeichnung der wechselseitigen Taufanerkennung durch die Mehrheit der Mitgliedskirchen der Arbeitsgemeinschaft Christlicher Kirchen in Deutschland statt, die von den täuferischen Kirchen und Gemeinschaften sowie der Heilsarmee jedoch nicht ratifiziert wurde. Allerdings sind die Annäherungen im Trialog der lutherisch/mennonitisch/römisch-katholischen Gespräche der Jahre 2012–2017 bemerkenswert.[36] »Auch wenn wir weiterhin unterschiedliche Tauftheologien und -praktiken vertreten, wollen wir das Getauft-sein der anderen nicht leugnen.«[37]

---

[33] SCHULER, Erklärung (s. Anm. 30), 45.
[34] JÖRG BICKELHAUPT, Zehn Jahre Magdeburger Tauferklärung. Eine Zwischenbilanz, URL: https://konfessionskundliches-institut.com/wp-content/uploads/sites/2/2017/07/MD_3-2017_Hauptaufsatz_web.pdf (Stand: 2.7.2021).
[35] Ebd.
[36] Vgl. FERNANDO ENNS (Hrsg.), Die Taufe und die Eingliederung in die Kirche. Lutherisch/mennonitisch/römisch-katholische trilaterale Gespräche 2012–2017, Leipzig/Paderborn 2022.
[37] FERNANDO ENNS, Festvortrag 75 Jahre Arbeitsgemeinschaft Christlicher Kirchen in Deutschland. Magdeburg, 21.3.2023, https://www.oekumene-ack.de/fileadmin/user_upload/FESTVORTRAG_Enns.pdf (Stand: 28.7.2023).

2.6 Zusammenfassung

Als grundlegende Gegebenheit ist die Taufe von Christus selbst gestiftet und seinen Jüngern zu steter Spendung aufgetragen und anvertraut (Mt 28,18; Mk 16,16). Die Taufe ist nun Hineinnahme in den Bereich der Gnade Gottes: Sie gilt jedem einzelnen unvertretbar und gliedert doch zugleich in den größeren Zusammenhang der Christenheit ein.

Die Weise, wie die Gabe der Taufe empfangen wird, ist der von Gott im Vollzug der Taufe geschaffene Glaube; daher trägt der Glaube nichts zum Entstehen des Sakraments bei. Denn er wird erst dadurch ins Dasein gerufen, dass Gottes Wort und das mit diesem unauflöslich verbundene »Zeichen« des (Tauf-)Wassers dem einzelnen zugeeignet wird und auf ihn Anwendung findet; so wird dem Täufling der Geist Gottes mitgeteilt.

Wert und Reichweite der Taufe bestehen in der gottgemeinten, bleibenden Gültigkeit dieses Aktes. Von daher ist die Taufe die bleibende, bestimmende Wirklichkeit christlichen Lebens bis zum Tod. Insofern kann lutherische Theologie auch einen progressiven Aspekt der Taufe herausarbeiten, der sich mit dem Gedanken der Heiligung verbindet.

Die gemeinsamen, grundlegenden Aussagen zur Taufe als Grundgeschehen und sakramentalem Akt, ihrer Heilswirkung und Unwiederholbarkeit, nicht zuletzt ihrer ekklesialen Dimension ermöglich(t)en der SELK die Unterzeichnung der Magdeburger Tauferklärung und damit die Anerkennung der in den übrigen Unterzeichnerkirchen dieses Dokuments vollzogenen Taufen.

3 Zum Sakrament des Altars

3.1 »Realpräsenz« als wahre und wirkliche Gegenwart des Leibes und Blutes Christi

Die lutherische Kirche versteht die Worte ihres Herrn, mit denen er das Heilige Abendmahl eingesetzt hat, wörtlich: Nehmt hin und esst: Das ist mein Leib, für euch dahingegeben in den Tod; nehmt hin und trinkt: Das ist mein Blut, für euch vergossen zur Vergebung der Sünden. Diese Stiftungsworte Jesu haben schöpferische Kraft: Sie bewirken, was sie besagen. Die Gleichsetzung von Brot und Wein mit Leib und Blut Christi wird in der Feier des Sakraments wirklich vollzogen, weil er es sagt. So teilt Christus im heiligen Abendmahl aus, was er eingesetzt hat, um die Welt zu erlösen, seinen Leib und sein Blut. Die lutherische

Kirche bekennt sich demzufolge zur »Realpräsenz« des Leibes und Blutes Christi im Altarsakrament.[38]

Die Ehrfurcht vor dem Wort des Herrn und das Vertrauen auf seine Zusage lassen es der lutherischen Kirche unumstößlich gewiss sein, dass Christus tatsächlich jedem gibt und schenkt, was er verspricht. So ist es nicht unerheblich, was wir vom Sakrament des Altars denken und über das, was wir dort gereicht bekommen. Zur rechten Hand Gottes erhöht, haben auch Leib und Blut des gekreuzigten, auferstandenen und gen Himmel gefahrenen Herrn teil an der Art, wie Gott überall gegenwärtig sein kann. Wir sollen uns nur darauf verlassen, wo er selbst solche Gegenwart versprochen und verheißen hat, wie das im Abendmahl der Fall ist. Insofern ist das Altarsakrament nach lutherischer Auffassung Heilsmittel.[39]

Daher bekennt die lutherische Kirche, dass alle, die zum Tisch des Herrn gehen, wirklich Leib und Blut Christi empfangen, verhüllt, verborgen unter dem, was wir sehen. Und doch ist das, was Christus eingesetzt hat, um die Welt zu erlösen – sein Leib nämlich und sein Blut – wirklich gegenwärtig. Daraus folgt, dass die, denen das Abendmahl gereicht wird, mit dem Mund die Gabe des Herrn im Sakrament empfangen. Was Christus hier austeilen lässt, betrifft, berührt uns ganz und gar, bis in unsere Leiblichkeit hinein.[40]

Die angemessene Weise, Leib und Blut Christi im Abendmahl zu empfangen, ist – wie bei der Taufe – der Glaube. Zwar ist die Feier des Abendmahls einerseits ein »äußerlicher« Vorgang: Brot und Wein werden zu dem Zweck gesegnet, Leib und Blut Christi zu sein. Die Gemeinde wird eingeladen, diese Gaben in Gestalt eines Mahles entgegenzunehmen. Dabei gilt aber zugleich: Was Christus gibt, schenkt und austeilen lässt, wird eben im Glauben ergriffen. Dieser Glaube ist aber seinerseits Gottes Geschenk; und Gott selbst ist es, der uns erst empfänglich macht für seine Gaben.[41]

---

[38] Vgl. WERNER KLÄN, Realpräsenz. Skizze einer ökumenischen Bestandsaufnahme, LuThK 39 (2015), 41–69; DERS.: Realpräsenz des Leibes und Blutes Christi. Konkordienlutherische Kritik einer ökumenischen Bestandsaufnahme, Cath(M) 74 (2020), 45–63.

[39] Vgl. CA V, BSELK 100 f.: »Evangelium und Sacramenta [...], dadurch als durch mittel der heilig geist wirckt«, und: »Nam per verbum et sacramenta, tanquam per instrumenta donatur spiritus sanctus«.

[40] Vgl. MARTIN LUTHER, Großer Katechismus, Vom Sacrament des Altars, BSELK 1150, 22–25: »Man mus je das Sacrament [...] ansehen [...] als eitel heilsame, tröstlich Ertzney, die dir helffe und das leben gebe, beide an Seel und Leib. Denn wo die Seele genesen ist, da ist dem Leibe auch geholffen ...«. Vgl. ULRICH KÜHN, Sakramente, HST 1, Gütersloh ²1990, 58 f.

[41] Vgl. REINHARD SCHWARZ, Selbstvergegenwärtigung Christi, in: DIETRICH KORSCH (Hrsg.), Die Gegenwart Jesu Christi im Abendmahl, Leipzig 2005, 19–50.

Im Glauben Leib und Blut Christi zu empfangen, schließt ein, dass uns im Abendmahl zugleich alles mitgeteilt wird, was Christus durch seinen todesmutigen Einsatz am Kreuz – sein »heiliges, allgenügsames Opfer« – erworben hat: Vergebung der Sünde, erneuerte Gemeinschaft mit Gott, Stärkung unseres neuen Lebens, Abwehrkräfte gegen die Angriffe der Mächte des Verderbens. Weil Christen solche Erholung und Kräftigung ihres Glaubens dringend brauchen, ergeht die Einladung zum Empfang des Abendmahls in der lutherischen Kirche häufig, möglichst sonntäglich.[42]

3.2 Überwindung von (lutherisch-reformierten) Grunddifferenzen?[43]

In der reformierten Theologie wurde die Gleichsetzung der Gaben von Leib und Blut Christi mit dem gesegneten Brot und Wein (»praedicatio identica«[44]) nie so aufgefasst wie in der lutherischen Kirche. In der am weitesten verbreiteten Schrift der reformierten Kirche, dem Heidelberger Katechismus (1563), wird dieser Unterschied klar herausgestellt. Auf die Frage (78): »Wird denn aus Brot und Wein der wesentliche Leibt und Blut Christi?«, lautet die Antwort: »Nein.« Brot und Wein werden »nach Art und Brauch der Sakramente« zwar »Leib (und Blut) Christi genannt«, sind aber nur »sichtbare Zeichen und Pfand« einer durch den Heiligen Geist vermittelten – »spirituellen« – Teilhabe an Christi Leib und Blut Christi, aber eben nicht am Altar. Die reformierte Theologie befürwortet demzufolge eine »Spiritualpräsenz« oder »Personalpräsenz« Christi bei der Abendmahlsfeier, lehnt aber die lutherische Auffassung der »Realpräsenz« im Sinn einer wahren und wirklichen Gegenwart des Leibes und Blutes Christi in der Feier der Eucharistie, auf dem Altar und im Mund der Kommunikanten ab.[45]

In der Zeit der Reformation wurden diese grundlegenden Unterschiede im Verständnis des Herrenmahls als so tiefgreifend empfunden, dass die lutherischen Kirchen und die reformierten Kirchen keine kirchliche Gemeinschaft

---

[42] Vgl. Mit Christus leben (s. Anm. 11), 20–23.

[43] Dass zumindest für das 16. Jahrhundert ein unüberbrückbarer Gegensatz zwischen lutherischer und reformierter Abendmahlsauffassung bestand, ist evident; vgl. JAN ROHLS, Geist und Zeichen. Die reformierte Abendmahlslehre in ihrer geschichtlichen Entwicklung, in: KORSCH, Gegenwart (s. Anm. 41), 51–78; charakteristisch für die Unterschiede in der Bestimmung des Stellenwerts dieses Streits ist, dass die Reformierten »diese bleibende Differenz [...] für nicht derart gravierend« hielten, dass »sie dadurch die Übereinstimmung mit den Lutheranern im Fundamentalen aufgehoben sahen«; a. a. O., 78.

[44] Vgl. ALBRECHT PETERS, Kommentar zu Luthers Katechismen, Bd. 4: Die Taufe. Das Abendmahl, Göttingen 1993, 137–146.

[45] Vgl. WENZ, Einführung (s. Anm. 10), 57–72; KÜHN, Sakramente (s. Anm. 40), 127 f.

halten konnten. Immer wieder gab es daher Anläufe, diese Spaltung zu überwinden. Aus der Ablehnung solcher Versuche im 19. Jahrhundert, der so genannten »Unionen«, entstanden die bekenntnisgebundenen lutherischen Kirchen.[46]

Die »Konkordie reformatorischer Kirchen in Europa« (1973), nach dem Ort ihrer Unterzeichnung »Leuenberger Konkordie« genannt,[47] ist hingegen als ein breit angelegter Versuch zu nennen, mit dem lutherische, reformierte und unierte (vereinigte) Kirchen ihre kirchliche Trennung zu überwinden suchen.[48] Im Ertrag der »Leuenberger Konkordie« zum Altarsakrament ist freilich die personale Engführung der Argumentation auffällig: »Im Abendmahl schenkt *sich* der auferstandene Jesus Christus durch sein verheißendes Wort mit Brot und Wein.«[49] »So gibt er *sich selbst* vorbehaltlos allen, die *Brot und Wein* empfangen; der Glaube empfängt das Mahl zum Heil, der Unglaube zum Gericht«[50].

Es ist der lutherischen Theologie und Kirche jedoch um die heilvolle Gegenwart dessen zu tun, der seinen Leib und Blut gegenwärtig setzt durch sein schöpferisches Wort, so dass ausgeteilt und empfangen wird, was Christus selbst zu essen und zu trinken gibt. Dies erschöpft sich freilich nicht in seinem personalen Gegenwärtigsein, so wenig dies von der lutherischen Kirche je geleugnet wurde. Für sie ist freilich das Angewiesensein auf die mit Leib und Blut Christi uns zukommende Gabe von Gnade und Trost mit leibseelisch-heilsamer Wirkung von entscheidender Bedeutung. Gerade die aus konkordienlutherischer Sicht Ausschlag gebende Bestimmung der Gabe des eucharistischen Mahls bleibt in der »Leuenberger Konkordie« unterbelichtet, wenn als Gegenstände des Empfangens eigentlich nur Brot und Wein angegeben werden. Ähnliches gilt für »Gemeinsam am Tisch des Herrn – Ein Votum des Ökumenischen Arbeitskreises evangelischer und katholischer Theologen« vom Herbst 2020.[51]

---

[46] Vgl. WERNER KLÄN/GILBERTO DA SILVA (Hrsg.), Quellen zur Geschichte selbstständiger evangelisch-lutherischer Kirchen in Deutschland. Dokumente aus dem Bereich konkordienlutherischer Kirchen, OUH.E 6, Göttingen ²2010.

[47] Vgl. Die Konkordie reformatorischer Kirchen in Europa. Leuenberger Konkordie, 1973, DWÜ 3, 742–731.

[48] Vgl. WERNER KLÄN, Bekenntnis und Sakramentsgemeinschaft – Anfragen an die Tragfähigkeit des Modells der »Leuenberger Konkordie« aus konkordienlutherischer Sicht, in: DERS./GILBERTO DA SILVA (Hrsg.), Die Leuenberger Konkordie im innerlutherischen Streit, OUH.E 9, Göttingen 2012, 74–90.

[49] Leuenberger Konkordie (s. Anm. 47), 727 (15, 18).

[50] Ebd. (19), Hervorhebungen W. K.

[51] Vgl. MARKUS GRAULICH (Hrsg.), Alles gleich-gültig? Theologische Differenzierungen zum Votum »Gemeinsam am Tisch des Herrn«, Freiburg/Basel/Wien 2022, dort: WERNER KLÄN, Realpräsenz des Leibes und Blutes Jesu Christi. Konkordienlutherische Kritik einer ökumenischen Bestandsaufnahme, 245–271.

Dagegen bekennt die lutherische Kirche: »so hastu hie sein Leib und Blut aus krafft dieser wort [sc. Christi], so zu dem Brot und Wein komen«[52]. Diese Grundüberzeugung ist in konkordienlutherischer Theologie und Kirche eingebunden in die Sicht eines unauflöslichen Zusammenhangs zwischen der Übereinstimmung im Glauben, Lehren und Bekennen und dem Vollzug gottesdienstlicher, zumal eucharistischer Gemeinschaft in kirchlicher Verbindlichkeit.[53] Aus konkordienlutherischer Sicht ist daher, wenn womöglich auch mit etwas anderen Akzenten, der Sicht der Glaubenskongregation zuzustimmen, dass die »Beziehungseinheit von Eucharistie und Kirche« in »Gemeinsam am Tisch des Herrn« unterbewertet ist.[54]

Noch können wir (als SELK) nicht erkennen, dass die historischen und systematischen Differenzen zwischen lutherischer und reformierter, lutherischer und unierter Auffassung des Heiligen Abendmahls wirklich überwunden seien. Wir halten – etwa mit Gunther Wenz – an der Grundüberzeugung fest, dass das Bekenntnis als Konsens »unentbehrliche Voraussetzung verantwortlicher Erfüllung des kirchlichen Auftrags zur Evangeliumsverkündigung und Sakramentsverwaltung und als solche conditio sine qua non geklärter und erklärter Kirchengemeinschaft« ist.[55] Darum ist mit Entschiedenheit darauf zu bestehen, dass die unterschiedliche Konfessionsbestimmtheit in der Auffassung des Herrenmahls verschiedener realhistorisch vorfindlicher Kirchen nach wie vor die Gestaltung verbindlicher kirchlicher Einheit, zumal im Vollzug eucharistischer Gemeinschaft, hindert.

---

[52] BSELK 1138, 7f.

[53] Vgl. WERNER KLÄN, Einführung zum Symposion »Lutherische Identität in kirchlicher Verbindlichkeit«, in: DERS. (Hrsg.), Lutherische Identität in kirchlicher Verbindlichkeit. Erwägungen zum Weg lutherischer Kirchen in Europa nach der Millenniumswende, OUH.E 4, Göttingen 2007, 15–28.

[54] Vgl. WERNER KLÄN, Kirchengemeinschaft und Abendmahlszulassung. Texte aus der Geschichte der Selbständigen Evangelisch-Lutherischen Kirche (SELK) und ihrer Vorgängerkirchen, OUH 44, Oberursel 2005; DERS., Sakramentsgemeinschaft (s. Anm. 48), 74–91.

[55] GUNTHER WENZ, Theologie der Bekenntnisschriften der evangelisch-lutherischen Kirche. Eine historische und systematische Einführung in das Konkordienbuch, Bd. 1, Berlin/New York 1996, 149; diese Aussage steht freilich in Spannung zu dem – leicht karikierenden – Gedanken, dass »in CA VII auch nicht anstelle einer ubiquitären Gleichförmigkeit der Zeremonien die doktrinäre Gleichförmigkeit im Sinne gleichlautender Lehrsätze zum Kriterium kirchlicher Einheit erklärt« werde; a.a.O., 311.

4 Ergebnissicherung

4.1 Positionierungen der SELK

Die (Selbständige Evangelisch-)Lutherische Kirche übt die hl. *Taufe* als grundlegendes Sakrament der Christus- und Kirchenzugehörigkeit. Sie bekennt, dass die Taufe zuvorkommendes, wirksames, rettendes Heilshandeln Gottes ist. Darum vertritt sie entschieden die *Kinder- (Unmündigen-)taufe* als Gottes grundlegende Rettungstat, die das Christsein des Christen begründet. Hierin sieht sie weit reichende *Übereinstimmungen mit* (einem Großteil der) *nicht-täuferischen Kirchen*.

Die (Selbständige Evangelisch-)Lutherische Kirche feiert das hl. *Abendmahl* als Stiftung ihres Herrn und als *Sakrament reiner Gabe*. Sie bekennt sich zur wahren Gegenwart des Leibes und Blutes Jesu Christi, die im hl. Abendmahl kraft des Stiftungswortes Christi unter Brot und Wein vorhanden sind (»*Realpräsenz*«), ausgeteilt und mit dem Mund empfangen werden. Darum lehnt sie Kirchen- und Abendmahlsgemeinschaft ab, wo diese Wahrheit nicht eindeutig bekannt wird. In der Annahme der wirklichen Gegenwart von Leib und Blut Christi in der Feier des Altarsakraments sieht sie sich in *Übereinstimmung mit der Sicht der römisch-katholischen und orthodoxen Kirchen* und *getrennt von der reformierten (und unierten) Theologie*.

Die (Selbständige Evangelisch-)Lutherische Kirche hält fest an *Beichte und Buße* als »drittem Sakrament« (wie Martin Luther im Großen Katechismus formulieren kann)[56], das auf Gottes befreienden Zuspruch von Sünde zielt und so als Vergewisserung des Glaubens dient.

Die Selbständige Evangelisch-Lutherische Kirche beharrt auf der Ordination als der im Namen Christi und der Kirche ergehenden Bevollmächtigung zur Wortverkündigung und Spendung der Sakramente; andere Dienste, die der Verkündigungsaufgabe der Kirche zugeordnet sind, sind denkbar, doch kommt dem ordinierten, berufenen und eingeführten Pfarrer die Letztverantwortung für alle Verkündigung in dem ihm zugewiesenen Aufgabenbereich zu.

4.2 Ökumenischer Realismus

Die »Charta Oecumenica« aus dem Jahr 2001 hat für den europäischen kirchlichen Kontext diesen Sachverhalt zumindest indirekt bestätigt, wenn sie formuliert: »Noch verhindern wesentliche Unterschiede im Glauben die sichtbare Einheit. Es gibt verschiedene Auffassungen, vor allem von der Kirche und ihrer Einheit, von den Sakramenten und den Ämtern.« Zu Recht fährt dieses ökumenisch ehrliche Dokument fort: »Damit dürfen wir uns nicht abfinden«, und leitet

---

[56] Vgl. BSELK 1130, 9.

daraus die Selbstverpflichtung der Kirchen ab, »uns beharrlich um ein gemeinsames Verständnis der Heilsbotschaft Christi im Evangelium zu bemühen«[57]. Im Blick auf die Frage der Kirchengemeinschaft wird unzweideutig festgehalten: »Ohne Einheit im Glauben gibt es keine volle Kirchengemeinschaft.«[58]

Mit der Unterzeichnung der Charta Oecumenica durch den Bischof der Selbständigen Evangelisch-Lutherischen Kirche hat die SELK diese Grundbestimmungen angenommen, weil sie seit jeher zum Grundbestand ihrer konfessionellen Selbstvergewisserung und ihrer ökumenischen Verpflichtung gehört haben.

Die SELK weiß sich dementsprechend verpflichtet zu »*ökumenischer Verantwortung*«:
- Sie vertritt ihre Positionen profiliert im Rahmen zwischenkirchlicher Gremien/Ausschüsse/Arbeitsgemeinschaften.
- Sie verschweigt dabei nicht die noch vorhandenen kirchentrennenden Unterschiede und überspringt nicht leichtfertig die dadurch gesetzten Grenzen.
- Sie sucht aber mit anderen Kirchen in gründlicher theologischer Arbeit nach der Überwindung des Trennenden.
- Sie arbeitet mit anderen Christen und Kirchen (punktuell) zusammen, wo gemeinsames christliches Zeugnis gegenüber der nach-christlichen Welt möglich und erforderlich ist.

5 Zusammenfassung

Das Stiftungshandeln Gottes und seine heilvolle Selbstzusage sind für den lutherischen Sakramentsbegriff konstitutiv. Dies gilt für Taufe und Herrenmahl gleichermaßen. Der Gedanke der Wortbezogenheit und der Zeichenhaftigkeit, der für den augustinischen Sakramentsbegriff kennzeichnend ist, wird von der lutherischen Reformation durchaus beibehalten, allerdings durch einen sakramentalen Realismus geerdet, der die Leiblichkeit unserer Existenz in das Heilshandeln Gottes einbegriffen sieht.

Grundlegend für die christliche Existenz ist jedenfalls die Taufe; sie ist ihr *Fundament*. Denn darin hat Gott mit allen Getauften einen neuen Anfang gemacht: Die Getauften werden und sind neue Menschen, Gotteskinder. Ein neues Leben ist geschenkt. Mehr Anfang ist nie, als in der Heiligen Taufe. Und: Anfang ist immer. Denn für Luther und, ihm folgend, das Bekenntnis der lutherischen

---

[57] KONFERENZ EUROPÄISCHER KIRCHEN/RAT DER EUROPÄISCHEN BISCHOFSKONFERENZEN (Hrsg.), Charta Oecumenica. Leitlinien für die wachsende Zusammenarbeit unter den Kirchen in Europa, Strasbourg 22.4.2001, 5, URL: https://www.oekumene-ack.de/themen/charta-oecumenica/ (Stand: 19.10.2022).
[58] Charta Oecumenica (s. Anm. 57), 8.

Kirche, gelten beide Sakramente als *tägliche* Übungen christlichen Lebens. So ist, noch einmal Luther: »ein Christlich Leben nichts anders [...] denn eine tegliche Tauffe«.[59]

Das Heilige Abendmahl ist in diesem Lebensvollzug nichts weniger als eine »tegliche Weide und Fütterung«[60]; sie ist das christliche *Viaticum*. Denn auch Getaufte und Glaubende sind bedürftige Menschen. Bleibend sind sie auf die Ansage und Austeilung des Evangeliums, auf die Fortsetzung, Erneuerung, Vertiefung heilvoller Gottesgemeinschaft angewiesen. Bei dieser Übung – wie übrigens auch bei Beichte und Buße[61] – geht es um Auffrischung und Stärkung des Glaubens, da er fortwährend heftigsten Angriffen ausgesetzt ist, die ihm zu schaffen machen und zu kämpfen geben: Das Sakrament des Altars ist dazu gegeben, »das sich der Glaube erhole und stercke«[62].

Gleichwohl bleibt eine Differenz: Bezüglich der Taufe besteht ein Grundeinverständnis über ihre grundlegende Wirklichkeit für den Christenstand, so dass bei bestehenden Unterschieden im Einzelnen eine wechselseitige Anerkennung möglich wird. Hingegen ist ein solches Grundeinverständnis über die Wirklichkeit der Realpräsenz gemäß den Stiftungsworten Jesu nicht gegeben. Das Spezifikum des Heiligen Abendmahl besteht eben »darin, dass Christus hier seinen Leib und sein Blut [...] allen, die hinzutreten, zu essen und zu trinken gibt«[63].

Alle Kirchen und Konfessionen stehen vor der Herausforderung, was sie über die sakramentale Gegenwart Jesu Christi aus dem Neuen Testament lernen, in der Theologiegeschichte und ihren autoritativen Dokumenten verbindlich formuliert, in ihrer Abendmahls- bzw. Eucharistie-Liturgie zum Ausdruck gebracht und in der Frömmigkeitsgeschichte ihrer jeweiligen Prägung erfahren und bewahrt haben, neu ins Gespräch mit dem grundlegenden biblischen Zeugnis und mit den anderen christlichen Verstehensweisen zu bringen. Dem kann und will sich auch die SELK nicht verschließen.

---

[59] BSELK 1128, 11 f.
[60] BSELK 1138, 28.
[61] Werner Klän, Das »dritte Sakrament«. Beichte und Buße im Bekenntnis der lutherischen Kirche, in: Ders./Christoph Barnbrock (Hrsg.), Heilvolle Wende. Buße und Beichte in der evangelisch-lutherischen Kirche, OUH.E 5, Göttingen 2010 (i. e. 2009), 58–76.
[62] BSELK 1138, 28 f.
[63] Theologische Feststellungen zu den Arnoldshainer Abendmahlsthesen – Lutherische Theologische Hochschule, zitiert bei Karl Hermann Kandler, Christi Leib und Blut. Studien zur gegenwärtigen lutherischen Abendmahlslehre, AGTL NF 2, Hannover 1982, 139.

Taufanerkennung – eine mennonitische Stimme

Astrid von Schlachta

»Mitglieder aus Kirchen, die die Säuglingstaufe praktizieren, sollten aufgrund ihres Bekenntnisses ihres Glaubens und ihrer Selbstverpflichtung zu einem Leben in christlicher Nachfolge aufgenommen werden, ohne den Wasserritus zu wiederholen. Wenn eine Person wünscht, erneut getauft zu werden, sollte ein Verfahren vor ihrer Aufnahme etabliert werden, das zu einer Beurteilung der Situation führt, und ein Gespräch zwischen dem Bewerber oder der Bewerberin, der Herkunftskirche und der aufnehmenden Kirche umfasst, das wiederum geprägt sein muss von gegenseitigem Respekt und Achtung für die Einheit des Leibes Christi.«[1]

So lautet eine der Empfehlungen, die in der kürzlich erschienenen Dokumentation des Trilateralen Dialogs, der von 2012 bis 2017 zwischen römisch-katholischer, lutherischer und mennonitischer Kirche stattfand, über die Taufe festgehalten werden.

Es heißt, dass es keine »Wiedertaufe« bei Aufnahme eines/einer als Säugling Getauften in Gemeinden, die die Bekenntnistaufe praktizieren, geben soll. Wenn jemand jedoch seine/ihre Säuglingstaufe als nicht gültig ansieht und eine erneute Taufe fordert, so soll – eingebettet in Gespräche mit allen Beteiligten – eine erneute Taufe möglich sein. Ein Status Quo, wie er in Gemeinden der Arbeitsgemeinschaft Mennonitischer Gemeinden in Deutschland (AMG) schon länger Usus ist, wie auch in Gemeinden von Baptisten und Freien evangelischen Gemeinden.[2]

Im Folgenden werden vornehmlich Mennoniten und insbesondere die Gemeinden aus der Arbeitsgemeinschaft Mennonitischer Gemeinden in Deutsch-

---

[1] FERNANDO ENNS (Hrsg.), Die Taufe und die Eingliederung in die Kirche, Leipzig 2022, 106. Im Folgenden bleibt der Vortragsstil erhalten; auf einen umfassenden Anmerkungsapparat wird verzichtet.

[2] Siehe generell zu dem Thema RAINER W. BURKART, Ökumene des Vertrauens ist gefragt. Wie steht es mit der Taufanerkennung durch täuferische Kirchen?, in: PAUL METZER/ANDREAS RUMMEL/WOLFGANG SCHUMACHER (Hrsg.), Neige Dein Ohr ... Beiträge zur ökumenischen Theologie, Leipzig 2021, 27–33.

land beziehungsweise Vertreter und Vertreterinnen der weltweiten Mennoniten im Fokus stehen. Sie waren involviert in die entsprechenden Dialoge und Trialoge über die Taufanerkennung. Doch zunächst ein ganz kurzer Blick zurück. Wendet man sich den Täufern in der Reformationszeit zu, auf die ja die Mennoniten zurückgehen, so zeigt sich in der Tauffrage, wie generell in der täuferischen Bewegung, eine gewisse Vielfalt.[3]

1 Vielfalt täuferischer Taufvorstellungen in der Geschichte

Ganz grundsätzlich und etwas verallgemeinernd kann man festhalten: Nach täuferischem Verständnis soll nur derjenige/diejenige getauft werden, der ein Bekenntnis auf seinen Glauben ablegen kann. Sehr kurz und knapp formuliert etwa das Schleitheimer Bekenntnis, das 1527 verfasst wurde, um der recht bunten Bewegung der Täufer ein wenig Richtung zu geben:

> »Die Taufe soll allen denen gegeben werden, die über die Busse und Änderung des Lebens belehrt worden sind und wahrhaftig glauben, dass ihre Sünden durch Christus hinweggenommen sind, und allen denen, die wandeln wollen in der Auferstehung Jesu Christi und mit ihm in den Tod begraben sein wollen, auf dass sie mit ihm auferstehen mögen, und allen denen, die es in solcher Meinung von uns begehren und von sich selbst aus fordern. Damit wird jede Kindertaufe ausgeschlossen, des Papstes höchster und erster Greuel.«[4]

Für die Täufer des 16. Jahrhunderts ist die äußere Taufe ein Zeichen für ein inneres Geschehen. Der äußerlichen Taufe gehe die »innere touff« voraus, die die Erkenntnis und Bereitschaft bringe, den »glouben nach der bedütnuß« zu leben.[5] Dieses »Leben« war den Täufern äußerst wichtig. Bis heute wird betont, dass Taufe und Nachfolge Jesu Christi untrennbar verbunden seien. Doch es gibt auch Differenzierungen im täuferischen Taufverständnis: »Täufer« oder der pejorative Begriff »Wiedertäufer« war ein von außen herangetragener Begriff, der Homogenität lediglich suggeriert. Hans Hut etwa, ein Täufer aus dem Fränkischen, sah die Taufe sehr stark im Kontext des von ihm erwarteten nahen Weltendes. Für ihn war die Taufe einerseits die Versiegelung der »wahrhaft Glaubenden« für

---

[3] Vgl. generell ASTRID VON SCHLACHTA, Täufer. Von der Reformation ins 21. Jahrhundert, Tübingen 2020.
[4] Zit. nach URS B. LEU/CHRISTIAN SCHEIDEGGER (Hrsg.), Das Schleitheimer Bekenntnis 1527, Zug 2004, 66f.
[5] WALTER FELLMANN (Hrsg.), Hans Denck, Schriften, 2. Teil, Religiöse Schriften, Quellen und Forschungen zur Reformationsgeschichte, 24, 2, Gütersloh 1956, 45.

das Endgericht Gottes, andererseits war sie ein Bundeszeichen. Dieser Bundesschluss des Getauften mit Gott beinhaltete entsprechend der bei Hut sehr ausgeprägten Leidenstheologie auf Seiten des Menschen die Bereitschaft, ja gar die Erwartung, für den Glauben zu leiden.

Die Erwartung von Leiden und die Erwartung des nahen Weltendes führten Gottfried Seebaß zur Schlussfolgerung, dass bei den Taufen Huts gar nicht unbedingt die Aufnahme der Getauften in eine von der »Welt« abgesonderte Gemeinde im Vordergrund stand, sondern die Versiegelung der nicht an eine Ortsgemeinde gebundenen »Zerstreuten«, der wahrhaft Gläubigen, die den unmittelbar bevorstehenden Tag des Gerichtes Gottes erwarteten.[6] Huts Taufritus sah dann auch so aus, dass er aus einer kleinen Schüssel mit Wasser die Finger befeuchtete und drei Kreuze auf die Stirn der Täuflinge machte, wohl verbunden mit einer entsprechenden Formel, die auf die Dreieinigkeit Bezug nahm. In der Forschung wurde die These aufgestellt, für die Herausbildung des Taufritus habe bei Hut vielleicht die katholische Firmung Pate gestanden. Begründet wurde dies unter anderem damit, Hut sei offenbar von einem etwas jüngeren Taufalter ausgegangen als andere täuferische Gruppen, nämlich in Anknüpfung an Jes 7,16, wenn ein Kind gelernt hat, zwischen Gut und Böse zu unterscheiden.[7]

Von Hans Hut zu Balthasar Hubmaier, einem Täufer, der zunächst in Waldshut, dann im mährischen Nikolsburg wirkte und dort eine täuferische Reformation durchführte. Hubmaier verstand die Taufe vornehmlich als »offentliches Bekenntnis und Zeugnis des inwendigen Glaubens«, mit der der Mensch anzeige, dass er ein Sünder sei.[8] Er sprach von einer dreifachen Taufe. Erstens die inwendige Taufe des Geistes, die im Glauben geschehe. Zweitens die Taufe des Wassers, die ein mündliches Bekenntnis auf den Glauben sei. Und drittens die Taufe des Blutes, die im Martyrium oder auf dem Todesbett geschehe.

Abschließend zu diesem Überblick noch kurz ein paar Worte zu den Hutterern, die etwas stärker als andere Täufer die Bedeutung der Gemeinde bei der Taufe betonten. Aus ihrer Tradition sind auch ausführlichere Taufriten überliefert, was sich mit den gefestigteren Strukturen erklären lässt, die die Hutterer in Mähren aufbauen konnten. Da die Gemeinde die »völlige Gewalt des Schlüssels Christi« habe, solle die Taufe vor der Gemeinde geschehen, wenn dies möglich sei. Alle, Täufling, Täufer und Gemeinde, knieten vor Gott nieder. Zudem legten die

---

[6] GOTTFRIED SEEBASS, Müntzers Erbe. Werk, Leben und Theologie des Hans Hut, Quellen und Forschungen zur Reformationsgeschichte, 73, Gütersloh 2002, 431.
[7] A.a.O., 433.
[8] GUNNAR WESTIN/TORSTEN BERGSTEN (Hrsg.), Balthasar Hubmaier. Schriften, Quellen zur Geschichte der Täufer 9, Heidelberg 1962, 122.

Hutterer fest, dass nur »ordentlich wohl und recht von Gott in seiner Kirche und Gemeine erwählte« Diener die Taufe vornehmen sollten.[9]

Ihre konsequente Ablehnung der Säuglingstaufe und die Taufe auf das Bekenntnis des Glaubens hin brachte jenen, die sich intern eigentlich nur »Brüder« und »Schwestern« nannten, den diffamierenden und von außen an sie herangetragenen Namen »Wiedertäufer« ein. Ein Begriff, der nicht nur diffamierend war, sondern auch stigmatisierend und kriminalisierend, erwartete doch jene, die wiedertauften oder wiedergetauft waren, die Todesstrafe. Es kann nicht genügend betont werden, welch politisch-gesellschaftliche Bedeutung die Taufe hatte. Sie entzog die Menschen dem *corpus christianum* und ließ sie als Untertanen illoyal erscheinen. Darüber hinaus stand sie für Absonderung und eine Gemeindebildung, die die strikte Trennung vom Staat forderte.

Eine Frage, auf die die Täufer im Zusammenhang mit der Taufe stets eine Antwort zu haben hatten, war jene nach der Erbsünde. Sie spielte in den verschiedensten Religionsgesprächen des 16. Jahrhunderts eine Rolle, in die Täufer involviert waren. So heißt es etwa beim Hutterer Peter Riedemann in seiner »Rechenschaft« von 1545: »Hier [in der Frage der Erbsünde, v. S.] erhebt sich oft viel Zanks und sagt einer dies, der andre jenes, aus welchem Gezänke denn mehr Zerstörung und Abbrechen denn Besserung folget.« Doch Gott sei ja nicht ein »Gott des Zankens, sondern des Friedens und der Liebe«[10].

Die Obrigkeiten und Theologen unterstellten den Täufern sehr schnell, nicht an die Erbsünde zu glauben. Doch, etwas verallgemeinernd gesagt: Auch die Täufer waren von der Realität der Erbsünde überzeugt, maßen dieser jedoch im Vergleich zur Gnade Gottes eine geringere Bedeutung bei. Nach der Rechtfertigung der Kinder gefragt, verwiesen die Täufer stets darauf, dass die Gnade Gottes allen Menschen zur Verfügung stünde. Somit hätten Kinder auch ohne Taufe Anteil an der Gnade Gottes und der Seligkeit. Zudem war jene Stelle in Mt 19,14, in der Jesus sagt, lasset die Kindlein zu mir kommen, für die Täufer ein oft verwendetes Argument.

Der Taufritus bestand bei den Täufern des 16. Jahrhunderts vornehmlich aus Übergießen oder Besprenkeln – oder eben drei Kreuzen auf der Stirn. Vereinzelt gab es wohl auch Untertauchtaufen, allerdings kam dann erst im Verlauf der Frühen Neuzeit ein verstärkter Ruf nach ihnen, beispielsweise unter dem Einfluss der Dompelaars im 17. Jahrhundert oder im 19. Jahrhundert durch die wachsenden Kontakte zu den Baptisten und der Erweckungsbewegung. 1860 spaltete sich in Südrussland eine Gruppe von Mennoniten ab, die unter dem Einfluss der Baptisten und des Pietismus die Taufe durch Immersion vollziehen wollten, was die Entstehung der »Mennoniten-Brüdergemeinden« markiert.

---

[9] Peter Riedemann, Rechenschaft unsrer Religion, Lehre und Glaubens. Von den Brüdern, die man die Huterischen nennt, Falher, Alb. 1988, 75 f.

[10] A. a. O., 50.

Hinsichtlich der historischen Situation kann also das Resümee gezogen werden, dass es unter den Täufern keine einheitliche Tauftheologie und auch keinen einheitlichen Ritus gab. Dies hervorzuheben ist auch deshalb wichtig, weil es für die mennonitische Seite in theologischen Gesprächen manchmal ein Problem darstellt, sich nicht auf eine normative oder durch ein generelles Bekenntnis festgelegte Theologie beziehen zu können.

2 Stationen auf dem Weg der gegenseitigen Verständigung

Das 450-jährige Jubiläum des Augsburger Bekenntnisses, das 1980 anstand, lieferte in gewisser Weise die Initialzündung für Gespräche zwischen Kirchen täuferischer Herkunft und lutherischen Kirchen. Eingeladen waren zu diesem Jubiläum auch die Mennoniten, die jedoch kritisch rückfragten, ob sie denn ihre eigenen Verwerfungen feiern sollten. Bekanntlich enthält die Confessio Augustana (CA) bis heute Verwerfungen der Täufer, etwa im Artikel über die Taufe: »Deshalb werden die Wiedertäufer verworfen, welche lehren, daß die Kindertaufe nicht recht sei.« In den nach 1980 folgenden Gesprächen wurde jedoch eine gewisse Entspanntheit gegenüber den Verwerfungen deutlich. Ihre Verankerung in der Geschichte wurde betont und gleichzeitig wuchs die Sensibilität im Umgang mit ihnen.

Bei den 1989 gestarteten Gesprächen zwischen der VELKD und der AMG blickte man dann gemeinsam in die Zukunft.[11] Die Gespräche zielten darauf, die jeweils andere Taufpraxis anzuerkennen, eine Kanzel- und Abendmahlsgemeinschaft zu ermöglichen und gemischt-konfessionelle Eheschließungen zu vereinfachen. Weitere Gespräche folgten, unter anderem der Reformierten in der Schweiz mit den dortigen Mennoniten. Bedeutsam war schließlich der Dialog zwischen dem Lutherischen Weltbund und der Mennonitischen Weltkonferenz, der mit einem beeindruckenden Versöhnungsgottesdienst 2010 in Stuttgart abschloss und eine Versöhnungsbitte des Weltbundes gegenüber den Mennoniten beinhaltete. 2017 veröffentlichten beide Organisationen unter dem Titel »Healing of Memories« eine gemeinsame Darstellung der Reformationsgeschichte.[12] Und kürzlich erschien das Ergebnis des anfangs zitierten trilateralen Dialogs über die Taufe in deutscher Sprache.

---

[11] Generell zu den verschiedenen Gesprächen FERNANDO ENNS (Hrsg.), Heilung der Erinnerungen – befreit zur gemeinsamen Zukunft. Mennoniten im Dialog, Frankfurt a. M. 2008.

[12] Heilung der Erinnerungen. Die Bedeutung der lutherisch-mennonitischen Versöhnung, Leipzig 2017.

3 Positionen

Auch wenn mit dem weitgehenden Verzicht auf eine erneute Wassertaufe beim Eintritt in eine Mennonitengemeinde mittlerweile ein Status Quo erreicht ist, der das ökumenische Miteinander erleichtert, bleiben im Detail immer noch Diskussionspunkte. Nimmt man die beiden wichtigen Stationen in Sachen Taufanerkennung – Lima (1982) und Magdeburg (2007) – so sind die Reaktionen aus täuferischer Sicht sehr aufschlussreich. Zur Konvergenzerklärung von Lima äußerte sich die »Vereinigung der Deutschen Mennonitengemeinden«. Sie »begrüßte« die Erklärung grundsätzlich, nahm jedoch zu Details etwas kritischer Stellung. So wurde positiv hervorgehoben, dass im »Lima«-Dokument Taufe und Glauben eng aufeinander bezogen wurden und das Leben in der Nachfolge Jesu Christi als wichtig dargestellt würde. Somit würde deutlich, dass »das Leben aus der Taufe« den »Charakter des Wachstums« trage. Ein kritisches Augenmerk warf die Erklärung jedoch auf das von Hierarchie geprägte Kirchenverständnis. Es hieß, die Mennoniten könnten den Text eben nicht – wie gewünscht – von »der höchsten hierfür zuständigen Ebene der Autorität« prüfen lassen, denn diese gäbe es bei den Mennoniten nicht. In geistlichen Dingen würde nicht in Kategorien von oben und unten gedacht. Zudem kam Kritik, dass zu viel Gewicht auf die »Traditionen« der verschiedenen Kirchen gelegt würde, was nicht nur einen Mangel an Selbstkritik offenbare, sondern dahinter würde auch das Verhältnis zur Bibel verschwinden. Darüber hinaus erwähnte die Stellungnahme der »Vereinigung« kritisch, dass das Taufverständnis von einem sakramentalen Charakter der Taufe ausgehe.

Als 2007 dann im Magdeburger Dom elf ACK-Kirchen die gegenseitige Taufanerkennung unterzeichneten, schlossen sich weder Mennoniten noch Baptisten, aber auch nicht der Bund Freier Evangelischer Gemeinden oder die Siebententagsadventisten, dem Papier an. Die »Arbeitsgemeinschaft Mennonitischer Gemeinden in Deutschland« stellte in ihrem Grußwort in Magdeburg heraus, man könne die Erklärung aufgrund von »biblisch-theologischen Gründen« nicht unterzeichnen.[13] Die Begründung war erneut, dass die Taufe als »Sakrament« verstanden würde und der Zusammenhang von Taufe und Nachfolge Jesu Christi beziehungsweise das Verhältnis von Bekenntnis und Taufe nicht genügend zum Ausdruck komme.[14]

---

[13] ARBEITSGEMEINSCHAFT CHRISTLICHER KIRCHEN IN DEUTSCHLAND (Hrsg.), »Was hindert's, dass ich mich taufen lasse?« (Apg 8,36). Dokumentation eines Studientags der ACK in Deutschland, [Frankfurt a. M. 2015], 127.

[14] FERNANDO ENNS, Art.: Taufe III – Gegenseitige Anerkennung der Taufe: ökumenische Gespräche, in: MennLex (2012), URL: http://www.mennlex.de/doku.php?id=top:taufe-iii-gegenseitige-anerkennung (Stand: 12.05.2023).

Die Baptisten wiederum legten in einer internen Stellungnahme den Schwerpunkt ihrer Ablehnung der Magdeburger Übereinkünfte auf die Freiheit des Menschen. Gottes Handeln gehe dem Handeln der Menschen in der Taufe zwar voraus, aber der Mensch habe immer noch die Freiheit »Ja« oder »Nein« zu sagen. Die Taufe sei also ein »Zeichen der Zuwendung Gottes zum Menschen« und sie zeige die »Umkehr [des Menschen, v. S.] zu einem Leben mit Gott«; beides fehle der Säuglingstaufe.[15]

Im Folgenden sollen noch kurz drei Themen angesprochen werden, die in den Debatten über die Taufe für täuferische Gemeinden immer wieder eine zentrale Rolle spielen.

3.1 Taufe und Nachfolge

Das Thema beinhaltet die in der Geschichte oft polemisch geführte Debatte über Glauben und Werke. Vorwürfe von täuferischer Seite gegenüber den Lutheranern zielten auf die »billige Gnade«, die diese angeblich vermitteln würden. Die Lutheraner wiederum warfen den Täufern vor, aus ihren Ideen von Nachfolge entstehe eine neue Werkgerechtigkeit. Nimmt man den aktuellsten Bericht – jenen über den Trilateralen Dialog – als Maßstab, so scheint sich hier ein doch ganz zufriedenstellendes gemeinsames Verständnis Bahn gebrochen zu haben. Jedenfalls heißt es von mennonitischer Seite in dem Dokument: »Wir haben erfahren, dass die lutherische Theologie die zentrale Bedeutung der Nachfolge als Antwort der Dankbarkeit für Gottes Gnade betont.«[16] Und an weiteren Stellen wird betont, dass alle drei Glaubensgemeinschaften sich »voll und ganz einig [seien, v. S.], dass die Taufe kein isoliertes und in sich abgeschlossenes Ereignis ist, sondern ein wichtiger Moment, der während des gesamten eigenen Lebens praktisch gelebt und umgesetzt werden muss«.[17]

Allerdings folgt dann die Einschränkung, man sei sich nicht einig darüber, »was in Bezug auf einige Themen als authentisch christlich anzusehen sei«. Was »authentische Nachfolge bedeutet«, darüber bestehe »kein vollständiger Konsens«. Beispielhaft werden die Themen »Frieden und Krieg« oder »gleichgeschlechtliche Partnerschaften« angeführt.[18] Ein wenig in die Richtung der alten Debatte über »billige Gnade« gehen Forderungen, die aus den Reihen täuferischer Kirchen immer wieder erhoben werden, dass Protestanten das »unterschiedslose Taufen« vermeiden sollen. In diesem Fall würden weder Eltern noch Paten Be-

---

[15] Papier des Präsidiums des Bundes Evangelisch-Freikirchlicher Gemeinden in Deutschland, 15.5.2007.
[16] ENNS, Die Taufe (s. Anm. 1), 103.
[17] A.a.O., 81.
[18] A.a.O., 99f.

ziehungen zur Kirche haben und somit sei gar nicht beabsichtigt, die Getauften auch auf dem Weg des Glaubens in der Kirche zu begleiten.

3.2 Taufe als Sakrament

Die Einstufung der Taufe von protestantischer und katholischer Seite als »Sakrament« und die Sicht täuferischer Freikirchen auf die Taufe als »Ordnung«, ist seit jeher zu den trennenden Punkten zu zählen. Im Trilateralen Dialog wird ziemlich intensiv versucht, die hinter der Taufe stehenden und die im Taufritus zu erkennenden Gemeinsamkeiten vor die Klassifizierung an sich zu stellen: Konvergenz vor Divergenz also. Unter Rückgriff auf eine Passage aus dem mennonitisch-katholischen Dokument »Gemeinsam berufen, Friedensstifter zu sein« (2008) kommt man zur Schlussfolgerung, die Punkte, in denen man einig sei, würden nicht dadurch »geschwächt«, dass Mennoniten die Taufe als »Ordnung« und andere diese als »Sakrament« ansähen. Zitiert wird eine Passage, in der es heißt, dass Mennoniten und Katholiken sowohl Sakramente als auch Ordnungen als »äußere Zeichen« betrachten, die »von Christus eingesetzt sind«. Allerdings bleibt, dass man »die Kraft der Zeichen unterschiedlich« verstehe.

Übereinstimmung finden alle drei Glaubensgemeinschaften im Trilateralen Dialog dann aber wieder darin, dass in der Feier des Taufritus »etwas Wichtiges geschieht« und das Wirken Gottes dabei immer Priorität habe. Von mennonitischer Seite wird jedoch betont, das Geschehen der Taufe habe sich dadurch zu beweisen, dass sich nachher im Leben der getauften Person eine Veränderung zeigt. Im »Taufakt« geschieht nur dann wirklich etwas, »ist die Umwandlung durch die Taufe in und durch den Ritus nur denkbar, falls und wenn sie in Glaube und Leben des einzelnen, der die Taufe empfängt, und der taufenden Gemeinde bewahrheitet wird«. Doch auch Lutheraner und Katholiken können der Wirkung der Taufe als »lebensverändernd« zustimmen, indem sie auf den »instrumentellen Charakter des Sakraments« abheben; denn dieses verwirkliche ja, »was das äußere Zeichen symbolisiere«[19].

3.3 Sensibilität bei Begriff und Phänomen »Wiedertaufe«

Vergegenwärtigt man sich den Bedeutungsgehalt des Begriffs »Wiedertaufe«, so ist diese – wie anfangs erwähnt – immer das Damoklesschwert, das über den ökumenischen Gesprächen hängt. Er steht einerseits für Verfolgung und Tod in vergangener Zeiten, andererseits für das fundamentale Infragestellen anderer Taufverständnisse und Kirchenmodelle. Wobei immer wieder hervorgehoben

---

[19] A.a.O., 64–66.

werden muss, dass das nochmalige Taufen ja nur auf die erste Generation von Täufern zutraf, während die zweite Generation die Taufe nicht mehr wiederholte, sondern nur auf das Bekenntnis hin taufte. Heutzutage wird erneut »wiedergetauft«, wenn jemand, der als Säugling getauft ist, Mitglied einer täuferischen Kirche werden möchte – und eben die Taufe erneut verlangt. Dass dies zu Verletzungen führen kann, darauf verweisen die verschiedenen Dialogpapiere immer wieder.

In den Trilateralen Gesprächen werden die Wahrnehmungen auf lutherischer Seite wie folgt wiedergegeben: Wiedertaufe heiße, dem Vertrauen in das Versprechen Gottes, dass er alle Getauften in die Gemeinschaft mit ihm aufgenommen hat, zu misstrauen. Gott würde so als Lügner gestraft und man würde ihn als nicht »vertrauenswürdig« darstellen.[20] Auf mennonitischer Seite wird dagegen festgehalten, die Sensibilität für die Bedeutung einer »Wiedertaufe« müsse erst wachsen und fehle demzufolge manchmal. Die Gespräche hätten den mennonitischen Vertretern jedoch geholfen, die »tiefgründige Wirklichkeit« zu verstehen, die »für katholische und lutherische Gläubige auf dem Spiel steht, wenn mennonitische Gemeinden und andere Täuferkirchen jemanden taufen, der in einer anderen Kirche bereits getauft wurde«. Es wird festgehalten: Taufe könne nicht wiederholt werden. Es folgt schließlich die Bemerkung, dass eine mennonitische Gemeinde, wenn sie heutzutage jemanden erneut taufe, um ihn oder sie als Mitglied aufzunehmen, die nochmalige Taufe nicht als »Wiedertaufe« verstehen würde. Denn die Taufe sei eben ihrem Verständnis nach nur »aufgrund eines persönlichen Bekenntnisses zum Glauben möglich«[21].

4 Status Quo in der Tauffrage und Reflexionen am Schluss

Wie bereits erwähnt, stellt es für mennonitische Teilnehmerinnen und Teilnehmer an ökumenischen Dialogen stets eine Herausforderung dar, aus der Vielfalt der theologischen Aussagen eine Norm zu finden, von der aus argumentiert werden kann. Die Vielfalt täuferischer Taufverständnisse ist am Anfang dieser Überlegungen ja kurz thematisiert worden. Bis heute ist es schwierig mit einem gemeinsamen Bekenntnis der Mennoniten – es gibt keines. In Deutschland etwa ist ein solches von Mennoniten immer wieder abgelehnt worden. Ein gemeinsames Bekenntnis zu formulieren, so hieß es, würde »Ketzer« schaffen.

In einem immer wieder zitierten Glaubensbekenntnis der nordamerikanischen Mennoniten, das 1995 verabschiedet wurde, findet sich zur Taufe folgende Passage:

---

[20] A. a. O., 63.
[21] A. a. O., 64 f.

> »Wir glauben, dass die mit Wasser an Gläubigen vollzogene Taufe ein Zeichen dafür ist, dass diese die Reinigung von Sünde erfahren haben. Gleichzeitig ist die Taufe vor der Gemeinde auch die Besiegelung des Bündnisses mit Gott und damit das Gelöbnis, durch die Kraft des Heiligen Geistes Jesus Christus nachzufolgen. Gläubige werden in Christus und seinen Leib, die Gemeinde, durch den Heiligen Geist, durch Wasser und durch Blut hineingetauft.«

Und weiter:

> »Die christliche Taufe soll denen zugute kommen, die ihre Sünden bekennen und sie bereuen, die Jesus Christus als Herrn und Heiland annehmen und sich verpflichten, Christus als Glieder seines Leibes im Gehorsam nachzufolgen [...]. Die Taufe ist für solche Menschen da, die hinsichtlich ihres Alters und ihrer persönlichen Reife zum verantwortlichen Handeln fähig sind und auf der Grundlage ihres Glaubens in freier Entscheidung die Taufe erbitten.«[22]

Doch aller Zusammenführung der Gläubigen und aller Freiwilligkeit zum Trotz müssen sich heutzutage auch Mennonitengemeinden einige Fragen in Bezug auf ihr Taufverständnis und die entsprechende Gemeindepraxis stellen lassen. So wurde und wird die Taufe oft zur Nachwuchstaufe. Analog zum Konfirmationsalter pendelte sich das Taufalter auf 14 bis 15 Jahre ein. Es ist also zu hinterfragen, inwieweit die Taufe dann immer noch eine Freiwilligen- bzw. Mündigentaufe ist oder ob es einfach »üblich« ist, sich taufen zu lassen. Wo für die Taufe eine Bekehrungserfahrung zur Voraussetzung gemacht wird, stellt sich die Frage, ob da nicht manchmal »gezüchtete« Bekehrungserfahrungen, wie Bernhard Ott dies ausgedrückt hat, zu einem Leistungsnachweis für die Taufe werden. Wo wiederum mit der Taufe dem Verständnis nach in eine »reine Gemeinde« hineingetauft wird, kann die Gemeindeleitung zur Prüfinstanz werden. Die täuferische Taufpraxis kann den Eindruck erwecken, Umkehr, Glaube und Taufe seien Leistungen des Menschen und das Handeln Gottes wird hinter die Willensentscheidung des Menschen gestellt.[23]

Ich schließe meine Überlegungen mit einem letzten Zitat aus den Trilateralen Gesprächen, das sehr schon zeigt, wie am Ende des Tages doch wieder alle ganz ähnliche Probleme haben:

---

[22] Beides zit. nach BERNHARD OTT, Ein täuferisches Taufverständnis in der ökumenischen Diskussion, in: THOMAS HAFNER/JÜRG LUCHSINGER (Hrsg.), Eine Taufe – viele Meinungen, Zürich 2008, 59–102, hier 66 f.

[23] A. a. O., 69 f.

»Schließlich sind auch die mennonitischen Kirchen nicht immun gegen die großen Schwierigkeiten, vor denen lutherische und katholische Kirchen bei diesem Thema [Taufe, v. S.] stehen: den Bruch der engen Verknüpfung zwischen Taufe mit einem engagierten Leben als Christin oder Christ – dass also jene, die getauft sind, den Glauben praktisch nicht mehr leben.«[24]

---

[24] ENNS, Die Taufe (s. Anm. 1), 75.

Die Unterscheidung von Akribeia und Oikonomia
Eine Differenzhermeneutik der Anerkennung der Taufe aus orthodoxer Sicht[1]

Anargyros Anapliotis

1 Einleitung

Die Taufe wird in der Orthodoxen Kirche durch dreimaliges Eintauchen des Täuflings in natürliches, reines Wasser und unter Rezitation der vorgeschriebenen Taufformel gespendet. Dieser Vollzug der Taufe ist biblisch begründet, insbesondere durch die Taufe Christi im Jordan (Mk 1,9–11), die nach der Tradition durch Untertauchen geschah (ἀναβαίνων ἐκ τοῦ ὕδατος, »als er aus dem Wasser stieg« [Mk 1,9]; εὐθὺς ἀνέβει ἀπὸ τοῦ ὕδατος, »stieg er alsbald herauf aus dem Wasser« [Mt 3,16]) und durch den Taufbefehl des Herrn, der die trinitarische Formel erhält (Mt 28,19: »Geht nun hin und macht alle Nationen zu Jüngern, und tauft sie auf den Namen des Vaters und des Sohnes und des Heiligen Geistes«). Die Weisung des Herrn richtet sich an die Apostel und demzufolge auch an ihre Nachfolger, die Bischöfe. Nach den Regeln der Akribeia sind für den Vollzug der Taufe neben den oben genannten Bibelstellen und der Heiligen Tradition auch die Kanones der Apostel über die »Taufe im Namen der Heiligen Dreieinigkeit« und das »dreimalige Untertauchen« entscheidend:

> »Kanon 49 der Apostel: Wenn ein Bischof oder Presbyter nicht nach der Anordnung des Herrn auf den Vater und den Sohn und den Heiligen Geist tauft, sondern auf drei Anfangslose oder auf drei Söhne oder auf drei Parakleten, soll er abgesetzt werden.

---

[1] Der nachfolgende Text ist eine überarbeitete Kompilation aus drei meiner Veröffentlichungen: ANARGYROS ANAPLIOTIS, Unterwegs zur sakramentalen und kanonischen Gemeinschaft. Katholische und evangelische Taufe und (Misch-)Ehe aus der Sicht des Orthodoxen Kirchenrechts, in: IONA MOGA/REGINA AUGUSTIN (Hrsg.), Wesen und Grenzen der Kirche. Beiträge des Zweiten Ekklesiologischen Kolloquims, ProOr 39, Innsbruck/Wien 2015, 149–163; DERS., Oikonomia im Zusammenhang mit dem Sakrament der Taufe, in: Kanon 24 (2016), 17–33; DERS., Art. Oikonomia, in: Lexikon für Kirchen- und Religionsrecht Bd. 3, 2020, 384 ff.

Kanon 50 der Apostel: Wenn ein Bischof oder Priester die dreimalige Untertauchung in der Taufe nicht vornimmt, sondern nur eine auf den Tod des Herrn erteilte, soll er abgesetzt werden. Denn der Herr sprach nicht: ›Auf meinen Tod taufet‹, sondern: ›Gehet hin und lehret alle Völker und taufet sie im Namen des Vaters und des Sohnes und des Heiligen Geistes‹ (Mt 28,19).«[2]

Demzufolge bestehen nach dem biblischen Zeugnis und nach dem Kanonischen Recht folgende Voraussetzungen für eine gültige Taufe:
a) Nur ein in kanonischer, apostolischer Sukzession stehender Bischof oder Presbyter (der an der apostolischen Sukzession seines Bischofs Teil hat), darf die Taufe vollziehen.
b) Die Taufe wird durch dreimaliges Untertauchen in fließendes Wasser vollzogen.
c) Es wird die Tauformel, die in der Bibel erwähnt wird, verwendet und der Täufling wird »im Namen des Vaters, des Sohnes und des Heiligen Geistes« getauft.

Trotz des eindeutigen Zeugnisses sowohl des Neuen Testaments als auch der heiligen Kanones gelangen in allen Bereichen der praktischen Anwendung des Kanonischen Rechts, also der Verwaltung der Kirche, im Disziplinarrecht der Kleriker und in der pastoralen Betreuung der Gläubigen, zwei unterschiedliche Prinzipien zur Anwendung: zum einen das akribische, das strikt am Wortlaut der Kanones orientierte Prinzip, zum anderen das Prinzip der bewussten Abweichung aus pastoralen Gründen (κατ' οἰκονομίαν).[3]

2 Möglichkeiten der Oikonomia bei der Taufe

Die Kirche ist im Hinblick auf die Erlösung des einzelnen Menschen verpflichtet, von einer akribischen Einhaltung der Kanones abzuweichen, um dem einzelnen Menschen in seiner speziellen Lebenssituation gerecht zu werden.[4] Der berümte griechische Kanonist des 20. Jh., Hamilcar Alivizatos, bezeichnet das Prinzip der Oikonomia als »die Verwaltung der Kirche entsprechend den Bedürfnissen der

---

[2] ANARGYROS ANAPLIOTIS, Heilige Kanones der heiligen und hochverehrten Apostel, LitTS 6, St. Ottilien 2009, 53.
[3] Vgl. ANAPLIOTIS, Heilige Kanones (s. Anm. 2), 14 f. Für eine ausführliche Bibliographie zu Fragen der Oikonomia vgl. RICHARD POTZ/EVA SYNEK, Orthodoxes Kirchenrecht. Eine Einführung, Freistadt ²2014, 335.
[4] ANAPLIOTIS, Heilige Kanones (s. Anm. 2), 14 f.

Zeit«[5]. Er bezieht in seinem Werk die Definition von Patriarch Nikolaos Mystikos von Konstantinopel ein, der die Oikonomia als »heilsame Nachsicht, die den Sünder rettet«[6] und als »Nachahmung der göttlichen Menschenliebe«[7] bezeichnet. Im Handeln nach dem Prinzip der Oikonomia wird das Geheimnis der Liebe Gottes vergegenwärtigt, die in Jesus Christus offenbart wurde. Alivizatos betont zum Schluss die komplette Freiheit der Kirche in der Anwendung der Oikonomia bei der Rechtsanwendung der Kanones im konkreten Fall.[8]

Georgios Mantzaridis bezeichnet in ähnlicher Weise die Oikonomia als eine vorübergehende Abweichung von den Regeln, um die besonderen Nöte der Mitglieder zu berücksichtigen.[9] Oikonomia ist eine *Einzelfallentscheidung*, in der das Verhältnis zur christlichen Tugend der Milde und der Barmherzigkeit deutlich wird. Die Oikonomia bildet damit die Brücke zwischen der Allgemeingültigkeit der Norm und der Einzelfallgerechtigkeit, weil das Heil der Seelen das Ziel der Kirche und ihrer Heilsmittel ist.[10]

Oikonomia kann in Bezug auf den Spender, auf den Ort der Taufe oder in Bezug auf das Untertauchen angewendet werden, nicht jedoch in Bezug auf eine Abweichung von der trinitarischen Formel.[11]

Oikonomia in Bezug auf den Spender der Taufe

Ordentlicher Spender der Taufe ist nur der Bischof oder der Presbyter. Ist ein ordentlicher Spender nicht anwesend oder verhindert und besteht ein Notfall

---

[5] HAMILCAR ALIVIZATOS, Die Oikonomia. Die Oikonomia nach dem kanonischen Recht der Orthodoxen Kirche, Frankfurt a. M. 1998, 14.

[6] NIKOLAOS MYSTIKOS, Epist. 32: PG Bd. 111, 212; zitiert nach ALIVIZATOS, Oikonomia (s. Anm. 5), 14.

[7] Vgl. NIKOLAOS MYSTIKOS, Epist. 32: PG Bd. 111, 213; zitiert nach ALIVIZATOS, Oikonomia (s. Anm. 5), 15.

[8] Vgl. ANAPLIOTIS, Heilige Kanones (s. Anm. 2), 15.

[9] Vgl. GEORG MATZARIDIS, Ökonomie und Akribie, in: GEORG GALITIS/GEORG MANTZARIDIS/ PAUL WIERTZ (Hrsg.), Glauben aus dem Herzen. Eine Einführung in die Orthodoxie, München 1987, 20 ff.

[10] Vgl. ausführlicher ANASTASIOS KALLIS, Orthodoxie. Was ist das?, Mainz 1979, 57–61.

[11] Auch in Bezug auf die Taufe von Kindern aus Zivilehen wird mit Oikonomia argumentiert, obwohl hier meines Erachtens ein Zurückgreifen auf die Oikonomia gar nicht erforderlich ist, weil die Zivilehe (ohne kirchliche Trauung) auch in der Alten Kirche kein Taufhindernis war. Gemäß einer Verlautbarung der Heiligen Synode der Kirche von Griechenland aus dem Jahre 1984 ist die Haltung von Priestern, die sich weigern, Kinder aus einer zivilen Ehe zu taufen, als »lieblos und ungerecht« und »ohne theologische und kanonische Stütze« abzulehnen.

(insbesondere Todesgefahr, μάλιστα ἐὰν θάνατος καταπείγῃ, nach Nikephoros dem Bekenner, kanonische Frage 11), so kann die Taufe ein Diakon, ein niederer Kleriker oder ein Katechist vollziehen, der vom Bischof oder vom Pfarrer dafür bestimmt ist.[12] Nach c. 6 von Nikephoros dem Bekenner kann auch ein Diakon oder ein einfacher Mönch (μοναχός λιτός) taufen. Im extremen Notfall kann sogar jeder von der nötigen Intention geleitete Mensch (d. h. auch Frauen)[13], auch ohne die vorausgegangene Zustimmung eines Klerikers, taufen (c. 7 des Nikephoros). In Notfall kann auch die von einem Schismatischen oder Häretischen gespendeten Taufe anerkannt werden (Frage 11 des Nikephoros); die Seelsorger und vor allem der Pfarrer sind dabei angehalten, die Gläubigen nachträglich über die rechte Taufweise zu belehren.

Wenn jemand aufgrund von Nachlässigkeit ohne Taufe stirbt, unterliegt der zuständige Geistliche nach Nikodim Milasch der kanonischen Bestrafung. Trifft die Schuld einen Laien, so wird derselbe auf drei Jahre von der Eucharistie ausgeschlossen.[14]

Oikonomia in Bezug auf den Ort der Taufe

Die Taufe ist ein öffentlicher Akt. Mit der Taufe wird der Täufling Mitglied der Kirche, des Leibes Christi. Da der Täufling bei der Taufe Mitglied des ganzen Leibes Christi wird, ist für die Taufe auch die Möglichkeit der Teilnahme des ganzen Leibes Christi geboten, das heißt, die Möglichkeit der Teilnahme möglichst aller Kleriker und Laien an der Sakramentsfeier ist für die Taufe konstitutiv. Aus diesem Grund ordnet c. 59 des Quinisextums an, dass die Taufe in einer öffentlich zugänglichen Kirche stattfinden soll:

---

[12] Vgl. GEORGIOS RALLIS/MICHAEL POTLES, Σύνταγμα τῶν θείων καὶ ἱερῶν Κανόνων, Bd. 4, Athen 1852, 431 f. Auch im Katholischen Kirchenrecht gilt, dass im Notfall jeder von der nötigen Intention geleitete Mensch die Taufe spenden kann; die Seelsorger und vor allem die Pfarrer müssen sich angelegen sein lassen, die Gläubigen über die rechte Taufweise zu belehren. Vgl. CIC c. 861 Abs. 2.

[13] Tertullian sah das anders: Seiner Ansicht nach kann im Notfall und im Auftrag des Priesters auch ein (männlicher) Laie, jedoch keine Frau, die Taufe vollziehen. Vgl. TERTULLIAN, De bapt. 17, 2.4, in: Tertullians Homily on Baptism, hrsg. u. übers. v. ERNEST EVANS, London 1964, 34–36; abrufbar unter: http://www.tertullian.org/articles/evans_bapt/evans_bapt_text_trans.htm (Stand: 14.03.2023). Vgl. auch EDWARD YARNOLD, Art. Taufe III, in: TRE Bd. 32, 2001, 678 f.

[14] NIKODIM MILASCH, Das Kirchenrecht der morgenländischen Kirche, Mostar 1905, 555, Anm. 11, weist eigens auf die seinerzeit in Russland gängige Praxis hin, dass Priester verpflichtet waren, die Hebammen über die Art der Taufe zu unterrichten, damit sie im Falle der Todesgefahr das neugeborene Kind taufen können.

»Keinesfalls soll eine Taufe in einer Privatkapelle innerhalb eines Hauses vollzogen werden. Diejenigen, die der unbefleckten Erleuchtung gewürdigt werden wollen, sollen in die öffentlichen Kirchen gehen und dort in den Genuss dieser Gabe kommen. Wenn jemand überführt wird, das von uns Bestimmte zu übertreten, soll er als Kleriker abgesetzt, als Laie aber ausgeschlossen werden.«[15]

Hier gelten jedoch die Möglichkeiten der Oikonomia, welche im Hinblick auf den Spender der Taufe erwähnt wurden. Gilt es im Notfall abzuwägen zwischen dem Tod eines Täuflings ohne vorangegangene Taufe und der Taufe eines Täuflings an einem anderen Ort als einer öffentlichen Kirche, erhält die Taufe des Täuflings stets den Vorzug. Die Taufe kann in diesem Fall überall stattfinden, auch im Krankenbett oder im Freien.

Oikonomia in Bezug auf das Untertauchen und besondere Fälle der Taufe

Wie bereits festgehalten, ist nach c. 50 der Apostel nur die Taufe durch dreimaliges Untertauchen gültig. Thomas von Aquin, aber auch andere Kirchenväter stellen hingegen drei Arten der Taufe – Blut-, Wasser- und Begierdetaufe – nebeneinander.[16]

Bluttaufe bzw. Taufe des Martyriums: In den ersten Jahrhunderten der Kirche erlitten zahlreiche Katechumenen oder Heiden, die sich aus verschiedenen Gründen zum Christentum bekehrten, vor ihrer Taufe das Martyrium. Die Zeugenschaft eines ungetauften Katechumenen, der das Martyrium erlitten hatte, wurde als Ersatz für die (Wasser-)Taufe betrachtet, da der Märtyrer in seinem Blut getauft wurde.[17] In diesem Sinne äußern sich viele Kirchenväter, wie Johannes Chrysostomos in seiner Homilie zu dem Märtyrer Loukianos.[18]

Die sogenannte *Begierdetaufe* ist in der Orthodoxen Kirche nur bedingt anerkannt. Die Haltung, welche teilweise in den ersten Jahrhunderten vorherr-

---

[15] Dt. Übers. n. HEINZ OHME, Concilium Quinisextum/Das Konzil Quinisextum, FC 82, Turnhout 2006, 251 f.

[16] Vgl. THOMAS V. AQUIN, S. th. IH, 66, 11–12, in: ROBERTO BUSA (Hrsg.), S. Thomae Aquinatis. Opera Omnia 2: Summa contra gentiles, Autographii Delecta, Summa theologiae, Stuttgart-Bad Cannstatt 1986, 875. Vgl. JOSEPH WEIS-MAYER, Art. Bluttaufe, LThK Bd. 2, ³1994, 541.

[17] Vgl. Traditio Apostolica 19, FC 1, hrsg. u. übers. von WILHELM GEERLINGS, Freiburg i.Br. 1991, 252 f. Vgl. WEISMAYER, Bluttaufe (s. Anm. 16), 541; PANAGIOTIS BOUMIS, Κανονικὸν Δίκαιον, Athen 2000, 99 f.

[18] JOHANNES CHRYSOSTOMOS, In S. Lucianum Martyrem: PG Bd. 50, 522: »ὥσπερ οἱ βαπτιζόμενοι τοῖς ὕδασιν, οὕτως οἱ μαρτυροῦντες, τῷ ἰδίῳ λούονται αἵματι«.

schend war, nach welcher man die Taufe bis zum Augenblick des Todes hinausschieben könne, da man ja bereits durch die Begierdetaufe getauft sei, wurde von späteren Kirchenvätern rigoros abgelehnt. Anders verhält es sich im Falle eines Katechumenen, dem die Taufe beispielsweise aufgrund eines Unfalls versagt blieb, und welcher zuvor den Wunsch geäußert hatte, getauft zu werden.[19]

Kleinkinder können in großer Gefahr nach dem Prinzip der Oikonomia durch die sogenannte *Lufttaufe* (ἀεροβαπτισμός) getauft werden. Das Kind wird drei Mal in die Luft gehoben und auf den Namen der Heiligen Dreifaltigkeit getauft. Die Lufttaufe kann von jedem getauften Christen, unabhängig von der Weihe, gespendet werden. Wenn das Kind der Krankheit nicht erliegt, dann muss derjenige, der das Kind taufte, nicht automatisch der Taufpate sein. Die Luft- oder Nottaufe ist auch ohne eine Spendung der Myronsalbung gültig. Wenn das Kind überlebt, wird gemäß der kirchlichen Ordnung der Ritus in der Kirche vervollständigt. Gemäß dem Nomikon des Theophilos Kampania wird der (restliche) Taufgottesdienst mit Ausnahme der Taufhandlung selbst wiederholt; die Gebete und Exorzismen der Taufe zu beten, ist nicht notwendig.[20] Im Normalfall folgt anschließend das Sakrament der Myronsalbung.

Das *Besprengen* oder *Begießen* entstammt nach der Meinung der Mehrheit der orthodoxen Forscher jüngerer Zeit[21] und wurde anfangs als Nottaufe verstanden; d.h. es war außer in Krankheitsfällen oder bei Wassermangel strengstens verboten. Mit der Taufe bei Wassermangel beschäftigt sich bereits die Didache. Die Frage wird in 7,1 wie folgt geregelt:

»1. Betreffs der Taufe: Tauft folgendermaßen: Nachdem ihr vorher dies alles mitgeteilt habt, tauft auf den Namen des Vaters und des Sohnes und des heiligen Geistes in lebendigem Wasser!
2. Wenn dir aber lebendiges Wasser nicht zur Verfügung steht, taufe in anderem Wasser! Wenn du es aber nicht in kaltem kannst, dann in warmem!

---

[19] Vgl. BOUMIS, Κανονικόν Δίκαιον (s. Anm. 17), 100f.
[20] Vgl. Πρόχειρον Νομικόν Θεοφίλου ἐπισκόπου Καμπανίας τὸ πρῶτον τύποις ἐκδιδόμενον ἐκ χειρογράφου ἐπιμελῶς κεκαθαρμένου μετὰ προσθήκης διαφόρων παραπομπῶν καὶ σημειώσεων ἑρμηνευτικῶν τοῦ κειμένου, Konstantinopel 1887, 63. Das Nomikon des Theophilos von Kampania ist heute digitalisiert zugänglich unter http:/anemi.lib.uoc.gr/metadata/6/b/7/metadata-438-0000074.tkl (Stand: 20.03.2023).
[21] In der westlichen Geschichtsschreibung wird jedoch oft auf ikonographische Belege hingewiesen, wo ein Besprengen in der Form einer Dusche üblich gewesen sein dürfte. Vgl. u.a. THOMAS SCHIRRMACHER, Der ursprüngliche Taufritus, Übergießen des halb im Wasser stehenden Täuflings?, Martin Bucer Seminar Texte 44, Berlin u.a. 2005. Vgl. weitere frühe Taufdarstellungen bei LOTHAR HEISER, Die Taufe in der orthodoxen Kirche. Geschichte, Spendung und Symbolik nach der Lehre der Väter, Trier 1987, 96–99.

3. Wenn dir aber beides nicht zur Verfügung steht, gieße dreimal Wasser auf den Kopf im Namen des Vaters und des Sohnes und des heiligen Geistes.«[22]

Für die Didache war also im Notfall, wenn eine Taufe κατ' ἀκριβείαν nicht möglich war, die Taufe durch Begießen eine gnadenvolle Taufe.[23] Das Werk Pratum spirituale (»Auf der geistlichen Aue«) erwähnt sogar die Taufe eines Menschen mit Sand anstelle von Wasser:

»Die Reisenden befanden sich mitten in der Wüste, ihnen drohte der Tod, und Wasser gab es nicht in der Nähe.«[24]

In den Anfängen der Kirche beschäftigte sich Cyprian von Karthago mit praktischen Fragen zur Taufe auf dem Krankenbett (also der Taufe durch Besprengen, Aspersion),[25] die in seiner Zeit von vielen abgelehnt wurde, da das Untertauchen bei der Taufe als wesentlich angesehen wurde. Auch Papst Cornelius hielt eine Taufe durch Besprengen für unvollständig, zumal, wenn der Kranke nicht durch die Myronsalbung versiegelt worden war und deshalb nicht Christ genannt werden durfte.[26] Cyprian entschied, dass durch Besprengung Getaufte auch die volle Taufgnade erlangten, da der Heilige Geist nicht stückweise empfangen werden könne.[27] Der Taufe geht eine Reinigung und Heiligung des Wassers seitens des Priesters bzw. Bischofs voraus.

Im Fall der Taufe von Schwerkranken[28] (Klinikertaufe) sieht c. 12 von Neocasarea grundsätzlich vor, dass der Getaufte später nicht zum Presbyter geweiht werden kann, weil seine Taufe keine persönliche Entscheidung war,

---

[22] Didache (Apostellehre), Barnabasbrief, Zweiter Klemensbrief, Schrift an Diognet, hrsg. u. übers. v. KLAUS WENGST, Darmstadt 1984, 76 f.

[23] Vgl. ausführlich THEODOR KLAUSER, Taufet in lebendigem Wasser! Zum religions- und kulturgeschichtlichen Verständnis von Didache 7,1-3, in: THEODOR KLAUSER/ADOLF RÜCKER (Hrsg.), Pisciculi. Studien zur Religion und Kultur des Altertums, FS F. J. Dölger, Münster 1939, 157-164.

[24] IOANNIS MOSCHOS, Pratum spirituale: PG Bd. 87, 3044 F; dt. Übers. n. HILARION ALFEYEV, Geheimnis des Glaubens. Einführung in die orthodoxe dogmatische Theologie, Fribourg 2003, 153.

[25] Vgl. CYPRIAN V. KARTHAGO, Epistola 69, 14: BKV 60, Bd. 2, 319 f.

[26] Vgl. EUSEBIOS V. CAESAREA, Historia Ecclesiastica VI, 43, 14: BKV 60, Bd. 1 der zweiten Reihe, 315 f. Originaltext in: BEP 19, 381. Vgl. YARNOLD, Taufe III (s. Anm. 13), 679 f., Anm. 18.

[27] Vgl. CYPRIAN V. KARTHAGO, Epistola 69, 14: BKV 60, Bd. 2 (1928), 319-320. Vgl. YARNOLD, Taufe III (s. Anm. 13), 679 f.

[28] Vgl. DIMITRIOS MORAITIS, Βάπτισμα, in: Θρησκευτικὴ καὶ Ἠθικὴ Ἐγκυκλοπαιδεία, Bd. 3, Athen 1963, 585.

sondern eine Nottaufe. Nur wenn er großen Eifer und Glauben erweist und wenn es keinen anderen Kandidaten gibt, darf er die Priesterweihe empfangen.

Für die Wassertaufe könne jedes Wasser verwendet werden, sofern Gott darüber angerufen wurde und der Geist auf dieses herabgekommen sei, denn er verleihe die Kraft zu heiligen.[29] Wenn jemand, der die Nottaufe durch Besprengen oder Begießen empfangen hat und nicht gesalbt wurde, stirbt, gilt er auch ohne die Myronsalbung empfangen zu haben als Mitglied der Kirche. 1801 schrieb Patriarch Dositheos von Jerusalem diesbezüglich an den georgischen Katholikos, dass jemand, der im Wasser getauft wurde, Christ sei und gesalbt werden müsse, aber selbst wenn das nicht geschehe, als Christ sterben würde.[30] Nach vorherrschender Meinung wird heute die Taufe durch dreimaliges Besprengen in besonders schweren Krankheitsfällen nach dem Prinzip der Oikonomia anerkannt.[31]

3 Die Anerkennung der Taufe Heterodoxer in der Orthodoxen Kirche

3.1 Kanonische Regelungen

Die orthodoxe Kirche kennt keine panorthodoxe einheitliche Regelung zur Anerkennung einer katholischen oder protestantischen Taufe. Interessanterweise gab es diese allerdings auch nie zu einem früheren Zeitpunkt und die griechische und die russische Kirche waren sich in dieser Frage nie einig. Auch innerhalb einer autokephalen Kirche kann man auch heute noch auf unterschiedlichste Meinungen unter den Bischöfen und Theologen stoßen. Auch in den Lokalkirchen, in denen es eine einheitliche Praxis gibt, kommt es zuweilen zu Einzelfallentscheidungen. Allerdings wäre eine panorthodoxe Entscheidung, die diese Frage regelt, kanonisch sehr wichtig, denn jemand, der einem bereits Getauften die Taufe nochmals spendet, macht sich nach Kanon 47 der Apostel strafbar:[32]

---

[29] Vgl. YARNOLD, Taufe III (s. Anm. 13), 679 f.
[30] »"Ὅποιος βαπτισθῇ μέσα εἰς τὸ νερόν, ἐκεῖνος εἶναι χριστιανός καὶ πρέπει καὶ νά μυρωθῇ [...]. Ἐάν δε καὶ τύχῃ καὶ ἀποθάνῃ καί δὲν μυρωθῇ πάλιν χριστιανός ἀποθνήσκει«. Text bei KALLINIKOS DELIKANIS, Τὰ ἐν τοῖς κώδιξι τοῦ Πατριαρχικοῦ Ἀρχειοφυλακείου σωζόμενα ἐπίσημα Πατριαρχικὰ ἔγγραφα, τόμος Γ', Konstantinopel 1905, 210. Vgl. KAISARIOS CHRONES, Βάπτισμα της ανάγκης και αποδοχή των αιρετικών και των σχισματικών στην Εκκλησία, 2014, URL: http:/www.pemptousia.gr/20 14/1 1/vaptisma-tis-anagkiske-apodochi-ton-eretikon-ke-ton-schismatikon-stin-ekklisia (Stand: 14.03.2023).
[31] Vgl. MILASCH, Kirchenrecht (s. Anm. 14), 554.
[32] Vgl. ANAPLIOTIS, Gemeinschaft (s. Anm. 1), 149.

»Ein Bischof oder Presbyter, welcher denjenigen, der die wahre Taufe empfangen hat, nochmals tauft, oder denjenigen, welcher von den Gottlosen entweiht worden ist, nicht tauft, soll abgesetzt werden, weil er das Kreuz und den Tod des Herrn gleichsam verlacht und die wahren von den falschen Priestern nicht unterscheidet.«[33]

Aus diesem Kanon resultiert, dass jemand, der gültig getaufte Katholiken und Protestanten ein weiteres Mal tauft, sich kanonisch strafbar macht und abgesetzt werden muss. Seine Sünde besteht darin, dass er die in der Taufe präsente Wirkung und die Gaben des Heiligen Geistes nicht erkennt.[34]

In Bezug auf die gegenseitige Anerkennung der Taufe wurde des Öfteren über die Form der Taufe gesprochen. Dabei wird sich immer auf die Kanones 49 und 50 der Apostel (s. oben) über die Taufe im Namen der Heiligen Dreieinigkeit sowie über das dreimalige Untertauchen berufen. Der Unterschied zwischen Befürwortern und Gegnern der Anerkennung einer katholischen oder protestantischen Taufe liegt dabei in der Interpretation der Auslegung von Kanon 50: Während erstere sich auf den Glauben an die Dreieinigkeit konzentrieren, heben letztere die Form des Untertauchens hervor.[35]

Kanon 7 des II. Ökumenischen Konzils regelt zum ersten Mal in höchster Instanz die Form der Aufnahme für diejenigen, die sich dem rechten Glauben anschließen. Kanon 95 Quinisextum übernimmt die Regelung des 7. Kanons des II. Ökumenischen Konzils und stellt drei Möglichkeiten vor, die die Alte Kirche für die Aufnahme von Konvertiten in die orthodoxe Kirche kennt:[36]

»Diejenigen, die von den Häretikern zur Orthodoxie und [zu] dem Teil der Geretteten übertreten, nehmen wir gemäß der nachfolgenden Reihenfolge und dem Brauch auf: (1) Arianer, Macedonianer und Novatianer, die sich selbst 'die Reinen' und 'Aristeroi' nennen, Quartodecimaner oder Tetraditen sowie Apollinaristen nehmen wir auf, wenn sie Bescheinigungen vorlegen und jede Häresie verwerfen, die nicht wie die heilige, katholische und apostolische Kirche Gottes gesinnt ist. Sie werden zuerst versiegelt bzw. mit dem heiligen Myron an der Stirn, den Augen, den Nasenflügeln, am Mund und [an] den Ohren gesalbt. Und während wir sie versiegeln, sagen wir: ›Siegel der Gabe des Heiligen Geistes‹.

[...] (3) Eunomianer aber, die nur mit einer Immersion getauft wurden, Montanisten, die hier ›Phrygier‹ genannt werden, Sabellianer, die die ›Sohn-Vaterschaft‹ lehren und andere widerwärtige Sachen machen, und alle anderen Häresien, denn es sind viele hier, insbesondere die aus dem Land der Galater kommen, alle, die von ihnen zur Orthodoxie übertreten wollen, nehmen wir wie Heiden auf. Am ersten Tag machen wir sie zu Christen, am zweiten zu Katechumenen, danach am dritten voll-

---

[33] ANAPLIOTIS, Heilige Kanones (s. Anm. 2), 51.
[34] Vgl. ANAPLIOTIS, Unterwegs (s. Anm. 1), 149 f.
[35] Vgl. a. a. O., 150.
[36] Vgl. ebd.

ziehen wir den Exorzismus an ihnen durch dreifaches Anblasen ins Gesicht und in die Ohren. Und so unterweisen wir sie, indem wir dafür sorgen, daß sie in der Kirche verweilen und die Schriften hören, und danach taufen wir sie. [...]«[37]

In Bezug auf die Altorientalen, welche die Taufe durch Untertauchen empfangen haben, herrscht weitestgehend Einstimmigkeit; diese Taufe wird anerkannt. Hier kommt c. 95 Abs. 5 Quinisextum direkt zur Anwendung:

»(5) Nestorianer, Eutychianer, Severianer und alle aus ähnlichen Häresien müssen eine Bescheinigung beibringen und ihre [...] Häresien verwerfen und dann teilhaben an der heiligen Kommunion.«[38]

Jede Wiedertaufe würde gegen den Wortlaut des Kanons verstoßen und ist nach dem oben genannten c. 49 der Apostel strafbar.[39]

Nach der Interpretation von Nikodim Milasch besagen diese Kanones, dass diejenigen, die einer falschen Lehre anhingen, was den Glauben an die Trinität betrifft, oder die Taufe nicht nach den göttlichen Normen erhielten, wie »die Heiden in die Kirche aufgenommen« würden, also durch die Wiedertaufe. Mittels der Firmung würden diejenigen aufgenommen, welche die Dreifaltigkeit nicht ablehnten, sondern nur in einzelnen Glaubensfragen fehlerhafte Ansätze verträten. Diese schlössen auch jene ein, die keine Hierarchie gemäß der apostolischen Sukzession besäßen und Abweichungen in der Sakramentenlehre vorwiesen. Hierzu zählt er die Protestanten sowie jene, die der römisch-katholischen Kirche angehören und noch nicht gefirmt wurden. Sollten Katholiken gefirmt sein, erfolge deren Aufnahme durch die dritte und »mildeste« Form, und zwar durch die Buße und das Bekenntnis des orthodoxen Glaubens.[40]

---

[37] OHME, Concilium Quinisextum (s. Anm. 15), 283 und 285.

[38] A. a. O., 285.

[39] In Anwendung dieses Kanons ist die Wiederaufnahme von Altorientalen durch das Glaubensbekenntnis die gängige Praxis. Die Frage, die hier entsteht, ist, ob die Altorientalischen Kirchen und die Assyrische Kirche des Ostens überhaupt unter die Häretiker, die hier aufgelistet sind, gezählt werden. Der Stand des theologischen Dialogs ist deutlich weitergegangen, der Häresievorwurf wird nicht mehr generell aufrechterhalten, und es gibt zahlreiche Pastoralabkommen zwischen den Kirchen bzgl. der gegenseitigen Anerkennung von Sakramenten. Ein Abkommen zwischen der Syrisch-Orthodoxen Kirche und dem antiochenischen Patriarchat sieht sogar im Notfall die Betreuung beider Gemeinden durch nur einen Priester vor, inklusive der Segnung der Ehe und der gemeinsamen Eucharistiefeier. Vgl. EVA SYNEK, Sakramentenanerkennung in rechtsvergleichender Perspektive, ÖARR 61 (2014), 193–223, hier 202.

[40] MILASCH, Kirchenrecht (s. Anm. 14), 558 f.

Eine andere Ansicht findet man in Kanon 1 des hl. Basileios des Großen. Für Basileios ist nicht der »Grad der Häresie«, sondern die Unterscheidung zwischen Häresie, Schisma und Parasynagoge von großer Bedeutung:

> »[Die alten Väter] [...] schieden daher zwischen Häresien, Schismen und Parasynagogen (i. e. Sonderassoziationen). Unter Häresien verstanden sie vollendete Absonderungen auf Grund von Glaubensdifferenzen, unter Schismen solche, die aus kirchlichen Gründen erfolgt sind, und wegen Schwierigkeiten, die sich gegenseitig leicht beheben lassen, unter Parasynagogen endlich solche Assoziationen, die das Werk rebellischer Priester oder Bischöfe und zuchtloser Laien sind. Wenn z. B. jemand auf einem Vergehen ertappt und vom Kirchendienst ausgeschlossen wurde, sich aber den Kanones nicht unterwarf, vielmehr den Vorsitz und den Kirchendienst sich anmaßte, und wenn dann mit ihm einige gingen und aus der katholischen Kirche austraten, so war diese Bewegung eine Parasynagoge. Ein Schisma aber besteht in einer von der Kirche abweichenden Stellungnahme zur Buße. [...] Daher haben die Alten Väter sich entschlossen, die Taufe der Häretiker gänzlich zu verwerfen, die der Schismatiker aber als solcher, die noch zur Kirche gehören, gelten zu lassen, diejenigen aber, welche Parasynagogen bilden, wieder in die Kirche aufzunehmen, wenn sie sich durch würdige Buße und Bekehrung gebessert haben. So konnten oft auch die, welche einen Grad hatten und mit den Rebellischen sich losgerissen hatten, nach getaner Buße wieder in ihr früheres Amt eingesetzt werden [...].«[41]

Wie die Unterschiede zwischen den Kanones 95 Quinisextum und Basileios 1 zeigen, herrschte auch in der alten Kirche keine einheitliche Praxis zur Aufnahme von Konvertiten. Diese Uneinheitlichkeit wurde auch in der späteren Zeit so fortgesetzt.

3.2 Drei Lösungsansätze in der Praxis

Heutzutage werden drei Lösungsansätze diskutiert:

(1) Die Taufe der anderen Konfessionen wird nicht anerkannt, weder κατ´ οἰκονομίαν noch κατ´ ἀκρίβειαν.
Diese Theorie geht auf ein Konzil von Karthago zurück, das in der Zeit von Bischof Cyprian stattgefunden hat.[42] Hier wurde in Hinblick auf die Anerkennung der

---

[41] BASILIUS DER GROẞE, Brief an Amphilochius: BKV 46, 188 f. Der Originaltext ist zu finden bei HAMILCAR ALIVIZATOS, Οἱ ἱεροί Κανόνες, Athen ³1997, 473 f.

[42] Nach Ohme handelt es sich bei dem als »Kanon des Cyprians von Karthago« in griechische Kanonsammlungen eingegangenen Text um die griechische Übersetzung eines Synodalschreibens, das im Rahmen der Auseinandersetzung zwischen Cyprian und Papst Stephan entstanden ist und im Jahr 256 von der Synode in Karthago synodal

Taufe eine besonders strikte Position vertreten. In seinem ersten Kanon betont das Konzil, dass niemand gültig außerhalb der »katholischen« Kirche, d. h. der orthodoxen Kirche, getauft werden könne. Denn es gebe nur die eine gültige Taufe, und diese nur innerhalb der einen »katholischen« Kirche. Eine Vergebung der Sünden könne es daher außerhalb der Kirche nicht geben. Denn weder besitzen die Häretiker die gültige Taufe, noch wird bei den Häretikern die Salbung mit dem heiligen Chrisma gültig vollzogen: Wie es nur die eine Taufe und den einen Heiligen Geist geben kann, so auch nur die eine Kirche, wie sie von Jesus Christus in ihrer Einheit und Einzigkeit begründet worden ist.

Ausgangspunkt der Argumentation ist die Einzigkeit der Kirche und die damit verbundene Wirkung der Gnade innerhalb der Grenzen dieser Kirche: Eine Wirksamkeit der Sakramente, die außerhalb der Kirche gespendet wurden, erscheint daher unmöglich. Da jedes Sakrament, das außerhalb der Kirche gespendet wurde, ungültig ist, sind alle, die außerhalb der Kirche getauft wurden, folglich als Ungetaufte anzusehen. Diejenigen, die zur wahren Kirche zurückkehren, sind durch die einzig wahre Taufe aufzunehmen.[43]

In Bezug auf die Westkirchen (Katholiken, Protestanten und Anglikaner) folgen große Teile des Patriarchats von Jerusalem und einzelne große Klöster des Athos, aber auch die meisten anti-ökumenischen Kreise in der Orthodoxie einer Entscheidung des Ökumenischen Patriarchats aus dem 18. Jh. bzw. dem Pedalion. Im Ökumenischen Patriarchat entstand im Jahre 1756 (bez. 1755) unter Patriarch Kyrillos V. ein synodaler Erlass, wonach alle Katholiken und Protestanten, die zur Orthodoxie übertreten wollten, neu getauft werden sollten. Der Beschluss ist in seinem Wortlaut ziemlich radikal. Die feindliche Wortwahl des Beschlusses bezeugt eine so rigorose Trennung zwischen Ost und West, wie sie in dieser Intensität zu keinem späteren Zeitpunkt wieder deutlich wurde:

»[...] die Sakramente der Häretiker [werden] als verkehrt, als der apostolischen Überlieferung fremd und als Erfindungen verdorbener Menschen angesehen, wenn sie nicht vollzogen werden, wie es der Hl. Geist den Aposteln auftrug und wie es die

---

ratifiziert wurde (Autor und Verfassungsort sind unbekannt). Vgl. näherhin HEINZ OHME, Sources of the Greek Canon Law to the Quinisext Council (691/2). Councils and Church Fathers, in: WILFRIED HARTMANN/KENNETH PENNINGTON (Hrsg.), The History of Byzantine and Eastern Canon Law to 1500, History of Medieval Canon Law, Washington DC 2012, 112 f. (mit weiterführender Literatur).

[43] Vgl. FLORIAN SCHUPPE, Die pastorale Herausforderung. Orthodoxes Leben zwischen Akribeia und Oikonomia, ÖC 55, Würzburg 2006, 482 f.

Kirche Christi bis auf den heutigen Tag hält, wir verwerfen diese in gemeinsamem Beschluß, und wir nehmen die Konvertiten, die zu uns kommen, als Ungeheiligte und Ungetaufte auf [...].«[44]

Für Milasch liegt der formelle Grund dieses harschen Erlasses darin, dass die abendländischen Christen durch Übergießen und nicht durch Untertauchen getauft werden. Wegen dieses Makels bei der Taufe müssten die katholischen Christen somit als ungetauft betrachtet werden. Im Falle eines Übertrittes in die orthodoxe Kirche habe erneut eine Taufe stattzufinden. Unabhängig von dieser formellen Begründung sieht er hinter der harten Entscheidung die »außergewöhnlichen Verhältnisse, welche im 18. Jh. zwischen der hellenischen und lateinischen Kirche« geherrscht haben. Dies »drückte die Reaktion der hellenischen Kirche gegen die Angriffe der lateinischen Propaganda aus.« Milasch selbst kritisiert diese Entscheidung sehr scharf und lehnt sie als unkanonisch ab: »Die Kirche hat niemals die Taufe durch Besprengen verworfen, sondern hat diese Art der Taufe in Notfällen sogar zugelassen, da sie von der Ansicht ausging, dass die Taufe durch Besprengen der apostolischen Tradition nicht zuwiderläuft«[45]. Diese Entscheidung ist für die Gesamtorthodoxie nicht bindend, denn »sie kollidiert mit der Praxis der morgenländischen Kirche aller Zeiten.«[46]

Dieser Erlass genießt im Patriarchat von Jerusalem und in den Athos-Klöstern heute noch große Autorität und wird auch praktiziert. Zuvor gab es jedoch einen Erlass aus dem Jahr 1484, der eine Myronsalbung für Katholiken vorgesehen hat. Auch davor gab es sowohl Aufnahmen durch die Taufe als auch durch die Myronsalbung und weder in Russland noch im griechischen Raum gab es eine einheitliche Praxis. Sogar nach 1484 war die Taufe von Katholiken an vielen Orten gängige Praxis.

Der berümteste Kirchenrechtler und Heilige des 18. Jh. Nikodimos Hagiorites kommentierte die Entscheidung von 1756 im Pedalion sogar dahingehend, dass man aufgrund des falschen Vollzuges der Taufe auf keinen Fall Oikonomia anwenden dürfe: »[...] dass die Taufe der Lateiner« »eine ungültige Taufe« sei, »[...] die weder nach dem Prinzip der Akribia, noch nach dem Prinzip der Oikonomia gültig ist. Weil die Lateiner Häretiker sind, gibt es vorläufig keinen Grund, irgendeine Anerkennung zuzugestehen.«[47] Darüber hinaus führte er aus, dass »die Lateiner ungetauft sind, da sie nicht das dreimalige Untertauchen praktizieren, wie es die Orthodoxe Kirche von den heiligen Aposteln erhalten hat. Die früheren

---

[44] ERNST CHRISTOPH SUTTNER, Das wechselvolle Verhältnis zwischen den Kirchen des Ostens und des Westens im Lauf der Kirchengeschichte, Würzburg 1995, 91 f.
[45] A. a. O., 559 f.
[46] A. a. O., 560.
[47] NIKODIMOS HAGIORITES, Πηδάλιον τῆς νοητῆς νηὸς τῆς μίας ἁγίας καθολικῆς καὶ ἀποστολικῆς τῶν ὀρθοδόξων Ἐκκλησίας, Athen [1800] ⁹1982, 55.

Lateiner erneuerten die apostolische Taufe, indem sie mit Wasser den Kopf des Kindes beträufelten«[48]. Nichtsdestoweniger wurde die Praxis nicht einheitlicher, da in Einzelfällem immer wieder mit der Oikonoima argumentiert wurde.

Die russsiche Kirche beschloss auf der Moskauer Synode von 1441, neben der Ablehnung des Unionskonzils von Ferrara-Florenz, Katholiken nur durch die Wiedertaufe aufzunehmen. Nach Ferrara-Florenz wurde das russische Bild der römischen Kirche hauptsächlich von antilateinischen polemischen Schriften geprägt, die zunächst von griechischen Würdenträgern verfasst worden waren.[49] Einige Zeit später, nach der polnisch-litauischen Union, wurden die Vorwürfe der Griechen von der russisch-ukrainischen Polemik übernommen. Dabei wurden diese Vorwürfe allerdings nicht den Zeitverhältnissen angepasst. Auf diese Weise wurde die starke antilateinische Stimmung in der russisch-orthodoxen Welt entfacht. Erst durch die Etablierung einer ersten orthodoxen Metropolie als Reaktion auf die Zwangsunierung der Orthodoxen in Weißrussland, das damals noch in polnischer Hand war, geriet jene einfache Auffassung ins Wanken. Dort gab es nämlich viele Gruppen, darunter auch Orthodoxe, die durch Übergießen getauft wurden, was damals für die Russen völlig inakzeptabel war. Gleichzeitig kann ein Wandel in der Haltung gegenüber Katholiken und Protestanten bei denjenigen, die mit ihnen in Kontakt kamen, festgestellt werden. Auf dem Landeskonzil von 1620 hat sich jedoch die alte konservative Haltung durchgesetzt und nicht die neue mildere Praxis. Beschlossen wurde schließlich, dass eine katholische Taufe beim Übertritt in die Orthodoxie nicht anerkannt wird, da der Täufling nicht untergetaucht, sondern nur übergossen wurde.[50]

Dieses Thema wurde auch weiterhin kontrovers diskutiert, da die Problematik der strengen Haltung besonders in der Heiratspolitik der Fürsten zum Ausdruck kam.[51] Aus diesem Grund befürwortete der Kiewer Metropolit Petr Mogila eine Anerkennung heterodoxer Taufen, wenn dies für die Heirat mit Katholiken notwendig war. Er versuchte beispielsweise gemeinsam mit dem Moldauer Fürsten Lupu auf Bitte des dänischen Königs hin zu erreichen, dass dessen Sohn sich für die geplante Hochzeit mit einer Tochter der russischen Zarenfamilie nicht taufen lassen müsse (1645). In seinem Euchologion albo Molitvoslov ili Trebnik (1646, ein Jahr vor seinem Tod) stellte Petr Mogila drei Arten der Aufnahme Andersgläubiger in die Orthodoxie dar: Heiden sollen getauft werden, Häretiker wie Lutheraner und Calvinisten müssten ihren Häresien

---

[48] Ebd.
[49] Vgl. IGOR SCHMOLITZ, Geschichte der russischen Kirche, Bd. 2, FOG 45, Berlin 1991, 368.
[50] Vgl. ebd.
[51] Vgl. zum Folgenden: ERNST CHRISTOPH SUTTNER, Petr Mogilas Eintreten für die Taufe abendländischer Christen, in: KARL CHRISTIAN FELMY u.a. (Hrsg.), Tausend Jahre Christentum in Russland. Zum Millennium der Taufe der Kiever Rus', Göttingen 1988, 903 ff.

abschwören, das Glaubensbekenntnis ablegen und die Myronsalbung empfangen. Und für Konvertiten aus dem Katholizismus galt: »Die Schismatiker aber, die alle sieben Mysterien besitzen, aber sich von der Einheit der Kirche durch das Einführen von Neuerungen trennten, seien weder durch Taufe noch durch Myronsalbung, sondern durch den Widerruf ihrer Lostrennung, durch das Ablegen des Glaubensbekenntnisses und durch den Empfang des Bußsakraments aufzunehmen«[52]. Eine wiederholte Taufe, Myronsalbung oder Priesterweihe war für Petr Mogila ein klares Sakrileg.[53]

Die Bereitschaft, von der restriktiven Haltung abzukehren und »das herkömmliche russische Erbe an der griechischen Tradition zu messen«[54], schritt in Moskau zu Zeiten von Patriarch Nikon nur sehr langsam voran. Dieser wollte nämlich die russische Kirche weitesgehend dem griechischen Vorbild nach 1484 angleichen. Die russische Kirche bezog ihre Informationen über Bräuche der griechischen Kirche aus Beziehungen zum Osten sowie zum Jerusalemer Patriarchat.[55] Während die Frage nach der Häretikertaufe in Moskau unter Patriarch Nikon erneut diskutiert wurde, wurde auch Patriarch Makarios von Antiochien, der sich damals (1652) in Moskau aufhielt, konsultiert, der die Meinung vertrat, dass Katholiken keine Häretiker, sondern Schismatiker seien, und deshalb nicht getauft werden sollten. Ein erster Synodalbeschluss vom Jahre 1655 erzielte noch kein konkretes Ergebnis. Eine zweite Synode beschloss 1656 schließlich, dass Katholiken Schismatiker und keine Häretiker seien.[56] Da sie an die Hl. Dreiheit glauben, die sieben Sakramente, darunter auch das Priestertum, bewahrt und die sieben Ökumenischen Konzile anerkannt hätten, fasste die Synode von 1667 den verbindlichen Beschluss, Katholiken nur durch die Myronsalbung in die russische Kirche aufzunehmen. Calvinisten und Lutheraner sollten hingegen getauft werden. 1667 erfolgte also eine endgültige Anerkennung der katholischen Taufe.[57]

Protestanten wurden erst in der petrinischen Epoche verstärkt wahrgenommen – der Umgang mit Katholiken wurde dann noch milder. Da der am Westen orientierte Zar Druck ausübte, erfolgte eine Auflockerung bisheriger Bestimmungen. 1721 wurden Mischehen von der Hl. Synode zugelassen,[58] zuvor

---

[52] Zitiert nach a.a.O., 909.
[53] Vgl. ANAPLIOTIS, Unterwegs (s. Anm. 1), 155.
[54] SUTTNER, Petr Mogilas (s. Anm. 51), 908f.
[55] Vgl. ebd.
[56] Vgl. a.a.O., 909.
[57] Vgl. ANAPLIOTIS, Unterwegs (s. Anm. 1), 155f.
[58] SCHMOLITZ, Geschichte (s. Anm. 49), 272.

galten in Kiew seit 1718 Mogilas Bestimmungen zur Aufnahme von Protestanten.[59]

Die Praxis, gefirmte Katholiken nach Widerrufen der von der orthodoxen Lehre abweichenden Glaubenssätze[60] und Protestanten durch Myronsalbung aufzunehmen, wurde 1757 für verbindlich erklärt.[61] Die Bischöfe im russischen Imperium durften sich nach der Entscheidung von 1757 mehr als 200 Jahre lang nicht zu Konzilien versammeln, weswegen in dieser Frage schließlich jeder Bischof seine eigene Meinung vertrat und damit einhergehend auch viele verschiedene Praktiken existierten.[62]

(2) Nach der vorherrschenden Meinung in der theologischen und kanonistischen Literatur sowie in der Praxis der einzelnen Kirchen wird die Taufe der westlichen Heterodoxen nur κατ' οἰκονομίαν anerkannt.

Entsprechend dieser Sichtweise lässt sich folgendes Modell beschreiben: Die Akribeia definiert alle Sakramente, die im Sinne Cyprians außerhalb der Orthodoxie gespendet werden, grundsätzlich als unwirksam und ungültig. Aus Gründen der Oikonomia erfolgt allerdings im Falle des Übertritts zur Orthodoxie eine Anerkennung der Taufe. Dies bedeutet jedoch an sich *keine* Anerkennung der Gültigkeit der betreffenden Sakramente des Übertretenden, als *Einzelfallkriterium* stehen lediglich das Wohl der Kirche und des Neuaufgenommenen im Vordergrund. Somit lassen sich Einzelfälle nicht auf eine allgemeine Praxis übertragen, und auch die Gültigkeit der innerhalb einer heterodoxen Gemeinschaft gespendeten Sakramente lässt sich letztlich nicht beurteilen. Vor allem seit dem späten 19. Jh. wurde die in einer Westkirche gespendete Taufe häufig gemäß der Oikonomia anerkannt. Insbesondere ging man im Ökumenischen Patriarchat im Jahre 1888[63] wieder von dem strengen Kurs des Patriarchen Kyrillos ab und führte die Anwendung des Prinzips der Oikonomia als generelle Regel ein. Damit kehrte man faktisch zur Haltung von 1484 zurück, die besagte, dass im Falle des Übertritts in die Orthodoxe Kirche nur die Myronsalbung vorzunehmen sei.

---

[59] Vgl. MILASCH, Kirchenrecht (s. Anm. 14), 560, Anm. 11. Seit 1718 werden Protestanten nicht mehr getauft, sondern durch die Salbung mit dem Chrisam in die orthodoxe Kirche aufgenommen.
[60] Vgl. SCHMOLITZ, Geschichte (s. Anm. 49), 372.
[61] Vgl. SUTTNER, Petr Mogilas (s. Anm. 51), 910.
[62] Vgl. ANAPLIOTIS, Unterwegs (s. Anm. 1), 156.
[63] Vgl. POTZ/SYNEK, Orthodoxes Kirchenrecht (s. Anm. 3), 356: Allerdings ist ein früheres Jahr auch möglich. Nach der großen Enzyklopädie des Ökumenischen Patriarchates ΜΕΓΑΛΗ ΟΡΘΟΔΟΞΗ ΘΡΗΣΚΕΥΤΙΚΗ ΕΓΚΥΚΛΟΠΑΙΔΕΙΑ, Bd. 3, Athen 2015, 514, lässt sich die Rückkehr zur Praxis von 1484 bereits auf ein patriarchales Schreiben aus dem Jahre 1875 an den Erzbischof von Athen zurückverfolgen.

Diesmal wurde aber nicht mit den Kanones und mit der Tradition argumentiert, sondern mit dem Prinzip der Oikonomia.[64]

Auch die erste panorthodoxe Konferenz auf Rhodos (1961) vertrat die Oikonomia-Lösung, als sie die Frage unter dem Titel »Oikonomia – bei der Aufnahme von Häretikern, Schismatikern und Abgefallenen in die orthodoxe Kirche« in die vorläufige Themenliste des nächsten panorthodoxen Konzils aufnahm[65].

Für den orthodox-katholischen Dialog ist das Dokument der Gemeinsamen Internationalen Kommision in Balamand (Libanon) (1993) für die Taufanerkennung wichtig. Dieses Dokument wurde kirchenrechtlich zwar nicht ratifiziert, wird allerdings von vielen Orthodoxen hoch angesehen:

> »Von beiden Seiten erkennt man nun an, dass das, was Christus seiner Kirche anvertraut hat – Bekenntnis des apostolischen Glaubens, Teilnahme an denselben Sakramenten, vor allem am einzigen Priestertum, welches das einzige Opfer Christi feiert, Apostel-Nachfolge der Bischöfe – nicht als ausschließliches Eigentum nur einer unserer beiden Kirchen betrachtet werden kann. In diesem Zusammenhang ist es völlig klar, dass jede Wiedertaufe ausgeschlossen ist.«[66]

Am 29. April 2007 sorgte ein ökumenisches Dokument in Deutschland für Aufsehen, in dem sich elf Vertreter von Kirchen, darunter auch ein russischer Erzbischof, der stellvertretend für das Moskauer Patriarchat unterschrieb, gegenseitig das Sakrament der Taufe anerkannten (Vereinbarung zur wechselseitigen Taufanerkennung »Magdeburger Erklärung«):

> »[...]Als ein Zeichen der Einheit aller Christen verbindet die Taufe mit Jesus Christus, dem Fundament dieser Einheit. Trotz Unterschieden im Verständnis von Kirche besteht zwischen uns ein Grundeinverständnis über die Taufe. Deshalb erkennen wir jede nach dem Auftrag Jesu im Namen des Vaters und des Sohnes und des Heiligen Geistes mit der Zeichenhandlung des Untertauchens im Wasser bzw. des Übergießens mit Wasser vollzogene Taufe an und freuen uns über jeden Menschen, der getauft

---

[64] »ἀπόκειται τῇ πνευματικῇ συνέσει αὐτῆς παραδέξασθαι ἢ μὴ τὸ χρήσασθαι τῇ οἰκονομίᾳ«. Text nach ebd.
[65] ANASTASIOS KALLIS, Auf dem Weg zum Konzil, Münster 2013, 251–255, hier 255.
[66] Gemeinsame Erklärung der Internationalen Gemischten Orthodox/Römisch-katholischen Kommission (Balamand/Libanon, 1993). Der Uniatismus – eine Unionsmethode der Vergangenheit und die derzeitige Suche nach der vollen Gemeinschaft, in: OrthFor 8 (1994), 97–104, hier 99.

wird. Diese wechselsetige Anerkennung der Taufe ist Ausdruck des in Jesus Christus gründenden Bandes der Einheit (Epheser 4,4–6). Die so vollzogene Taufe ist einmalig und unwiederholbar [...].«[67]

Das Außenamt des Moskauer Patriarchats dementierte wenig später die Gültigkeit dieser Unterschrift und bezeichnete die Handlung des Erzbischofs als »eigenmächtig« und als »seine Privatmeinung«[68].

Die Bischöfe der Kommission der Orthodoxen Kirche in Deutschland (KOKiD) gaben die Erklärung von Magdeburg mit einem eigenen Kommentar für die orthodoxen Gläubigen heraus:

»1. [...] Daraus ergibt sich, dass eine Taufe, die zwar außerhalb der Orthodoxen Kirche vollzogen wurde, aber den orthodoxen theologischen und liturgischen Kriterien entspricht, als solche akzeptiert wird und im Falle einer Aufnahme in die orthodoxe Kirche nicht zu wiederholen ist. Als logische Konsequenz der Taufe geschieht die Vollendung der Eingliederung in den Leib Christi durch die Myronsalbung und Eucharistie.

2. In der orthodoxen Kirche gilt die Myronsalbung als das sichtbare Zeichen der Aufnahme von nicht-orthodoxen Christen in die Orthodoxie. Als persönliches Pfingstereignis und Besiegelung der Gabe des Heiligen Geistes verwirklicht die Myronsalbung die Befestigung im orthodoxen Glauben und befähigt den getauften Menschen dazu, in der ihm geschenkten Heiligung bewahrt zu werden [...] Im Falle einer Aufnahme in die Orthodoxe Kirche müssen der Myronsalbung eine genügende Zeit der Katechese und ein öffentliches Bekenntnis zum orthodoxen Glauben vorausgehen. Zudem versteht es sich von selbst, dass die Aufnahme in die Orthodoxe Kirche allein durch das Mysterion der Umkehr (Buße) und die Teilnahme an der Eucharistie vollendet werden kann.«[69]

Zu kritisieren ist, dass die Magdeburger Erklärung auf der einen Seite die Taufe der Heterodoxen allgemein anerkennt und auf der anderen Seite die Anmerkungen der Arbeitsgruppe der Orthodoxen Kirche diese Anerkennung relativiert und auf die Einzelfalllösung, d. h. also faktisch auf die Oikonomia verweist.

Zuvor wurde am 23. Januar 2000 in Warschau eine Erklärung der polnischen Kirchen mit dem Titel »Das Sakrament der Taufe als ein Zeichen der Einheit der Kirche« unterzeichnet. Die Kirchen, die unterzeichneten, erkennen in dem Dokument gegenseitig an, dass die von einem Amtsträger, d. h. von der katho-

---

[67] Erklärung über die Taufanerkennung christlicher Kirchen in Deutschland, in: OrthFor 21 (2007), 282.
[68] *Заявление Службы коммуникации ОВЦС в связи с подписанием документа о взаимном признании крещения рядом Церквей в Германии*, 2007, URL:http://pravoslavie.ru/21992.html (Stand: 20.03.2023).
[69] A. a. O., 283.

lischen, der lutherischen oder der orthodoxen Kirche, gespendete Heilige Taufe, gültig ist. Begründet wird der Beschluss folgendermaßen:

»Dem Dreieinigen Gott – dem Vater, dem Sohn und dem Heiligen Geist – für zweitausend Jahre des Neuen Bundes und für über eintausend Jahre Christentum in Polen dankend, bestätigen die unterzeichnenden Kirchen sich gegenseitig die Anerkennung des Dienstes der Taufe. Grundlage für dieses Dokument bildete die theologische und ökumenische Vorarbeit, wie sie in Polen und in der ganzen Welt geleistet wurde, und in mehreren Dokumenten ihren Niederschlag gefunden hat (u. a. in der Lima-Erklärung, 1982)«[70].

Diese Erklärungen sind nicht bindend für die Gesamtorthodoxie, da sie nur einen lokalen Charakter haben. Offen bleibt also weiterhin die Frage nach der Einheit der Orthodoxie: Ein Katholik wird von den meisten orthodoxen Kirchen in Deutschland als getauft angesehen – für das Patriarchat von Jerusalem oder für die Athos-Mönche gilt er hingegen als ungetauft. Die orthodoxe Kirche in Deutschland befindet sich jedoch in kanonischer Einheit mit Jerusalem und mit dem Athos, was einen großen Widerspruch in Bezug auf die Einheit der Orthodoxie darstellt.

Im Bezug auf die theologische Erklärung der Oikonomia-Anwendung für die Anerkennung der in den Westkirchen gespendeten Sakramente sind zwei Theorien von Bedeutung:

(a) Das Modell der »Gnadensubstitution«[71]: Dem Modell der Gnadensubstitution liegt der cyprianische Ansatz von der Kirche als »Arche des Heils« bzw. als »einziges Schatzhaus der erlösenden Gnade auf Erden« zugrunde. Demnach kann es außerhalb der Kirche kein Wirken des Heiligen Geistes und folglich keine wirksamen Sakramente geben. Als »Verwalterin der Gnade« kann die Kirche jedoch in besonderen Fällen durch einen Oikonomia-Akt, der »seiner Natur nach dem Akt der Sakramentenspendung gleich ist«[72], die unwirksamen heterodoxen

---

[70] The Sacrament of Baptism a Sign of Unity. Declaration of the Churches in Poland on the threshold of the Third Millenium, Warschau 23.01.2000, URL: https://ekumenia.pl/czytelnia/dokumenty-ekumeniczne/sakrament-chrztu-znakiem-jednosci/ (Stand: 14.03.2023). Übersetzung aus dem Englischen vom Verfasser.

[71] SCHUPPE, Pastorale Herausforderung (s. Anm. 43), 490.

[72] Die Interorthodoxe Vorbereitungskommission hat das von der 4. Panorthodoxen Konferenz in Chambesy ausgewählte Thema »Die Oikonomia in der Orthodoxen Kirche« untersucht und legte schon im Jahr 1971 der ersten Vorkonziliaren Konferenz eine endgültige Textvorlage vor. Die Nr. IV dieser Vorlage beschäftigt sich mit der Oikonomia bei der Aufnahme von Häretikern und Schismatikern in die Orthodoxe Kirche: dt. Übers. bei: ANETTE JENSEN, Die Zukunft der Orthodoxie. Konzilspläne und Kirchenstrukturen, ÖTh 14, Zürich u. a. 1986, 370–320. hier 312.

Sakramente mit Gnade erfüllen und damit die ungültigen Sakramente nachträglich gültig machen.[73]

(b) Das vorausgehende Wirken Gottes: Jene Entwürfe, die in der Anerkennung der heterodoxen Sakramente gemäß der Oikonomia einen kirchlichen Akt erkennen, gehen davon aus, dass zwar die Kirche genuiner Ort des Heils ist, dabei eine Gnadenwirkung außerhalb der kanonischen Grenzen der Kirche jedoch nicht ausgeschlossen ist. Zentraler Punkt der Argumentation ist dabei, dass die Gnade einzig und allein von Gott vermittelt werden kann. Bei der Anerkennung der heterodoxen Sakramente handelt es sich daher nicht um eine nachträgliche Gnadensubstitution durch die Kirche, sondern um die nachträgliche, äußerliche Bestätigung des vorangegangenen Heilswirken Gottes in den Sakramenten. Das heißt, dass die Kirche nur mehr das bestätigt, was Gott bereits zuvor in den Sakramenten frei gewirkt hat[74].

(c) Kritische Anfragen im Hinblick auf beide Positionen: Vertreter der zweiten Position werfen den Vertretern der Gnadensubstitution häufig vor, dass durch ein »solches gnadensubstituierendes Verständnis der Anerkennung gemäß Oikonomia [der Kirche] ein quasi magisches Gnadenvermittlungspotential«[75] zugesprochen werde. Die Autorität, Sakramente wirksam zu spenden, obliege der Kirche und nicht Gott, der in seiner Freiheit »beschränkt« wird.

Umgekehrt stellt sich die Frage, welche Kriterien die Anerkennung der heterodoxen Sakramente gemäß der Oikonomia erlauben bzw. verbieten, wenn die charismatischen Grenzen der Kirche nicht grundsätzlich bekannt sind. Nach Georges Florovsky entstehen bei einem solchen Verständnis »dramatische Folgen« für die Ekklesiologie, was insbesondere im Hinblick auf die kanonischen Grenzen der Kirche gilt[76].

(3) Nach einer dritten und meines Erachtens zu bevorzugenden Theorie wird die Taufe der anderen Konfessionen κατ΄ ἀκρίβειαν in analoger Anwendung von c. 7 des II. Ökumenischen Konzils und c. 95 Quinisextum anerkannt.

Nach Kanon 95 Quinisextum, der die Regelung des 7. Kanons des II. Ökumenischen Konzils übernimmt, existierten in der Alten Kirche grundsätzlich drei Möglichkeiten für die Aufnahme von Konvertiten in die orthodoxe Kirche (s. den Text oben).

---

[73] Vgl. SCHUPPE, Pastorale Herausforderung (s. Anm. 43), 490.
[74] Vgl. a.a.O., 490f.
[75] A.a.O., 492.
[76] Florovky zitiert in: JOHN H. ERIKSON, The problem of Sacramental »Economy«, in: DERS., The Challenge of Our Past. Studies in Orthodox Canon Law and Church History, Crestwood/New York 1991, 115–132, 126.

Theodor Studites (759–826) unterscheidet anhand der Kanones zwischen den Haupthäretikern (κυρίως αἱρετικούς, wie den sog. Pepuzenern) und »Quasi-Häretikern« (κατὰ κατάχρησιν αἱρετικούς, wie den sog. Reinen und den Novatianern);[77] für erstere ist die (Wieder)taufe erforderlich, bei letzteren wird die Taufe anerkannt. Aus c. 95 Quinisextum ergeben sich für Studites damit drei Formen der Wiederaufnahme von bereits Getauften in die Orthodoxe Kirche:
(a) durch die erneute Taufe für die Haupthäretiker;
(b) durch die Myronsalbung und
(c) durch Abschwören der Häresien.

Die Synode von Konstantinopel, die im Jahre 1483/84 unter Patriarch Symeon I. und mit Beteiligung der alten Patriarchate zusammentrat und die Union von Ferrara-Florenz ablehnte, legte fest, dass die Lateiner nur durch Salbung in die Orthodoxe Kirche aufgenommen werden.[78] Diese Ansicht wurde auch von den bekannten Gegnern der Union, Markus von Ephesus[79] und Dositheos von Jerusalem, bestätigt. Letzterer verurteilte zwar das Besprengen, verfasste aber eine zusammen mit den Verlautbarungen des Konzils von 1483/84 veröffentlichte Gottesdienstordnung zur Aufnahme von Lateinern.[80] Gemäß dieser sind diese nur durch Salbung in die Kirche aufzunehmen. Im Jahre 1438 bezeichnete Markus von Ephesus in einem offiziellen Text die Lateiner sogar ausdrücklich als »Glieder des Leibes Christi«[81].

In der Neuzeit interpretierte Milasch c. 95 Quinisextum und c. 7 des II. Ökumenischen Konzils und stellte drei Weisen der Aufnahme in die Orthodoxe Kirche κατ᾽ ἀκρίβειαν dar:
(a) Durch die Taufe werden diejenigen Häretiker aufgenommen, die die Heilige Dreieinigkeit nicht in rechter Weise oder die Taufe nicht anerkennen bzw. wenn in ihrer Glaubensgemeinschaft die Taufe nicht nach göttlichen Normen vollzogen wird.
(b) Die Salbung mit Chrisam wird bei denjenigen vorgenommen, die zwar trinitarisch getauft wurden, jedoch nicht die rechte Glaubensanschauung haben. Darüber hinaus erfolgt sowohl für Angehörige von Kirchen ohne rechtmäßige

---

[77] Theodor Studites, Ἐπιστολῶν βιβλίον πρῶτον, ἐπιστολή Μ. Ναυκρατίῳ τέκνῳ, PG Bd. 99, 1053.
[78] ΜΕΓΑΛΗ ΟΡΘΟΔΟΞΗ ΘΡΗΣΚΕΥΤΙΚΗ ΕΓΚΥΚΛΟΠΑΙΔΕΙΑ, Bd. 3, 514.
[79] Vgl. Markus v. Ephesos, Ἐπιστολὴ τοῖς ἀπανταχοῦ τῆς γῆς, PO Bd. 17, 452–454.
[80] Vgl. Rallis/Potlis, Σύνταγμα τῶν θείων καὶ ἱερῶν Κανόνων, Bd. 5, Athen 1852, 143: »Ἀκολουθία εἰς τοὺς ἐκ τῶν λατινικῶν αἱρέσεων ἐπιστρέφοντας τῇ Ὀρθοδόξῳ τε καὶ Καθολικῇ Ἐκκλησίᾳ.«
[81] »τοῦ Δεσποτικοῦ σώματος μέλη«. Hier zit. n. Irineos Delidimos, Σύνταγμα τῶν θείων καὶ ἱερῶν κανόνων. Εἰσαγωγὴ εἰς τὴν νέαν ἔκδοσιν, Thessaloniki 2002, 39, Anm. 99.

geistliche Hierarchie (Protestanten), als auch römisch-katholische Christen sowie Armenier ohne Firmung die Aufnahme durch Salbung.

(c) Die letzte Form stellt ein Bußverfahren dar, bei welchem die bereits Gefirmten (Lateiner und Armenier) nach katechetischer Unterweisung ihrem früheren Glauben entsagen und das entsprechende, rechte Glaubensbekenntnis bezeugen. Nachdem sie in einer Feier mit einem orthodoxen Bischof oder Priester ein vorgeschriebenes Gebet verrichtet haben, werden sie zum Empfang der Kommunion zugelassen.[82]

In Anlehnung an den hl. Sava, den ersten Bischof der serbischen orthodoxen Kirche, und nach Milasch praktiziert die Serbisch-Orthodoxe Kirche die o.g. drei Formen der Wiederaufnahme von bereits Getauften in die Orthodoxe Kirche. Katholiken werden in die Serbisch-Orthodoxe Kirche durch Abschwören der Häresien aufgenommen, da die Gültigkeit der Taufe und der Myronsalbung (bzw. Firmung) in der Römisch-Katholischen Kirche anerkannt wird, Protestanten sollen gefirmt werden. Die Beschlüsse der Moskauer Bischofssynode aus dem Jahre 2000, die das Dokument betreffend der Beziehung zwischen der Russisch-Orthodoxen Kirche und Nicht-Orthodoxen näher beleuchtete, sprechen zwar von den verschiedenen Arten der Aufnahme (durch Taufe, Myronsalbung und Beichte), benennen die jeweils betroffenen Kirchen aber nicht und erwähnen auch die Oikonomia nicht explizit.[83]

Archimandrit Irineos Delidimos kritisiert in seiner Einleitung zum Athener Syntagma die oben genannte Regelung des Patriarchen Kyrillos als Missbrauch von c. 95 Quinisextum (παραθεωρήσας τὸν ὡς ἄνω κανόνα).[84] Er sagt, dass die kanonische Akribeia anders und viel milder ist als die meisten Forscher denken und spricht über die Lateiner als κατὰ κατάχρησιν αἱρετικούς im Sinne des Theodor Studites. Er erwähnt darüber hinaus, dass die Anwendung von c. 95 Quinisextum viele überrascht hätte, da der Kanon in seiner Anwendung κατ' ἀκρίβειαν die gängige Praxis der Oikonomia in seiner Freundlichkeit und Milde übersteigen würde. Kritisch fügt er in seinen Kommentaren hinzu, dass c. 95 in der heutigen Orthodoxie nicht die nötige Beachtung seitens der zuständigen Kirchenstellen finde: weder wird c. 95 voll (nach seiner Intention) angewendet,

---

[82] Vgl. MILASCH, Kirchenrecht (s. Anm. 14), 558 f.

[83] Vgl. POTZ/SYNEK, Orthodoxes Kirchenrecht (s. Anm. 3), 551. Die Beschlüsse wurden übersetzt und veröffentlicht in OrthAk 9 (2000), 6–15: »Kriterium ist dabei der Grad der Bewahrung des Glaubens und der Kirchenordnung und der Normen des geistlichen christlichen Lebens. Indem sie aber unterschiedliche Aufnahmeordnungen aufgestellt hat, will die Orthodoxe Kirche kein Urteil über den Grad der Bewahrung oder der Zerstörung des Gnadenlebens bei den Nicht-orthodoxen aussprechen [...]«.

[84] Der Patriarch wurde von dem Unruhestifter Auxentios überzeugt. Vgl. DELIDIMOS, Σύνταγμα (s. Anm. 81), S. 37, Anm. 97.

noch wird gegen seine (sogar grobe) Missachtung, wenn oft und unbegründet die Wiedertaufe praktiziert wird, protestiert.[85] Auch Athanasios Vletsis sieht durchaus eine akribische Anwendung des Kanons für angebracht:

> »Zieht man den berühmten 95. Kanon des Quinisextum (691) heran, wird eine andere Interpretation bzgl. der Anerkennung der Taufe anderer Kirchen erlaubt. Die Kategorisierung der Kirchen erfolgt in diesem Kanon nach der Spendung der Taufe im Namen des Dreieinen Gottes. Wenn nun selbst den arianischen Kirchen das Bekenntnis zum Namen des Dreieinen Gottes nicht abgesprochen wird, kann man dies heute bei Kirchen wie der katholischen oder auch der evangelischen? Mittlerweile werden auch in den orthodoxen Kirchen Stimmen laut, die die Anwendung dieses Kanons nicht im Lichte einer Oikonomia sehen, sondern durchaus als die akribische (genaue, den Kanones gemäße) Haltung der Kirche betrachten«[86].

Die Orthodoxe Bischofskonferenz in Amerika (SCOBA) hat schließlich im Hinblick auf diese Frage ein Dokument mit dem Titel »Guidelines for Orthodox Christians in Ecumenical Relations« publiziert. Nach diesem gilt, dass nur dann (neuerlich) getauft werden kann, wenn die vorangegangene Taufe nicht im Namen der Dreifaltigkeit gespendet worden ist. In allen anderen Fällen wird keine Oikonomia, sondern analog c. 95 Quinisextum angewendet.[87]

4 Eigene Meinung und Schlussfolgerung

In der Alten Kirche war die Haltung gegenüber den Häretikern sehr streng. Die kirchlichen Kanones verboten nicht nur die Teilnahme an der Eucharistie, sondern auch das gemeinsame Gebet mit den Häretikern (c. 64 der Apostel). Doch wurden große Häretiker der ersten Jahrhunderte wie Arianer, Macedonianer und Novatianer, welche die Grundlagen des christlichen Glaubens wie die Gottheit Christi und die Gleichheit der Personen der Heiligen Dreifaltigkeit ablehnten, in der Regel nicht wiedergetauft, sondern durch die Myronsalbung aufgenommen. Es ist meines Erachtens nicht angebracht, die Westkirchen schlechter zu stellen

---

[85] Vgl. a. a. O., 37 ff.
[86] ATHANASIOS VLETSIS, Taufe. Ein Sakrament auf der Suche nach seiner Identität? Versuch einer orthodoxen Interpretation, ÖR 53 (2004), 318–336, hier 329–330.
[87] Vgl. SCOBA, Guidelines for Orthodox Christians in Ecumenical Relations, 4, URL: https://www.assemblyofbishops.org/assets/files/news/scoba/guide_for_orthodox.pdf (Stand: 14.03.2023): »When receiving into the Orthodox Church a person who comes voluntarily from another confession, the Orthodox priest will accept the candidate by means of whichever of the three modes prescribed by the Sixth Ecumenical Council is appropriate (Canon 95): a) Baptism by triune immersion; b) Chrismation; c) Confession of faith.«

als den Arianismus und die Makedonianer. *Die direkte analoge Anwendung von c. 7 des II. Ökumenischen Konzils und c. 95 Quinisextum ist meines Erachtens die bessere Lösung des Problems der Aufnahme von Heterodoxen in die Orthodoxe Kirche.* Zwei Argumente sind in diesem Fall von entscheidender Bedeutung:

(a) Eine Oikonomia-Anwendung bedeutet, dass für jeden einzelnen Fall eine Entscheidung erforderlich ist, sowie dass eine Abweichung vom Kanonischen Recht aus pastoralen Gründen geschieht. Das wäre jedoch eine Missachtung der akribischen Grenzen der beiden Kanones und der Praxis der Alten Kirche. Wenn wir eine kanonische Regelung zu einem Thema haben, welche den Kriterien der Barmherzigkeit entspricht, ist eine Anwendung der Oikonomia nicht erforderlich.

(b) Zusammen mit Metropolit Hilarion Alfejev kann ich auch feststellen, dass »der Orthodoxe Christ nicht vergessen darf, dass einzig und allein Gott weiß, wo die Grenzen der Kirche sind«[88]. Nach Alfejev sollten wir bei Andersglaubenden in der Lage sein zu unterscheiden, welche die grundlegenden Dogmen der Kirche anerkennen und welche nicht, und somit zwischen Andersgläubigen und Häretikern unterscheiden.[89] Nach Metropolit Johannes Zizioulas sollten wir erkennen, dass die Grenzen der Kirche von der Taufe her zu definieren sind.[90] Wo wir eine Anerkennung der Taufe haben, kann man auch über »Kirche im weiteren Sinne« sprechen, wenn auch Unterschiede oder Schismata bestehen bleiben.[91]

---

[88] ALFEYEV, Geheimnis des Glaubens (s. Anm. 24), 146. Vgl. u. a. die Bemerkung von KARL CH. FELMY, Die Grenzen der Kirche in Orthodoxer Sicht. Orthodoxes ekklesiales Selbstverständnis und die Gemeinschaft mit den Kirchen des Westens, EvTh 37 (1977), 459-485, hier 464, dass »eine kompromißlose Identifizierung der charismatischen Grenzen der Kirche mit den kanonischen Grenzen der Orthodoxen Kirche in der russischen Theologie nicht mehr möglich ist«.

[89] Vgl. ALFEYEV, Geheimnis des Glaubens (s. Anm. 24), 146.

[90] Vgl. IOANNIS ZIZIOULAS, Orthodox Ecclesiology and the Ecumenical Movement, Sourozh Diocesan Magazine 21 (1985), 16. Zur entsprechenden Lehre der Katholischen Kirche beim Zweiten Vatikanischen Konzil und der orthodoxen Kritik vgl. PETER HEERS, Ἡ ἐκκλησιολογικὴ ἀναθεώρηση τῆς Β' Βατικανῆς Συνόδου. Μία Ὀρθόδοξη διερεύνηση τοῦ Βαπτίσματος καὶ τῆς Ἐκκλησίας κατὰ τὸ Διάταγμα περὶ Οἰκουμενισμοῦ, Thessaloniki 2014.

[91] Vgl. ZIZIOULAS, Orthodox Ecclesiology (s. Anm. 90), 16.

»Versöhnte Verschiedenheit« in der SELK?
Die »Einigungssätze« von 1948
Gilberto da Silva

1 Einführung – Vorbemerkungen

Es dürfte vielleicht seltsam erscheinen, dass ich im Kontext einer Abhandlung über die Geschichte der Selbständigen Evangelisch-Lutherischen Kirche (SELK) den Begriff »Versöhnte Verschiedenheit« verwende. Diese Verwunderung ist berechtigt. Deswegen sind hier vier Vorbemerkungen von Bedeutung.

Erstens: Die Verwendung des Begriffs »Versöhnte Verschiedenheit« oder, besser, »Einheit in versöhnter Verschiedenheit« in Bezug auf den Entstehungsprozess und den Text der 1948 von den Vorgängerkirchen der SELK offiziell angenommenen »Einigungssätze« stellt einen Anachronismus dar. Denn während die »Einigungssätze« kurz nach dem Ende des Zweiten Weltkriegs in den Jahren 1946 bis 1948 entstanden sind, kristallisierte sich der Begriff der »Einheit in versöhnter Verschiedenheit« erst nach der Vollversammlung des Ökumenischen Rates der Kirchen (ÖRK) in Neu-Delhi 1961 heraus.[1]

Zweitens: Die Vorstellung einer »Einheit in versöhnter Verschiedenheit« entwickelte sich langsam innerhalb der ökumenischen Bewegung anhand eines Paradigmenwechsels. Grob skizziert kann dieser Paradigmenwechsel als eine Reduzierung der Voraussetzungen für die Feststellung von Einheit – als Bedingung von Gemeinschaft – vom »Konsens« zur »differenzierten Glaubenseinheit« mit der Zwischenstufe der »Konvergenz« bezeichnet werden. Mit anderen Worten: Für die Feststellung der kirchlichen Einheit ist nicht mehr der volle Konsens im Glauben und Bekenntnis vorauszusetzen, sondern die Versöhnung zwischen den unterschiedlich Glaubenden und Bekennenden. Die Versöhnung bzw. die Gemeinschaft ist möglich, weil die Differenzen nicht mehr als trennend, sondern als mögliche und legitime Ausdrücke des gemeinsamen Glaubensgrunds betrachtet werden. Ein gutes Beispiel für die Umsetzung dieses ökumenischen

---

[1] Vgl. Harding Meyer, »Einheit in versöhnter Verschiedenheit«. Hintergrund, Entstehung und Bedeutung des Gedankens, in: Ders. (Hrsg.), Aufsätze zur ökumenischen Theologie I, Frankfurt a. M. 1998, 101–119, hier 103f.

Modells ist die 1973 zwischen lutherischen, reformierten und unierten Kirchen geschlossene »Leuenberger Konkordie«. Darin stellen konfessionsverschiedene Kirchen eine Übereinstimmung im Glaubensgrund fest, obwohl es unterschiedliche Ausdrücke dieses Glaubensgrunds in den verschiedenen Konfessionen gibt und diese bestehen bleiben. Diese werden aber nicht mehr als kirchentrennend bzw. die Kirchengemeinschaft hindernd betrachtet. Konsequenterweise werden die in der Vergangenheit gegenseitig ausgesprochenen Verdammungen als die jetzigen Partner nicht mehr treffend angesehen.[2]

Drittens: Dieses Konzept ist den in diesem Aufsatz zu untersuchenden »Einigungssätzen« durchaus fremd. Denn hinter ihnen steht nach wie vor das traditionelle Prinzip, dass der (volle) Konsens im Glauben und Bekenntnis unabdingbare Voraussetzung für die gegenseitige Anerkennung und Feststellung von Kirchengemeinschaft ist. Man kann es auch so ausdrücken: Die Bedingung der Möglichkeit für die Anerkennung des anderen als »Kirche« mit der daraus resultierenden Feststellung von Kanzel- und Abendmahlsgemeinschaft besteht im vollen »Lehrkonsens«, wobei im »Lehrkonsens« auch die Annahme eines »Praxiskonsenses« mit inbegriffen ist. Die »Einigungssätze« sollen also die Versöhnung zwischen denen dokumentieren, die festgestellt haben, dass sie nicht verschieden sind. So zumindest die Theorie.

Viertens: Es kann nicht geleugnet werden, dass die Kirchenkörper, die sich mittels der »Einigungssätze« 1948 geeinigt – und wir können angesichts ihrer Geschichte durchaus sagen: versöhnt – haben, doch in vieler Hinsicht verschieden waren und verschieden geblieben sind. Aus diesem Grund meine ich den Begriff »Einheit in versöhnter Verschiedenheit« in Bezug auf die »Einigungssätze« von 1948 doch verwenden zu können, freilich anhand einer gewissen anachronistischen und sachlichen Entfremdung desselben. Um diese Behauptung zu untermauern, werde ich in diesem Aufsatz auf drei Merkmale der »Einigungssätze« im historisch-kirchenrechtlichen, im textredaktionellen und im Rezeptionsbereich eingehen, die Verschiedenheit und Versöhnung der beteiligten Kirchen demonstrieren sollen.

2 Historisch-kirchenrechtliche Verschiedenheit

Die beiden Kirchenkörper, die nach dem Zweiten Weltkrieg an den »Einigungssätzen« gearbeitet und sie angenommen haben, weisen bezüglich ihrer jeweiligen Entstehung, Entwicklung und Strukturierung starke Unterschiede auf.

Die »Evangelisch-lutherische Kirche in Preußen«, seit 1933 »Evangelisch-lutherische Kirche Altpreußens«, nach dem Zweiten Weltkrieg »Evangelisch-lutherische Kirche im früheren Altpreußen« und seit 1954 schließlich »Evange-

---

[2] Vgl. a.a.O., 104–109.

lisch-lutherische (altlutherische) Kirche« (fortan vereinfachend »altlutherische Kirche«) entstand aus der Oppositionsbewegung um den Breslauer Theologieprofessor Johann Gottfried Scheibel (1783–1843)[3] gegen die preußische Union. Nach einer harten staatlichen Verfolgung und der Duldung in den 1840er Jahren übernahm die Organisation und den Aufbau dieser bekenntnislutherischen Bewegung hin zu einer staatsfreien Kirche der Jurist Georg Philipp Eduard Huschke (1801–1886).[4]

Huschke strukturierte die altlutherische Kirche hierarchisch und zentralistisch. Im Rahmen einer Synodalverfassung oblag die Verwaltung der Gesamtkirche dem mächtigen Oberkirchenkollegium[5] in Breslau als kirchenleitender Instanz. Dieser Zentralismus hatte in den frühen Jahren sogar zur vorübergehenden Abspaltung der Immanuelsynode (1864–1904) und zum Austritt einiger Gemeinden (1865) unter der Leitung von Friedrich Brunn (1819–1895)[6] im damaligen Herzogtum Nassau geführt. Der Zentralismus äußerte sich beispielsweise auch darin, dass die Gemeinden der altlutherischen Kirche keine eigene Gemeindeordnung hatten, sondern eine zentrale Gemeindeordnung annehmen mussten und die Synodalbeschlüsse für sie unmittelbar bindend waren.[7] Dieser Zentralismus ging Hand in Hand mit dem starken Selbstbewusstsein, nicht eine »Freikirche«, sondern die legitime evangelisch-lutherische Kirche Preußens zu sein. Das 1882 gegründete theologische Seminar für die Ausbildung des eigenen Pfarrernachwuchses war an die theologische Fakultät der Breslauer Universität angebunden.[8] Darüber hinaus zeigte sich das »altlutheri-

---

[3] Vgl. MARTIN KIUNKE, Johann Gottfried Scheibel und sein Ringen um die Kirche der lutherischen Reformation, KO 19, Göttingen 1985.

[4] Vgl. JOBST SCHÖNE, Kirche und Kirchenregiment im Wirken und Denken Georg Philipp Eduard Huschkes, AGTL 23, Berlin 1969.

[5] Vgl. WERNER KLÄN/GILBERTO DA SILVA (Hrsg.), Quellen zur Geschichte selbstständiger evangelisch-lutherischer Kirchen in Deutschland. Dokumente aus dem Bereich konkordienlutherischer Kirchen, OUH.E 6, Göttingen ²2010, 71–76.

[6] Vgl. GILBERTO DA SILVA, Friedrich Brunn und das Proseminar in Steeden, in: DERS. (Hrsg.), »Ein feste Burg ist unser Gott«. Friedrich Brunn (1819–1895) und die lutherische Bewegung in Nassau, OUH 57, Oberursel 2020, 25–34.

[7] Vgl. JÜRGEN LEHMANN, Gegenüberstellung der altlutherischen und der freikirchlichen Gemeindeverfassung, Kirchenarchiv der SELK-Trinitatisgemeinde Frankfurt, Fusion-Akte-Band 1, 1. Zum Verfassungsprofil der altlutherischen Kirche; auch WERNER KLÄN, Die Gründungsgeschichte der Selbständigen Evangelisch-Lutherischen Kirche 1945–1972. Auf dem Weg zu verbindlicher Gemeinschaft konkordienlutherischer Kirchen in Deutschland, OUH.E 27, Göttingen 2022, 186 f.

[8] Vgl. WERNER KLÄN, Theologische Ausbildungsstätten selbständiger evangelisch-lutherischer Kirchen in Deutschland. Vorgeschichte und Gründungsphase der Lutherischen Theologischen Hochschule Oberursel, in: Lutherische Theologische Hochschule Ober-

sche« Selbstbewusstsein auch im Aufrechterhalten von Kirchengemeinschaft mit lutherischen Landeskirchen. Die altlutherische Kirche bewegte sich also selbstbewusst inmitten der deutschen landeskirchlichen und theologisch-wissenschaftlichen Landschaft. Beispielsweise der berühmte Erlanger Theologe Werner Elert (1885–1954) kam aus ihrer Mitte und ist auch vor seiner Erlanger Zeit Direktor des altlutherischen Seminars in Breslau gewesen.[9]

Die »Evangelisch-Lutherische Freikirche in Sachsen und anderen Staaten« (fortan vereinfachend »sächsische Freikirche«) entstand in den 1870er Jahren aus der Oppositionsbewegung von Lutheranervereinen gegen Unionismus und Rationalismus im damaligen Königreich Sachsen. Anders als in Preußen waren es also zunächst nichtordinierte Gemeindeglieder, die die Initiative des Austritts aus der Landeskirche ergriffen. Erst in einem zweiten Moment ging man auf die Suche nach geeigneten, konfessionsbewussten Pfarrern,[10] die zunächst aus der US-amerikanischen Missouri-Synode kamen.[11] Die Missouri-Synode selbst entstand bereits 1847 zum Teil durch die Initiative sächsischer Auswanderer, die 1838 ihre Heimat aus Glaubensgründen verlassen hatten und sich in den USA ansiedelten.[12] Die sächsische Freikirche strukturierte sich ähnlich wie die Missouri-Synode nach dem »Gemeindeprinzip«[13] sehr dezentral: Synodalbeschlüsse waren für die Gemeinden nicht bindend und diese waren frei, eine eigene Gemeindeordnung zu beschließen. Die Gemeinden hatten gegenüber den Synodalbeschlüssen sogar Widerspruchsrecht.[14] Der konfessionell-lutherische bayerische Pfarrer Wilhelm Löhe (1808–1872), dessen Missionare in den USA an der Gründung der Missouri-Synode beteiligt waren, äußerte starke Bedenken gegen solch eine Kirchenordnung, denn er sah darin eine Einmischung »demokratischer«, »independentistischer« und »kongregationalistischer« Prinzipien in die Kirchenverfassung.[15] In Sachsen kam das Bewusstsein hinzu, in starker Opposition zu den Landeskirchen eine »Freikirche« zu sein. Dieser eher »demokratischen« internen Strukturierung stand ein sehr strenges Verhalten in

---

ursel 1948–1998. Festschrift zum 50jährigen Jubiläum, Oberursel/Groß Oesingen 1998, 9–38.

[9] Vgl. UWE SWARAT, Art · Elert, Werner (1885–1954), in: ELThG² Bd. 1, 2017, 1640–1642.

[10] Vgl. GOTTFRIED HERRMANN, Lutherische Freikirche in Sachsen. Geschichte und Gegenwart einer lutherischen Bekenntniskirche, Berlin 1985, 56–113.

[11] Vgl. a.a.O., 103–113.

[12] Vgl. WALTER FORSTER, Zion on the Mississippi. The Settlement of the Saxon Lutherans in Missouri 1839–1841, St. Louis 1953.

[13] HERRMANN, Freikirche (s. Anm. 10), 349.

[14] Vgl. LEHMANN, Gegenüberstellung (s. Anm. 7), 1.

[15] Vgl. JOHANNES DEINZER, Wilhelm Löhes Leben, Bd. 3, Gütersloh 1892, 76. Zum Verfassungsprofil der sächsischen Freikirche vgl. auch KLÄN, Gründungsgeschichte (s. Anm. 7), 189 f.

der Ökumene gegenüber. Kirchengemeinschaft mit lutherischen Landeskirchen und sogar mit lutherischen Freikirchen wurde strikt abgelehnt, solange kein vollumfänglicher Konsens in Glauben und Bekenntnis festzustellen sei. Die sächsische Freikirche lehnte auch die Ausbildung ihres Pfarrernachwuchses an den theologischen Fakultäten der staatlichen Universitäten strikt ab und gründete 1920 mithilfe der Missouri-Synode eine eigene theologische Hochschule in Leipzig, die 1922 nach Kleinmachnow bei Berlin[16] übersiedelte.

Im Jahr 1919 gründete die altlutherische Kirche zusammen mit der Selbständigen evangelisch-lutherischen Kirche in den hessischen Landen, der Hannoverschen evangelisch-lutherischen Freikirche, der Evangelisch-lutherischen Hermannsburg-Hamburger Freikirche, der Evangelisch-lutherischen Synode in Baden und der Renitenten Kirche unveränderter Augsburgischer Konfession in Niederhessen die »Vereinigung evangelisch-lutherischer Freikirchen in Deutschland«.[17] Diese Kirchen standen in enger Verbindung miteinander, pflegten Kirchengemeinschaft unter sich und arbeiteten auf verschiedenen Gebieten mit lutherischen Landeskirchen zusammen. Die sächsische Freikirche war kein Mitglied in dieser Vereinigung und verurteilte scharf deren Zusammenarbeit mit den Landeskirchen. Denn für sie müsste ein anderer Kirchenkörper *de facto*, d. h. auch in seinem Handeln, und nicht nur *de iure*, d. h. nach seiner Kirchenordnung, lutherisch sein.[18] Zusätzlich gab es polemische Auseinandersetzungen mit der altlutherischen Kirche über Lehrfragen.[19]

Beispielhaft für solche Auseinandersetzungen ist der Konflikt zwischen den Pfarrern Martin Slotty[20] (altlutherische Kirche) und Albert Hübener[21] (sächsische Freikirche), der 1927 literarisch ausgetragen wurde.[22] Slotty sah in der sächsischen Freikirche einen Ableger der US-amerikanischen Missouri-Synode, die den Anspruch habe, allein die rechte lutherische Kirche der Reformation zu sein. Man sei nicht einmal in der Lage, mit anderen Lutheranern zusammen zu beten.[23] Die theologische Haltung der Missouri-Synode und der sächsischen Freikirche wird

---

[16] Vgl. KLÄN, Ausbildungsstätten (s. Anm. 8), 20 ff.; HERRMANN, Freikirche (s. Anm. 10), 353 f.
[17] Vgl. KLÄN/DA SILVA (Hrsg.), Quellen (s. Anm. 5), 574 f.
[18] Vgl. KLÄN, Gründungsgeschichte (s. Anm. 7), 46.
[19] Vgl. ALBRECHT HOFFMANN, Das Ringen um den Weg der lutherischen Freikirchen in Ostdeutschland. Von den Einigungssätzen 1948 bis zur gescheiterten Fusion 1984 bzw. 1989. Eine Untersuchung zur kirchlichen Zeitgeschichte, Crimmitschau 2009, 7 f.
[20] MARTIN SLOTTY, Stellen die sogenannten Missourier die rechte lutherische Kirche dar?, Breslau 1927.
[21] ALBERT HÜBENER, Breslau oder Missouri? Wo findet man die rechte lutherische Bekenntniskirche? Eine Entgegnung auf einen Angriff, Zwickau [ohne Datum].
[22] Vgl. HOFFMANN, Ringen (s. Anm. 19), 8; HERRMANN, Freikirche (s. Anm. 10), 368.
[23] Vgl. SLOTTY, Missourier (s. Anm. 20), 9.

dabei als nicht biblisch bzw. bekenntnislutherisch dargestellt. Zur Schriftlehre schreibt Slotty:

> »Wir müssen überhaupt sagen, daß die Art und Weise, in der Missouri die Heilige Schrift wertet und benutzt, nicht die evangelisch-lutherische, sondern die reformiert-gesetzliche ist. Sie wird nämlich in missourischen Kreisen weniger als Gnadenmittel betrachtet, als das Buch und Werkzeug, durch das uns der Heilige Geist zur Seligkeit unterweist durch den Glauben an Christum Jesum, denn als ein Gesetzbuch, in dem uns Gott eine vollständige Summe von Lehren hinterlassen hat, die unbedingt geglaubt, bewahrt, verteidigt werden müssen. Mit Leidenschaft wehrt Missouri irgend eine Entwicklung der christlichen Lehre im Laufe der Jahrhunderte ab.«[24]

Die sog. »Missourier« wüssten auch nicht »zwischen fundamentalen und *nicht* fundamentalen, zwischen zentralen und minder wesentlichen Glaubenslehren« zu unterscheiden.[25] Dies führe zur Strenge in der Kirchengemeinschaftsfrage:

> »In keinem Stück der Lehre, auch nicht in einem noch so untergeordnetem, darf eine Verschiedenheit der Überzeugung geduldet werden, sondern es muß demjenigen, der im Widerspruch verharrt, die Kirchen- und Glaubensgemeinschaft aufgesagt werden.«[26]

In diesen Zusammenhang gehöre die Lehre von der sog. »Verbalinspiration«, die von »Missouri« mit »Engherzigkeit« behandelt werde: »Nicht nur die Fundamentallehren, an denen die *Seligkeit* unmittelbar hänge, sondern das ganze Wort Gottes sei zur Seligkeit der Menschen geoffenbart worden.«[27] Slotty führt noch Artikel 7 der Augsburger Konfession ins Feld und urteilt: »Wenn Missouri die Glaubens- und Kirchengemeinschaft noch von der Zustimmung zu andern Lehren abhängig macht, dann geht es in unzulässiger Weise über das lutherische Bekenntnis hinaus.«[28] Es werde eine Rationalisierung des christlichen Glaubens betrieben:

> »Die einseitige, auf die Spitze getriebene Betonung der reinen Lehre hat die weitere schlimme Folge, daß der Verstand des Menschen eine ungebührliche Wertschätzung erfährt. Lutherisch ist das nicht. Nach lutherischer Auffassung ist das Herzstück des Glaubens das Vertrauen und nicht das verstandesklare Wissen.«[29]

---

[24] A.a.O., 27.
[25] A.a.O., 28 (im Original mit Hervorhebungen).
[26] A.a.O., 28.
[27] A.a.O., 29 (im Original mit Hervorhebungen).
[28] A.a.O., 30.
[29] A.a.O., 32f.

Slottys Schlussurteil ist vernichtend: »Missouri steht in den Fragen, in denen es uns der falschen Lehre bezichtigt, nicht mehr auf dem Boden der Schrift und des lutherischen Bekenntnisses, sondern folgt seinen eignen Vernunftschlüssen.«[30]

Hübener entgegnet in seiner Antwort, »daß eine Kirche, die den Anspruch erhebt, eine lutherische zu sein, vor allen Dingen das klare Bekenntnis zur Irrtumslosigkeit der Heiligen Schrift zum Ausdruck bringen muß«[31]. Er wehrt sich gegen den Vorwurf, »Missouri« würde die Unterscheidung zwischen fundamentalen und nicht fundamentalen Lehren nicht kennen, schreibt aber dazu:

> »[W]ir verwerfen mit aller Entschiedenheit den Mißbrauch dieser Unterscheidung, der darin besteht, daß man gewisse Lehren, die in der Schrift klar geoffenbart sind, für minder wichtig erklärt hinsichtlich ihrer Gültigkeit und sie gleichsam auf die Freiliste setzt und zu offenen Fragen macht, in denen jeder seiner eigenen Meinung folgen dürfe.«[32]

Breslau betreibe »eine Schaukeltheologie zwischen Bibelglauben und Bibelkritik«[33]. Gott habe alle Schrift, auch die Nebensachen, eingegeben und die »evangelische Großzügigkeit« der Breslauer proklamiere »ein Evangelium, das nicht von Gott kommt und unter den Fluch fällt (Gal. 1, 7.8)«[34]. Dementsprechend ist Hübeners Schlussurteil ebenfalls vernichtend: »Daher können wir leider nicht urteilen, daß sie [die Breslauer] bekenntnistreue Lutheraner sind.«[35]

Die Polemik ist sehr scharf und die Kontrahenten reden zum Teil auch aneinander vorbei, aber ein Punkt dürfte zentral und als Voraussetzung für alle anderen Differenzen entscheidend sein: die Schriftlehre oder, besser, die dem anderen jeweils vorgeworfene falsche Schriftlehre. Dieser Disput gibt uns aber einen kleinen Einblick in die theologische Verschiedenheit beider Kirchen. Im Kern der Argumentation geht es um die »Irrtumslosigkeit« bzw. Unfehlbarkeit der Heiligen Schrift, die mit der für die sächsische Freikirche entscheidenden Lehre der »Verbalinspiration«, der »wörtliche[n] Eingebung«[36] der Heiligen Schrift zusammenhängt. Die sächsische Freikirche sieht dieses Prinzip in der altlutherischen Kirche nicht bewahrt und darin ein Aufgeben des sog. Formalprinzips der Reformation.[37]

---

[30] A.a.O., 33.
[31] HÜBENER, Entgegnung (s. Anm. 21), 13.
[32] A.a.O., 24.
[33] A.a.O., 56.
[34] A.a.O., 29 f.
[35] A.a.O., 49.
[36] A.a.O., 66.
[37] Vgl. a.a.O., 53.

Doch genau genommen ging es den meisten Theologen der altlutherischen Kirche, wie es einem Vortrag des Breslauer Seminardirektors, Johannes Stier (1872–1961), aus dem Jahr 1908 zu entnehmen ist,[38] nicht um die Inspirationslehre als solche, sondern um Differenzierungen und Gewichtungen innerhalb der Heiligen Schrift, die den Umgang mit schwierigen und für das Heil nicht relevanten sowie naturwissenschaftlich und historisch problematischen Stellen erleichtern würden. Man müsse demnach zumindest das Vorhandensein von »offenen Fragen« akzeptieren, was von Seiten der sächsischen Freikirche abgelehnt werde.[39] Für die sächsische Freikirche ging es allerdings um die entscheidende Frage nach der »*Fehllosigkeit der ganzen Heiligen Schrift*«[40], die in der altlutherischen Kirche nicht vertreten werde.

3 Verschiedenheit im Text der »Einigungssätze«

Die Verschiedenheit der beiden Kirchenkörper, die Anfang 1948 endlich zueinander gefunden haben, lässt sich auch im Redaktionsprozess der »Einigungssätze« verfolgen. Es war ein langer Prozess, den ich hier zunächst kurz skizzieren möchte.

3.1 Vorgeschichte

Die durch den Zweiten Weltkrieg bedingten Verluste von Gemeinden und Gemeindegliedern, Flucht und Vertreibung, die Teilung Deutschlands und nicht zuletzt die Vereinigung der Landeskirchen, auch der lutherischen, zur Evangelischen Kirche in Deutschland (EKD), die von den lutherischen »Freikirchen« von Anfang an nicht als ein kirchlicher Dachverband, sondern als eine Unionskirche betrachtet wurde,[41] führten zu einer stärkeren Annäherung der lutherischen »Freikirchen« untereinander, die anders als 1919 nun auch die sächsische Freikirche mit einbezog. Diese Annäherung zeigte sich durch zahlreiche gemeinsame Konferenzen nach Kriegsende,[42] die von der US-amerikanischen

---

[38] Hübener selbst kommentiert diesen Vortrag und gibt ihn stellenweise wieder: a.a.O., 62–79.
[39] Vgl. a.a.O., 25–39.
[40] A.a.O., 65 (im Original mit Hervorhebungen).
[41] Vgl. KLÄN/DA SILVA (Hrsg.), Quellen (s. Anm. 5), 598–602.
[42] Vgl. HANS KIRSTEN, Einigkeit im Glauben und in der Lehre, Groß Oesingen 1980, 11 f.; GILBERTO DA SILVA, Ein ökumenisches Modell im Kleinen? Die Selbständige Evangelisch-Lutherische Kirche (SELK) als die theologisch-ekklesiologische Mitte ihrer Vorgängerkirchen, in: CHRISTOPH BARNBROCK/GILBERTO DA SILVA (Hrsg.), »Die einigende Mitte«. Theologie in konfessioneller und ökumenischer Verantwortung – FS für Werner Klän,

Missouri-Synode stark unterstützt wurden. Den geistigen Impuls zu dieser Annäherung gab ein Memorandum Hermann Sasses (1895–1976) von 1944, in dem er für den »Zusammenschluss der [lutherischen] Freikirchen«[43] plädierte.[44] Gemeinsame Sitzungen in Berlin und Hermannsburg, fast unmittelbar nach Kriegsende, brachten den ersten Gedankenaustausch.[45] Als Ergebnis einer gemeinsamen Pastoralkonferenz von altlutherischer Kirche und sächsischer Freikirche am 3. und 4. April 1946 in Bochum stellte man fest

> »Wir sind auf beiden Seiten überzeugt, dass unsere Kirche [*singular! GdS*], soweit wir uns hier kennen gelernt haben, so auf dem Boden der Heiligen Schrift und des Lutherischen Bekenntnisses stehen, dass alle etwa noch vorhandenen Differenzen durch brüderliche Aussprache in absehbarer Zeit restlos geklärt werden können, sodass keine kirchentrennenden Schranken übrigbleib [*sic*]. Wir sind entschlossen, den Weg der brüderlichen Aussprache mit ganzem Ernst fortzusetzen, wozu wir Gottes Segen erbitten.«[46]

Die ersten gemeinsam verfassten Lehrsätze bekamen den Namen »Berliner Thesen« und behandelten die Themen »Heilige Schrift«, »Gnadenwahl«, »Kirche und Amt« sowie »Letzte Dinge«.[47] Ende Januar und Anfang Februar 1947 trat eine Kommission in Wiesbaden zusammen,[48] die den nun so genannten »Einigungssätzen« eine abschließende Form geben sollte. Sie war mit Vertretern der jeweiligen Leitungen der beiden Kirchen hochrangig bestückt. Die »Wiesbadener Sätze« wurden danach wieder in Berlin überprüft und ergänzt. Im Sommer 1947 erschien eine Textausgabe mit Fußnoten, die hauptsächlich Hinweise auf Schriftstellen enthielten. Es kamen aus den Gemeinden weitere Textvorschläge,

---

OUH.E 20, Göttingen 2018, 231–250; WERNER KLÄN, Der Weg Selbständiger Evangelisch-Lutherischer Kirchen in Deutschland. Ein ökumenisches Modell im Kleinen, in: JMLB 37 (1990), 205–228; VOLKER STOLLE, Lutherische Kirche im gesellschaftlichen Wandel des 19. und 20. Jahrhunderts. Aus der Geschichte selbstständiger evangelisch-lutherischer Kirchen in Deutschland, OUH.E 23, Göttingen 2019, 286–295.

[43] HERMANN SASSE, In statu confessionis III. Texte zu Union, Bekenntnis, Kirchenkampf und Ökumene, hrsg. v. WERNER KLÄN/ROLAND ZIEGLER, Göttingen 2011, 271.

[44] Vgl. KLÄN, Gründungsgeschichte (s. Anm. 7), 45–60.

[45] Vgl. MARTIN KIUNKE, Wie kam es zur Einigung, und was dürfen wir von ihr erhoffen?, in: Der Lutheraner 2 (1948), 28.

[46] Protokoll der Pastoralkonferenz der Rhein.-Westf. Diözese in Bochum-Hamme, 3. und 4. April 1946, Kirchenarchiv der SELK, WMO-056.

[47] Vgl. Nachwort zur Vollausgabe der »Einigungssätze« (Manuskript), Kirchenarchiv der SELK, ELF-007; KLÄN, Gründungsgeschichte (s. Anm. 7), 47 f.

[48] Vgl. a. a. O., 55 f.

die dann im Rahmen weiterer Konferenzen überprüft wurden.⁴⁹ Innerhalb der altlutherischen Kirche und in ihrem Umfeld gab es jedoch heftige Kritik an der Annäherung ob der mit ihr verbundenen Distanzierung von den lutherischen Landeskirchen und des »unlutherischen« Charakters von »Missouri«.⁵⁰ Man warf dem Oberkirchenkollegium sogar vor, aus »pekuniären« Gründen den Anschluss an Missouri zu forcieren.⁵¹

Trotz aller Kritik und durch entschiedenes Agieren des Oberkirchenkollegiums gab die Generalsynode Ost und West der altlutherischen Kirche im September 1947 ihre Zustimmung zu den »Einigungssätzen«. Das Oberkirchenkollegium legte der Synode drei Fragen vor: a) »Erkennt die Generalsynode an, daß die von unserer Kirche und der sächsischen Freikirche erarbeiteten ›Einigungssätze‹ mit der Hl. Schrift und dem lutherischen Bekenntnis übereinstimmen?«; b) »Erkennt die Generalsynode an, daß die früher vorhandenen Lehrdifferenzen zwischen unserer Kirche und der sächsischen Freikirche durch die ›Einigungssätze‹ überwunden sind?« und c) »Erkennt die Generalsynode an, daß es infolgedessen geboten ist, auf Grund von Schrift und Bekenntnis die Kirchengemeinschaft mit der sächsischen Freikirche aufzurichten?«.⁵² Die Generalsynode sprach sich für alle drei Anerkennungen aus.⁵³

Bis Ende desselben Jahres hatten ebenfalls alle Gemeinden der sächsischen Freikirche den »Einigungssätzen« zugestimmt. Aufgabe der 55. Allgemeinen Synode der sächsischen Freikirche, die Ende Mai 1948 stattfand, war es lediglich, diese »Urabstimmung« zur Kenntnis zu nehmen und zu begrüßen.⁵⁴ Man beachte hier die unterschiedlichen Verfahren, die auf die verschiedenen Kirchenordnungen und -strukturen zurückzuführen sind. Mit der Annahme der »Einigungssätze« in beiden Kirchen wurde Anfang 1948 die Kirchengemeinschaft zwischen der altlutherischen Kirche und der sächsischen Freikirche festgestellt.⁵⁵ In diesem Zusammenhang kündigte die altlutherische Kirche ihrerseits die traditionell gepflegte Kirchengemeinschaft mit den lutherischen Landeskirchen auf.⁵⁶

---

[49] Vgl. Nachwort (s. Anm. 47).
[50] Vgl. KLÄN, Gründungsgeschichte (s. Anm. 7), 51–100.
[51] Vgl. a.a.O., 97.
[52] Ausschreibung der 24. Generalsynode, Kirchenarchiv der SELK, GZIE-001.
[53] Vgl. Beschlüsse der 24. Generalsynode, Kirchenarchiv der SELK, HOF-076.
[54] Vgl. KIRSTEN, Einigkeit (s. Anm. 42), 90.
[55] Vgl. Rundbrief für unsere Pastoren, Nr. 21, Januar 1948, Kirchenarchiv der SELK, GZIE-001; KIRSTEN, Einigkeit (s. Anm. 42), 88f.; HERRMANN, Freikirche (s. Anm. 10), 369.
[56] Vgl. HANS KIRSTEN/WILHELM M. OESCH/HEINRICH STALLMANN, Analyse der Generalsynode der Ev. luth. (altluth.) Kirche, Wiederaufrichtung der Kirchengemeinschaft mit den luth. Landeskirchen betreffend, vom 22. Oktober 1958 (Vertrauliche Vorlage für die

3.2 Die redaktionelle Entwicklung des Textes

Eine Analyse des gesamten Textes der »Einigungssätze« wäre wünschenswert, würde aber den Rahmen dieses Aufsatzes bei weitem sprengen. Ich werde mich deswegen nur auf die beiden Thesen über die Heilige Schrift konzentrieren, zumal sie sich in der Vorgeschichte als die entscheidenden Thesen herauskristallisiert haben. In der Nachgeschichte bilden diese Thesen auch den Kern der weiteren Auseinandersetzungen. In den Archivunterlagen der beiden Kirchen sowie den Nachlässen kirchenleitender Personen, die an den Verhandlungen teilgenommen haben, befinden sich einige Abschriften der Vorstufen der Einigungssätze. Unter den verschiedenen Themen ist es bemerkenswert, dass das Thema »Von der Heiligen Schrift« bei weitem die meisten handschriftlichen Korrekturen, Ergänzungen und Glossen aufzeigt.

Die »Berliner Thesen« vom März 1946 enthalten unter dem Thema »Heilige Schrift« bzw. »Inspiration« folgenden Text:

> »1. Die Schrift, nämlich der Urtext der kanonischen Bücher Alten und Neuen Testaments, ist von Menschen zu bestimmter Zeit, in bestimmter Lage, mit bestimmten Gaben und Kräften geschrieben worden und teilt deshalb das Geschick und die Geschichte menschlicher Bücher. (Luk. 1,1–4 u. a. St.) / Die These schließt in sich, daß die Schreiber der Schrift nicht ›calami‹[57] gewesen sind in dem Sinne, daß ihr eigenes seelisches Leben ausgelöscht war. / NB: Die Frage, ob Luther oder die späteren Dogmatiker der lutherischen Kirche einen mechanischen Inspirationsbegriff vertreten haben, ist eine rein historische Frage. Sie muß nach den Quellen untersucht und beantwortet werden. Die Antwort kann aber nie kirchentrennende Folgen haben. /
>
> 2. Die Schrift ist göttlichen Ursprungs, weil Gottes heiliger Geist die Schreiber in seinen Dienst nahm und ihnen den Inhalt nach seinem Sachgehalt und nach seiner Wortgestaltung eingab. (2.Petr. 1,21; 2.Tim. 3,16 u. a. St.) / Die These schließt in sich, daß die Schrift Gottes Wort nicht nur enthält, so daß Menschen darüber urteilen können, was Gottes Wort sei oder nicht, sondern Gottes Wort *ist*. Als solches ist sie als unfehlbare Regel und Richtschnur in allen Sachen des Glaubens und der Lehre anzusehen. (Joh. 10,35). Wo in untergeordneten Punkten Widersprüche oder Irrtümer vorzuliegen scheinen, ist eine Auflösung zu versuchen. Gelingt sie nicht, so ist die Sache Gott anheimzustellen. / NB: Eine Divergenz in theologischen – seien es exegetische oder historische oder andere – Fragen ist nicht als kirchentrennend anzu-

---

Pastoralkonferenzen der Ev.-Luth. Freikirche), Kirchenarchiv der SELK, WMO-055; Stolle, Wandel (s. Anm. 42), 289.

[57] Der Begriff »Calamus« wird hier im Sinne von »Schreibfeder« verwendet.

sehen, wenn die Irrtumslosigkeit der Schrift grundsätzlich festgehalten wird. – Frucht und Wirkung des Glaubens an die Inspiration ist nicht Buchstabenknechtschaft, sondern ein kindlich-demütiges: ›Rede, Herr, denn Dein Knecht hört!‹«[58]

Die beiden Thesen werden hier knappgehalten, halten eine Spannung[59] aus – wenn nicht einen Widerspruch – zwischen dem menschlichen und dem göttlichen Charakter der Schrift und zeigen damit eine Ausgewogenheit auf, die stark an die Doppelthese Hermann Sasses von 1950 erinnert:

> »Die Heilige Schrift ist Gottes Wort. Die Heilige Schrift ist Menschenwort. Das Gotteswort und das Menschenwort sind aber nicht zwei Heilige Schriften – etwa ein Kern in der Bibel, den man als Gotteswort bezeichnen dürfte – sondern eine Heilige Schrift. Dieselbe eine Heilige Schrift ist volles unverkürztes Gotteswort, und volles unverkürztes Menschenwort, nicht eine Mischung von beiden, nicht eine Synthese, die man auch wieder auseinander nehmen kann. Als Gotteswort ist die Bibel ›homousios‹, eines Wesens mit allem, was mit Recht Wort Gottes heißt. Als Menschenwort ist sie eines Wesens mit den Reden und Büchern der Menschen. Aber wie in der Person Jesu Christi die göttliche Natur das Personbildende ist, so ist auch eine ›Enhypostasie‹ des Menschenworts der Bibel im Gotteswort zu lehren.«[60]

Entscheidend ist, dass in den »Berliner Thesen« der umstrittene Begriff der sog. »Verbalinspiration« nicht verwendet wird, was ein deutlicher Hinweis auf die Tatsache ist, dass man einen von beiden Seiten tragfähigen Konsens suchte. Das Fehlen dieses Begriffs wurde aber innerhalb der sächsischen Freikirche[61] sehr

---

[58] Berliner Thesen, Kirchenarchiv der SELK, ELF-008, WMO-059, Hervorhebungen im Original; vgl. KIRSTEN, Einigkeit (s. Anm. 42), 168–171.

[59] Diese Spannung wird z.B. in den »Einigungsthesen angenommen von den intersynodalen Vereinigungskomitteen der Evangelisch-lutherischen Kirchen von Australien und der Vereinigten evangelisch-lutherischen Kirche in Australien« aus dem Jahr 1956 aufrechterhalten, denn es heißt darin u. a.: »Wir bekennen, dass die Heilige Schrift als das von Menschen geschriebene Wort Gottes zugleich göttlich und menschlich ist«, Kirchenarchiv der SELK, GZIE-004.

[60] HERMANN SASSE, Zur Lehre von der Heiligen Schrift [1950], in: FRIEDRICH W. HOPF (Hrsg.), Sacra Scriptura. Studien zur Lehre von der Heiligen Schrift von Hermann Sasse, Erlangen 1981, 203–244, hier 223. Von einem bereits verstorbenen Amtskollegen, der selbst in der Materie involviert war, habe ich die mündliche Aussage bekommen, dass in einem Frühentwurf zur ersten These die Formulierung »Die Heilige Schrift ist Menschenwort« stand. Leider habe ich dafür in den Archiven noch keinen Beleg gefunden.

[61] Eine der Berliner Thesen angehängte »Erläuterung von Rektor Willkomm« (sächsische Freikirche) kommentiert die beiden Thesen: »Gott hat diesen heiligen Menschen Gottes nicht nur die Sachen, von denen sie schreiben sollten, kundgetan (Realinspiration), auch

kritisch betrachtet. Es wurde von Einzelnen auch verlangt, dass sich die Einigungssätze in diesem Punkt deutlich gegen die sog. historisch-kritische Forschung positioniere.[62]

Die »Wiesbadener Sätze« vom Januar 1947 ergänzten bzw. modifizierten die »Berliner Thesen« stark. Die beiden Thesen über die Heilige Schrift bzw. deren Inspiration sahen dann folgendermaßen aus (die Änderungen bzw. Ergänzungen sind unterstrichen):

»1. Die Schrift, nämlich der Urtext der kanonischen Bücher Alten und Neuen Testaments, ist von Menschen zu bestimmter Zeit, in bestimmter Lage, mit bestimmten Gaben und Kräften und ihnen eigener Redeweise geschrieben worden und teilt insofern das Geschick und die Geschichte menschlicher Bücher. (Luk. 1,1-4 u. a. St.) / Die These schliesst in sich, dass die Schreiber der Schrift nicht calami (Schreibfedern) gewesen sind in dem Sinne, dass ihr eigenes seelisches Leben ausgelöscht war. Das Geheimnis der Herablassung (Kondeszendenz) Gottes in der Schrift, der nicht in himmlischer Sprache, 2. Kor. 12,4, sondern *durch* Menschen *in* menschlicher Weise, Hebr. 1,1.2; geredet hat, lässt sich dabei nicht ergründen. /

2. Die Schrift ist göttlichen Ursprungs und göttlicher Art, weil Gottes Heiliger Geist die Schreiber in seinen Dienst genommen und ihnen die Schrift nach ihrem Sachgehalt und nach ihrer Wortgestaltung (Rom. [sic] 3,2; 1. Kor. 2,13) eingegeben hat (1. Petr. 1,10-12; 2. Petr. 1,16-21; 2. Tim. 3,14-17 u.a. St.). Sie *enthält* nicht nur Gottes Wort, so dass Menschen darüber urteilen könnten, was in ihr Gottes Wort sei oder nicht, sondern sie *ist* in vollem Umfang Gottes unverbrüchliches Wort (Tit. 1,2; Joh. 17,17) - uns zum Heil und Seligkeit gegeben (2. Tim. 3,15-17; Röm 15,4; Joh. 5,39), die alleinige Quelle der Wahrheit (Apg. 26,22; Joh. 17,20; 1. Petr. 4,11; 1. Tim. 6,3-5; Konk. Formal [sic] II. Teil Summ. Begr. § 3 M 568) ›die einige Regel und Richtschnur nach welcher zugleich alle Lehrer und Lehren gerichtet und geurteilt werden sollen‹ (Matth. 4,4.7; Apg. 17,11; [1.] Kor. 14,37 1. Kor. 15,1-4, 2. Tim. 1,13; Schmalk. Art. II. Teil Art. II § 14 M 303; Konk. Formel I. Teil Summ Begr. § 1 M 517). Wenn in untergeordneten Punkten (historischen, naturwissenschaftlichen oder anderen Fragen) Irrtümer oder Widersprüche vorzuliegen scheinen, so ist eine Auflösung zu versuchen. Gelingt sie nicht, so ist, dem Beispiel Luthers folgend, die Sache Gott anheimzustellen und die autoritäre [sic] Geltung der Schrift auch in diesen Aussagen festzuhalten (Joh. 10,35; Math. 5,18; 22,43-45 u.a. St.) / Gott hat den ›heiligen Menschen Gottes‹ nicht nur die Sachen, von denen sie schreiben sollten,

---

nicht nur sie persönlich erleuchtet (Personalinspiration), sondern Er hat ihnen auch die Worte eingegeben, mit denen oder durch die sie die göttliche Wahrheit aussprechen sollten. (Verbalinspiration)«, Kirchenarchiv der SELK, WMO-059; vgl. G. HEINZELMANN, Memorandum zum ersten der Wiesbadener Sätze von der Inspiration - den verehrten Brüdern in der Kommission für Lehrverhandlungen zugeleitet, 14. Februar 1947, Kirchenarchiv der SELK, WMO-057.

[62] Vgl. W. SCHWINGE/P. MUNDER, Bemerkungen zu den Einigungssätzen, Kirchenarchiv der SELK, WMO-057.

kundgetan, auch nur sie persönlich erleuchtet, sondern er hat ihnen auch die Worte eingegeben, mit denen [sie] die göttliche Wahrheit aussprechen sollten, Apg. 2,4: ›Und wurden alle *voll des Heiligen Geistes* und fingen an zu *predigen* mit anderen Zungen, *nachdem ihnen der Geist gab auszusprechen*‹ (vergl. auch 1. Kor. 2,6-13) / Als Gottes Wort ist die Schrift der Grund der Kirche (Johs. 17,20; Eph. 2,20) und das Licht, das da scheinet an einem dunklen Ort (Ps. 119,105; 2. Petr. 1,19; Apologie der Augsb. Konf. Art. IV § 107.108 M 107) / Die Glaubensregel, nach der die Heilige Schrift zu verstehen ist, sind die klaren Stellen der Schrift, die von den einzelnen Lehren handeln (sedes doctrinae), und nicht ein von den Menschen gemachtes ›Ganzes der Schrift‹ (Apologie der Augsb. Konf. Art. XXVIII § 60 M 284; Joh. 8,31.32-1. Kor. 13,9). / Meinungsverschiedenheiten in Fragen, die die Lehre nicht betreffen – seien es exegetische oder historische oder andere – sind nicht als kirchentrennend anzusehen, wenn die Irrtumslosigkeit der Schrift im Glauben grundsätzlich festgehalten wird. / Frucht und Wirkung des Glaubens, dass die Schrift inspiriert ist, ist nicht Buchstabenknechtschaft, sondern ein kindlich demütiges, fröhlich vertrauendes / ›Rede, Herr, denn Dein Knecht höret!‹ / *Theologische Nachbemerkung:* / Um eindeutig abzuweisen, als ob bei der Schriftinspiration doch nur Real = (Sacheingebung) oder Personalinspiration (persönliche Eingebung) vorläge und um als Ergebnis der göttlichen Eingebung kurz und klar festzuhalten: dass Schriftwort gleich Gotteswort ist (logia theou), kann der kirchliche Ausdruck ›Verbalinspiration‹ (wörtliche Eingebung) nicht entbehrt werden, zumal er der Selbstaussage der Schrift (2. Tim. 3,16: ›*Alle Schrift von Gott eingegeben*‹; 1. Kor. 2,13: ›*mit Worten, die der Heilige Geist lehrt*‹ u. a. St.) gemässen Ausdruck verleiht. Um aber zugleich möglichst den ganzen Vorgang und Tatbestand lebensvoll zusammenzusehen, einem verengten Verständnis des Ausdrucks ›Verbalinspiration‹ zu wehren und in unserer von der schwärmerischen Theologie mit Vorurteilen erfüllten Zeit den Blick erneut mit Nachdruck auf das Ganze der Sache zu richten, wird dabei von ›Volleingebung‹ oder ›Plenarinspiration‹ der Schrift besonders fleissig zu reden sein.«[63]

Durch weitere redaktionelle Arbeiten an den »Wiesbadener Sätzen« entstand der endgültige Text der »Einigungssätze«, der als Basis für die Entscheidungen der Synoden und Gemeinden fungierte und im April 1948 veröffentlicht wurde.[64] Die beiden Thesen über Schrift und Inspiration lauten dann (die Änderungen bzw. Ergänzungen sind in fetter Schrift markiert):

»1. *Die* **von Gott eingegebene** *Schrift, nämlich der Urtext der kanonischen Bücher Alten und Neuen Testaments, ist* **unter Gottes gnädiger Herablassung** *von Menschen zu bestimmter Zeit, in bestimmter Lage, mit bestimmten Gaben und Kräften* und ihnen eigener Redeweise *geschrieben worden und teilt* insofern *das Geschick und die Geschichte menschlicher Bücher. / Die These schließt in sich, daß die Schreiber der Schrift*

---

[63] Wiesbadener Sätze, Kirchenarchiv der SELK, ELF-008, Hervorhebungen (Kursivsetzungen) im Original, vgl. KIRSTEN, Einigkeit (s. Anm. 42), 56-58.

[64] Vgl. auch KLÄN, Gründungsgeschichte (s. Anm. 7), 57.

nicht calami (Schreibfedern) gewesen sind in dem Sinne, daß ihr eigenes seelisches Leben ausgelöscht war. Das Geheimnis der Herablassung (Kondeszendenz) Gottes in der Schrift, der nicht in himmlischer Sprache, sondern *durch* Menschen *in menschlicher Weise geredet hat,* läßt sich dabei nicht ergründen. /

2. *Die Schrift ist göttlichen Ursprungs* und göttlicher Art, *weil Gottes Heiliger Geist die Schreiber in seinen Dienst* genommen *und ihnen* die Schrift nach ihrem *Sachgehalt* (**Realinspiration**) *und nach* ihrer *Wortgestaltung* (**Verbalinspiration**) eingegeben hat. Sie enthält nicht nur Gottes Wort, *so daß Menschen darüber urteilen könnten, was* in ihr *Gottes Wort sei oder nicht, sondern* sie ist in vollem Umfang *Gottes* unverbrüchliches *Wort -* uns zum Heil und Seligkeit gegeben, die alleinige Quelle der Wahrheit, ›die einige *Regel und Richtschnur,* nach welcher zugleich alle Lehrer und Lehren gerichtet und geurteilt werden sollen‹ (Konkordienformel I. Teil Summ. Begr.). Wenn *in untergeordneten Punkten* (historischen, naturwissenschaftlichen oder anderen Fragen) Irrtümer oder *Widersprüche vorzuliegen scheinen,* so *ist eine Auflösung zu versuchen. Gelingt sie nicht, so ist*, dem Beispiel Luthers folgend, *die Sache Gott anheimzustellen* und die autoritäre *[sic]* Geltung der Schrift auch in diesen Aussagen festzuhalten. / **Da es Gott ist, der durch die Propheten und Apostel geredet hat, die Schrift also allerorts Gottes Wort ist, so dürfen Inhalt und Form der Schrift, Geist und Buchstabe nirgends auseinander gerissen werden.** / Als Gottes Wort ist die Schrift der Grund der Kirche und das Licht, das da scheinet an einem dunklen Ort. / Die Glaubensregel, nach der die Heilige Schrift zu verstehen ist, sind die klaren Stellen der Schrift, die von den einzelnen Lehren handeln (sedes doctrinae), und nicht ein von den Menschen gemachtes ›Ganzes der Schrift‹. **Nichts kann in der Kirche** *offene* **Frage sein, was durch** *klare Stellen der Schrift* **entschieden ist. Alles aber, was dadurch nicht entschieden ist,** *bleibt* **offene Frage, da die Kirche erbaut ist auf den Grund der Apostel und Propheten, also kein Hinausgehen über die in der Schrift geoffenbarte göttliche Lehre möglich ist; – wobei freilich allen Christen zu allen Zeiten geboten ist, durch Forschen in Gottes Wort unter Anrufung des Heiligen Geistes in der Erkenntnis zu wachsen.** / Meinungsverschiedenheiten in Fragen, die die Lehre nicht betreffen - seien es exegetische oder historische oder andere - sind nicht als kirchentrennend anzusehen, wenn die Irrtumslosigkeit der Schrift im Glauben grundsätzlich festgehalten wird. / Frucht und Wirkung des Glaubens, dass die Schrift inspiriert ist, ist nicht Buchstabenknechtschaft, sondern ein kindlich demütiges, fröhlich vertrauendes / ›Rede, Herr, denn Dein Knecht höret!‹ / **Anmerkung zum Sprachgebrauch: / Was den für die vorstehend aufgeführte Lehre von der** Eingebung **der Heiligen Schrift üblichen** Ausdruck ›Verbalinspiration‹ **betrifft, so ist das weitverbreitete Mißverständnis, als ob es sich hier um eine mechanische Diktatinspiration handele, deutlich in These I abgewiesen. Das Wort ›Verbalinspiration‹ will nicht das Geheimnis der göttlichen Eingebung begreiflich machen, sondern das Ergebnis derselben nach Schrift und Bekenntnis festhalten: Schriftwort ist gleich Gotteswort** (πᾶσα γραφὴ θεόπνευστος 2. Tim. 3,16, τὰ λόγια τοῦ θεοῦ. 3,2). **Die so verstandene**

Inspiration, wonach Gott nicht nur die Personen erleuchtet, die Sachen kundgetan, sondern auch die Worte eingegeben hat, kann auch mit dem umfassenden Begriff ›Volleingebung‹ oder ›Plenarinspiration‹ bezeichnet werden.«[65]

Schon der formal-synoptische Vergleich der drei Entwicklungsstufen miteinander zeigt, dass viel intensiver an der zweiten These über den göttlichen Charakter der Heiligen Schrift gearbeitet wurde. Das hat dazu geführt, dass viel mehr Text, viel mehr apodiktische Äußerungen sowie Dicta probantia über den göttlichen Charakter der Heiligen Schrift hinzugefügt worden sind. Am Ende ist der Text der zweiten These knapp viermal länger als der der ersten These.

Bei der ersten These über den menschlichen Charakter der Heiligen Schrift ist inhaltlich beim Übergang von Berlin nach Wiesbaden die Tendenz deutlich zu erkennen, den menschlichen Charakter mit Hinweisen auf den göttlichen zu konterkarieren: das »deshalb« wird durch ein »insofern« ausgetauscht bzw. geschwächt und ein Absatz über das Mysterium der Kondeszendenz Gottes hinzugefügt. Später, beim Übergang von Wiesbaden zum Endtext hin, wird der menschliche Charakter der Heiligen Schrift praktisch aufgehoben. Denn die gleich dem ersten Satz hinzugefügten Zusätze »von Gott eingegebene« und »unter Gottes gnädiger Herablassung« weisen innerhalb der These über das Menschliche doch auf das Göttliche hin.

Die Entkräftung der ersten These wird durch den massiven Ausbau der zweiten These noch potenziert. Zusätze wie »sie ist in vollem Umfang Gottes unverbrüchliches Wort [...] uns zum Heil und Seligkeit gegeben [...], die alleinige Quelle der Wahrheit« usw. betonen sehr stark den göttlichen Charakter der Heiligen Schrift. Darüber hinaus wird in einem langen zusätzlichen Passus auf die autoritative (im Originaltext interessanterweise »autoritäre«) Geltung der Heiligen Schrift hingewiesen. »Untergeordnete Punkte« oder offene Fragen werden nur noch im historischen oder naturwissenschaftlichen Bereich zugelassen, beim Widerspruch soll aber an der biblischen Sicht festgehalten werden. Eine am Ende hinzugefügte »theologische Nachbemerkung« erläutert die verschiedenen Interpretationen des Begriffs »Inspiration«, während er in den »Berliner Thesen« noch undifferenziert verwendet wird.

Die in der Wiesbadener Nachbemerkung definierten Begriffe »Realinspiration« und »Verbalinspiration« wanderten auf dem Weg zum Endtext hin in den Haupttext der zweiten These. Somit wird den kritischen Stellungnahmen von Seiten der sächsischen Freikirche an den »Berliner Thesen«, dass kein eindeu-

---

[65] G. HEINZELMANN/W. M. OESCH (Hrsg.), Einigungssätze zwischen der Evangelisch-Lutherischen Kirche Altpreußens und der Evangelisch-Lutherischen Freikirche (i. Sa. u. a. St.) (Vollausgabe), Frankfurt a. M. 1948, 1–4, Hervorhebungen (Kursivsetzungen) im Original. Die Dicta probantia wurden vom Haupttext herausgenommen und in Anmerkungen platziert.

tiger Hinweis auf die »Verbalinspiration« vorhanden sei, Rechnung getragen. Dieser Sachverhalt entspricht auch dem Wunsch des sächsisch-freikirchlichen Theologen Wilhelm Oesch (1896–1982), der von Anfang an entscheidend an den Gesprächen beteiligt war und für die sächsische Freikirche den Titel »Bevollmächtigter in Lehrfragen«[66] trug. Für ihn war die »Verbalinspirationslehre« ein zentraler – wenn nicht der entscheidende – Artikel des Glaubens.[67] Meines Erachtens dürfte Oesch als der Spiritus rector der der zweiten These addierten Betonungen gelten. Diese Betonungen werden noch durch den hinzugefügten Passus über die Untrennbarkeit von »Inhalt und Form« bzw. »Geist und Buchstabe« der Schrift sowie durch den ebenfalls hinzugefügten Passus über die Unmöglichkeit offener Fragen flankiert. Die »theologische Nachbemerkung« der Wiesbadener Sätze wird schließlich zu einer »Anmerkung zum Sprachgebrauch« im Endtext umgearbeitet. Es bleibt aber bei dem Versuch, den (umstrittenen) Ausdruck »Verbalinspiration« zu rechtfertigen.

Die Textentwicklung der »Einigungssätze« bis zur Endredaktion hin zeigt eine deutliche Verschiebung der theologischen Positionen in Richtung der sächsischen Freikirche. Umso erstaunlicher ist die Tatsache, dass die altlutherische Kirche diese theologische Verschiebung und die »Einigungssätze« überhaupt – zumindest im Rahmen einer offiziellen synodalen Entscheidung – akzeptiert hat.

Die Verschiedenheit beider Kirchenkörper wurde damit nicht aufgelöst, sodass die mit diesem Akt erreichte »Versöhnung« später wieder infrage gestellt wurde.

---

[66] KIRSTEN, Einigkeit (s. Anm. 42), 71.
[67] Vgl. Thesen für die Konferenz in Gr. Oesingen am 1. und 2. Oktober 1946 als allgemeine Grundlage des von den Kirchenleitungen Pastor W. M. Oesch zugewiesenen Referates über das principium cognoscendi theologiae, Kirchenarchiv der SELK, ELF-008. In einem Exemplar der Wiesbadener Sätze sind die späteren, im Endtext vorhandenen Zusätze (»von Gott eingegebene«, »unter Gottes gnädiger Herablassung«, »Realinspiration« und »Verbalinspiration«) noch mit Bleistift, womöglich von Oesch selbst, hinzugefügt worden, Kirchenarchiv der SELK, ELF-007. Diese Änderungen wurden höchstwahrscheinlich auf der Sitzung in Groß Oesingen vom 5.–6. September 1947 verabschiedet, wie dies ein Protokollauszug belegt: Auszug aus dem Protokoll der Sitzung in Groß-Oesingen am 5. und 6. September 1947 betr. Zusätze und Bemerkungen zu den »Einigungssätzen«, Kirchenarchiv der SELK, ELF-007; vgl. KLÄN, Gründungsgeschichte (s. Anm. 7), 53 f. Später war Oesch großer Verfechter einer in den 1970er Jahren im Bereich der Missouri-Synode entstandenen Bewegung, die der Konkordienformel ein »Addendum« über die Verbalinspiration der Bibel hinzufügen wollte, vgl. WILHELM M. OESCH, Ein unerwartetes Plädoyer. Seit 1977: Addenda ad Formulam Concordiae!, Oberursel 1981.

4 Verschiedenheit in der Rezeption der »Einigungssätze«

In der Schrift »Bedenken gegen die sofortige Einbeziehung der Ev.-luth. Freikirche in Sachsen (sogen. Missourier) in eine geeinte deutsche Freikirche« vom 25. Juli 1946 drückt Hans-Otto Harms (1905–1990) von der Hannoverschen ev.-luth. Freikirche seine Skepsis gegenüber der »Berliner Thesen« aus:

> »Der Hinweis auf Thesen nach Art der Berliner, die schnell zu einer Einheit führen könnten, hilft nicht viel. Die Meinung, daß gemeinsame Thesen über einzelne strittige Punkte den Gegensatz überbrücken könnten, verkennt seine Art. Sie haben außerdem das Übel an sich, daß sie gewöhnlich auch bei subjektiver Ehrlichkeit jeder anders versteht als der andere. Kommt dann der wirkliche Gegensatz, wie es nicht zu vermeiden ist, zum Vorschein, so wird der sachliche Gegensatz womöglich durch den Verdacht und Vorwurf vergiftet, daß die Gegenseite die Thesen nicht ehrlich angenommen habe, die man doch wirklich nur so verstehen könne, wie man es selber tut.«[68]

Diese Worte wirken beinahe prophetisch in Bezug auf die Ereignisse, die Ende der 1950er/Anfang der 1960er Jahre stattgefunden haben. Denn es entstanden in dieser Zeit große Spannungen zwischen den beiden Kirchenkörpern der »Einigungssätze«.

An der von der altlutherischen Kirche und der sächsischen Freikirche in Oberursel gemeinsam betriebenen Hochschule gab es bereits seit der Gründung 1948 Konflikte innerhalb der Fakultät zwischen den beiden Dozenten der altlutherischen Kirche auf der einen und den beiden Dozenten der sächsischen Freikirche auf der anderen Seite. Der Kirchenhistoriker Martin Kiunke (1898–1983, altlutherische Kirche) warf Oesch (sächsische Freikirche) unter anderem vor, eine Sekte aufbauen zu wollen.[69] Bei den Auseinandersetzungen spielten die Verbalinspirationslehre und das Verhältnis zum Lutherischen Weltbund die zentrale Rolle. Im Jahr 1951 schrieb Kiunke:

---

[68] HANS-OTTO HARMS, Bedenken gegen die sofortige Einbeziehung der Ev.-luth. Freikirche in Sachsen (sogen. Missourier) in eine geeinte deutsche Freikirche, 25. Juli 1946, Kirchenarchiv der SELK, ELF-008.

[69] MARTIN KIUNKE, Brief an Oberkirchenrat Dr. Günther, 10.12.1950, Kirchenarchiv der SELK, ELK-031.

»Unsere Kirche kann m. E. es nicht länger verbergen, ohne unwahrhaftig zu werden, daß fast alle Pastoren in der Frage der Autorität der Hl. Schrift bei kleinen Ungenauigkeiten und gewissen naturwissenschaftlichen und historischen Dingen anders denken, als das die Einigungssätze besonders in der strengen Auslegung von Pastor Oesch, aussprechen.«[70]

Tiefpunkt dieser Auseinandersetzung war Kiunkes freiwilliges Ausscheiden aus der Hochschule und der altlutherischen Kirche Anfang 1954.[71] In diesen Kontext gehört auch die Abspaltung und Verselbstständigung der heutigen Evangelisch-lutherischen Kirche in Baden, damals eine Diözese der (alten) Selbständigen evangelisch-lutherischen Kirche. Dieser Kirchenkörper, die sog. »alte« SelK, war der Zusammenschluss der Hannoverschen ev.-luth. Freikirche, der Ev.-luth. Hermannsburg-Hamburger Freikirche und der Selbständigen ev.-luth. Kirche in Hessen, der bereits 1947 stattgefunden hatte. 1948 kamen die Ev.-luth. Kirche in Baden und 1950 die Renitente Kirche ungeänderter Augsburger Konfession dazu.[72] Die »alte« SelK unterzeichnete die »Einigungssätze« zwar nicht, bekundete damals aber ihre Zustimmung mit den Worten: »Die Vertreter der SELK stellen fest, daß sie in den Thesen (der Einigungssätze) nichts finden, was gegen Schrift und Bekenntnis verstößt«, allerdings hätten sie »an manchen Stellen [...] eine andere Formulierung vorgezogen«[73].

Der altlutherische Theologe Gotthold Ziemer, der bereits im Januar 1947 »Theologische Bedenken gegen einen sofortigen Zusammenschluss mit Missouri« schrieb und dabei der sächsischen Freikirche »Sonderlehren« unterstellte,[74] urteilte nun 1957:

»Die Thesen legen ein *formalistisches* Verständnis der Schrift nahe. Das ist schon deshalb abzuwehren, weil weder der Urtext noch der Kanon eindeutig festliegt. Wohl dürfen das Wort und die Wörter nicht in einen Gegensatz zueinander gebracht werden, aber das Einzelne erhält seine Autorität von der *Mitte*, von Christus her, und eine Schriftlehre ist ohne ein von ihrem Inhalt her gewonnen [sic] Schriftverständnis

---

[70] MARTIN KIUNKE., Antrag an das Oberkirchenkollegium zur baldigen Beratung, Kirchenarchiv der SELK, ELK-031.
[71] Zu der ganzen Auseinandersetzung mit den entsprechenden Quellennachweisen vgl. KLÄN, Gründungsgeschichte (s. Anm. 7), 144–149.
[72] Vgl. a. a. O., 63–91.
[73] KIRSTEN, Einigkeit (s. Anm. 42), 77.85, vgl. 123; vgl. STOLLE, Wandel (s. Anm. 42), 292; KLÄN, Gründungsgeschichte (s. Anm. 7), 61.
[74] GOTTHOLD ZIEMER, Theologische Bedenken gegen einen sofortigen Zusammenschluss mit Missouri, 24. Januar 1947, Kirchenarchiv der SELK, GZIE-005; vgl. KLÄN, Gründungsgeschichte (s. Anm. 7), 58 f.

nicht möglich. / Auch sollte eine Literarkritik an der Schrift, die dem lebendigen Erfassen ihrer geisterfüllten Wahrheit dienen will, nicht von vornherein durch ein Inspirationsdogma als ungläubig verdächtigt werden.«[75]

Die Krise spitzte sich zu, als im Jahr 1958 auf der Generalsynode der altlutherischen Kirche Anträge gestellt wurden, die eine Neuregelung des Verhältnisses der altlutherischen Kirche zu »landeskirchlichen Lutheranern in statu confessionis« mit der Wiederaufnahme von Kirchengemeinschaft forderten. Die Generalsynode traf zwar keine eindeutige Entscheidung, modifizierte aber die Beschlüsse der 24. Generalsynode der altlutherischen Kirche von 1947, die damals lauteten:

> »[Die] Generalsynode erkennt an, daß Kirchengemeinschaft unserer Kirche mit allen direkt oder indirekt der EKD angehörenden Kirchen nach Augustana VII grundsätzlich nicht mehr möglich ist. / Der Ausdruck ›grundsätzlich‹ ist folgendermaßen auszulegen. Nur bei einzelnen Gliedern der betreffenden Kirchen, soweit sie ihre konfessionelle Stellung in ernstem Ringen durch entsprechendes Handeln bezeugen, ist eine Ausnahme auf Zeit möglich. / Der Begriff ›Kirchengemeinschaft‹ ist im Sinne der Kanzel- und Abendmahlsgemeinschaft zu verstehen.«[76]

Die 26. Generalsynode der altlutherischen Kirche vom 22. Oktober 1958 nahm darauf Bezug und beschloss:

> »Beschluß 3/47 [wird] außer Kraft gesetzt und durch folgende Regelung ersetzt: / 1. Das Oberkirchenkollegium wird beauftragt, unter Fühlungnahme mit den verbündeten lutherischen Freikirchen intensive Verhandlungen mit der VELKD zu führen. Dabei sind die Möglichkeiten und Bedingungen zur Wiederherstellung der Kirchengemeinschaft auf der Grundlage bestimmter Zusagen zu klären und festzulegen. / 2. Bis zur nächsten Generalsynode gilt folgende Übergangsregelung: / Mit den lutherischen Landeskirchen besteht keine generelle Kirchengemeinschaft. / Nur solche Pastoren der lutherischen Landeskirchen, die für die uneingeschränkte Geltung des lutherischen Bekenntnisses Zeugnis ablegen, kann die gastweise Zulassung zu Altar und Kanzel unserer Kirche eingeräumt werden. Dazu ist die Zustimmung des Oberkirchenkollegiums einzuholen. / Die gastweise Abendmahlszulassung anderer Glieder lutherischer Landeskirchen wird der Entscheidung unserer Pastoren an-

---

[75] GOTTHOLD ZIEMER, Bedenken gegen die »Einigungssätze«, Greifswald 1957, Kirchenarchiv der SELK, GZIE-004, Hervorhebungen im Original.

[76] KIRSTEN/OESCH/STALLMANN, Analyse (s. Anm. 56), Anhang; vgl. STOLLE, Wandel (s. Anm. 42), 289.

heimgestellt. Die gelegentliche gastweise Kommunion von Gliedern unserer Kirche an Altären lutherischer Landeskirchen darf nur nach gewissenhafter Prüfung gemäß unserer Bekenntnispflicht erfolgen.«[77]

Diese Entwicklung innerhalb der altlutherischen Kirche führte zu großen Bedenken von Seiten der sächsischen Freikirche.[78] Man fürchtete, dass die Bedingung der Möglichkeit für die Anerkennung der altlutherischen Kirche als einer Bekenntniskirche, d. h. die Übernahme des »de-facto-Denkens« seitens der Altlutheraner, nicht mehr gegeben wäre, was wiederum die Aufhebung der Kirchengemeinschaft zwischen altlutherischer Kirche und sächsischer Freikirche zur Folge hätte. Deutlich in diesem Sinne äußerte sich der Synodalrat der sächsischen Freikirche dem Oberkirchenkollegium gegenüber in einem Antwortschreiben vom 23. Juni 1958.[79] In diesem Kontext wird unter anderem festgestellt:

> »Schlimm ist, daß die langjährige und mühevolle Arbeit des theologischen Ausschusses unserer Kirchen nirgends in den Beschlüssen zum Tragen kommt und überhaupt theologische Gesichtspunkte in den Beschlüssen der Schwesterkirche nicht sichtbar werden.«[80]

Der scheinbar unvermeidliche Bruch kam allerdings nicht zustande, weil es der 29. Generalsynode der altlutherischen Kirche und der 65. Allgemeinen Synode der sächsischen Freikirche 1968 gelang, jeweils eine »Gemeinsame Erklärung zur Verbindlichkeit der Einigungssätze« mit folgendem Wortlaut zu verabschieden:

> »An der 1947 beiderseitig ausgesprochenen Zustimmung zu den Einigungssätzen, daß sie mit der Heiligen Schrift und den lutherischen Bekenntnisschriften übereinstimmen, wird festgehalten. / Unsere Kirchen bestätigen daher auch die damals getroffene Feststellung, daß mit den Einigungssätzen die früher vorhandenen Lehrdifferenzen zwischen unseren Kirchen überwunden sind, und bejahen noch heute die daraus gezogene Konsequenz, daß es infolgedessen geboten war, Kirchengemeinschaft miteinander aufzurichten und zu halten. / Nach wie vor soll darum in unseren Kirchen in den früher strittigen Fragen im Sinne der getroffenen Vereinbarungen gepredigt, gelehrt und gehandelt werden, und es soll alles vermieden werden, was ihre Geltung in der Öffentlichkeit in Frage stellt. / Aus gegebener Veranlassung wird aber betont, daß die Einigungssätze als Lehrerklärungen für eine bestimmte Situation

---

[77] KIRSTEN/OESCH/STALLMANN, Analyse (s. Anm. 56), Anhang.
[78] Vgl. H. STALLMANN, An die Pfarrer der Evang.-Luth. Freikirche, 4. November 1958, Kirchenarchiv der SELK, WMO-055.
[79] Vgl. KIRSTEN/OESCH/STALLMANN, Analyse (s. Anm. 56), Anhang.
[80] A. a. O., 4.

den Bekenntnissen der Kirche nicht gleichgestellt werden und nicht Gegenstand der Verpflichtung bei der Ordination sein sollen. Die Kirchen sind sich ferner klar darüber, daß auch über die Vereinbarungen hinaus die behandelten Fragen – zumal angesichts neu auftretender Probleme – weiterer Erforschung bedürfen, und wollen in diesem Sinne offen bleiben für weitere Aussprachen und Verhandlungen untereinander und mit anderen Kirchen. Mit dieser Bereitschaft soll das bereits Erreichte nicht in Zweifel gezogen werden.«[81]

Die beiden Kirchen hielten also an der damals ausgesprochenen Versöhnung fest.[82] Doch dieser Text ist insofern bemerkenswert, als er eine gewisse Verlagerung der Bedeutung der »Einigungssätze« von der dogmatischen auf die historische Ebene aufweist. Denn es ist darin die Rede von der »damals getroffene[n] Feststellung« und den »früher vorhandenen Lehrdifferenzen« bzw. »früher strittigen Fragen«. Was heute noch gilt, sind die darin gezogenen Konsequenzen, d.h. die Feststellung von Kirchengemeinschaft. Darüber hinaus wird betont, dass die »Einigungssätze« »Lehrerklärungen für eine bestimmte Situation« gewesen seien und den lutherischen Bekenntnissen nicht »gleichgestellt werden« sollten. Anlass zu dieser Aussage gaben die Stimmen innerhalb der sächsischen Freikirche, die auch die »Einigungssätze« in das Ordinationsgelübde lutherischer Pfarrer mit aufnehmen wollten.[83] Außerdem zeigt diese gemeinsame Erklärung eine Kompromissbereitschaft von Seiten der sächsischen Freikirche, die im Entstehungsprozess der »Einigungssätze« noch nicht vorhanden war.

Mit dem Bekenntnis zur »Verbindlichkeit der Einigungssätze« von 1968 blieben die Evangelisch-lutherische (altlutherische) Kirche und die Evangelisch-Lutherische Freikirche weiterhin in Kirchengemeinschaft miteinander und schlossen sich mit der (alten) Selbständigen evangelisch-lutherischen Kirche 1972 erfolgreich in der damaligen Bundesrepublik zur Selbständigen Evangelisch-Lutherischen Kirche (SELK) zusammen. Ihre Verschiedenheit ist also »versöhnt« geblieben und dies hat zur »Einheit« der heutigen SELK geführt. In der ehemaligen Deutschen Demokratischen Republik, wo nur die altlutherische Kirche und die sächsische Freikirche vertreten waren, kam es ebenfalls 1972 jedoch lediglich zur Gründung eines Dachverbands, der »Vereinigung selbständiger evangelisch-lutherischer Kirchen« (VselK). Die Entfremdung schritt aber voran und kulminierte 1984 mit der Kündigung der Kirchengemeinschaft vonseiten der sächsischen

---

[81] Gemeinsame Erklärung der 29. Generalsynode der Evangelisch-lutherischen (altlutherischen) Kirche in der Bundesrepublik Deutschland und der 65. Allgemeinen Synode der Evangelisch-lutherischen Freikirche im Jahre 1968, Kirchenarchiv der SELK, ELF-008; vgl. KIRSTEN, Einigkeit (s. Anm. 42), 261.

[82] Zum ganzen Verfahren vgl. KLÄN, Gründungsgeschichte (s. Anm. 7), 182–185.

[83] Vgl. Prinzipielles zur Zeitfrage nach der Verbindlichkeit kirchlicher Einigungsthesen, in: LRb 15 (1967), 82–87, hier 87.

Freikirche.⁸⁴ Auch hier spielte die Frage nach der sog. »Verbalinspiration« die entscheidende Rolle.⁸⁵

5 Fazit – Verschiedenheit und Versöhnung

Die beiden Kirchenkörper der »Einigungssätze« von 1948 waren äußerst verschieden. Aus der Opposition gegen die preußische Union geboren, verstand sich die altlutherische Kirche als in einer Liga mit den lutherischen Landeskirchen spielend. Diese Haltung spiegelt sich unter anderem in der Befürwortung und Betreibung einer wissenschaftlich-theologischen Arbeit wider, die auch die biblische historisch-kritische Forschung miteinschloss. Die sächsische Freikirche wiederum entstand aus einer Laienbewegung im Gebiet einer lutherischen Landeskirche und verstand sich, zusammen mit der ihr eng verbundenen Missouri-Synode, in erster Linie als die wahre lutherische Kirche im Gegenüber zu allen anderen, die in ihrer Sichtweise zwar *de iure*, aber nicht *de facto* lutherische Kirchen seien. Dies zeigte sich unter anderem in der strikten Ablehnung der historisch-kritischen Bibelauslegung zugunsten der »Verbalinspiration« und der Ablehnung jeglicher ökumenischer Zusammenarbeit.

Die gegenseitige Annäherung, Anerkennung und Feststellung von Kirchengemeinschaft – und durchaus »Versöhnung« – zwischen Altlutheranern und sächsischer Freikirche im Rahmen der »Einigungssätze« ist aus diesen Gründen bemerkenswert, doch genau deswegen auch ambivalent. Volker Stolle urteilt:

> »In diesen Einigungssätzen erklärten die beiden Kirchen zwar, ›daß sie zur vollen Einigkeit im Glauben und in der Lehre gelangt‹ seien und nannten die bisher kritischen Punkte. [...] / Es folgten dann aber Ausführungen über die erlangte gemeinsame Sicht. Die beseitigten bisherigen Differenzpunkte wurden nicht näher bestimmt. Vor allem wurde die Frage überhaupt nicht angeschnitten, welche Probleme sich in der praktischen Umsetzung der Grundsätze ergeben hatten und wie diese in Zukunft zu meistern wären.«⁸⁶

Ich möchte allerdings nicht so weit gehen und behaupten, dass die »Einigungssätze« »nicht operationabel« seien oder »zu keinem neuen kirchlichen Impuls«

---

⁸⁴ Vgl. DA SILVA, Modell (s. Anm. 42), 248 f.
⁸⁵ Vgl. Synodalbeschluss der Evangelisch-Lutherischen Freikirche vom 26.5.1984 in Hartenstein, betr. die Suspendierung der Kirchengemeinschaft mit der Evangelisch-lutherischen (altlutherischen) Kirche, in: KLÄN/DA SILVA (Hrsg.), Quellen (s. Anm. 5), 270–272.
⁸⁶ STOLLE, Wandel (s. Anm. 42), 290.

geführt hätten.[87] Denn meines Erachtens muss man zwischen ihrer systematisch-theologischen auf der einen und ihrer historisch-kirchenrechtlichen Bedeutung bzw. Leistung auf der anderen Seite differenzieren.

Die »Einigungssätze« haben die Verschiedenheit von altlutherischer Kirche und sächsischer Freikirche nur miteinander »versöhnen« können, indem sie die Fragen und Probleme, die die Verschiedenheit ausmachten, systematisch-theologisch nicht gründlich behandelt haben. Darüber hinaus trug die von der sächsischen Freikirche forcierte redaktionelle Entwicklung des Textes in Richtung »Verbalinspiration« keinesfalls zur systematisch-theologischen Klärung bei, sondern ist sogar eine der Voraussetzungen der Krise in den 1960er Jahren gewesen. In den »Einigungssätzen« wurde der Versuch unternommen, die verschiedenen Zugänge zur Schriftlehre in nur eine Richtung zu lenken, was sich in der späteren Krise rächte. Doch der historische Wunsch zur gegenseitigen Anerkennung und Feststellung der Einheit war entscheidend, sodass die Unzulänglichkeiten und Einseitigkeiten der »Einigungssätze« in Kauf genommen wurden.

Dies und die Tatsache, dass die Wiederaufnahme der Bedeutungsfrage im Rahmen des Verbindlichkeitsstreits in den 1960er Jahren nicht zu einer inhaltlichen, sondern eher formalen Feststellung der Weitergeltung führte, zeigt, dass die Verschiedenheit blieb, aber durch den Hinweis auf das historische Ereignis als weiterhin nicht kirchentrennend erachtet wurde. Somit haben die »Einigungssätze« die historisch-kirchenrechtliche (bemerkenswerte) Leistung erbracht, dass sie die Verschiedenheit geeint bzw. »versöhnt« haben.

In diesem Sinne haben die »Einigungssätze« ihren Zweck durchaus erfüllt. Sie haben 1948 die gegenseitige Anerkennung und somit die Feststellung von Kirchengemeinschaft zwischen der altlutherischen Kirche und der sächsischen Freikirche sowie etwa zwanzig Jahre später – zumindest in Westdeutschland – die Überwindung einer schweren Entfremdungskrise ermöglicht. Genau in dieser Rolle und wegen dieser Leistung möchte ich behaupten, dass sie *mutatis mutandis* und mit allen Unzulänglichkeiten, die der Begriff in sich birgt, eine »Einheit in versöhnter Verschiedenheit« zustande gebracht haben.

---

[87] A.a.O., 291.

Streit als Anerkennung
Impulse der neueren Kritischen Theorie für den Umgang mit inner- und zwischenkirchlichen Konflikten

Christian Neddens

1 Hinführung: Konsens und Konflikt im Leben der Kirchen

»Sie blieben aber beständig in der Lehre der Apostel und in der Gemeinschaft und im Brotbrechen und im Gebet. [...] Und sie waren täglich einmütig beieinander [...]«, so heißt es in Apg 2,42.44–46.[1]

Einmütigkeit in Lehre und Leben – dieses hehre Ideal steht quasi als Überschrift über dem, was »Kirche« bzw. »Gemeinde« nach dem Neuen Testament ausmachen soll. »Seid darauf bedacht, zu wahren die Einigkeit im Geist durch das Band des Friedens: *ein* Leib und *ein* Geist, wie ihr auch berufen seid zu *einer* Hoffnung eurer Berufung; *ein* Herr, *ein* Glaube, *eine* Taufe; *ein* Gott und Vater aller, der da ist über allen und durch alle und in allen« (Eph 4,3–6). Die Einmütigkeit der Gemeinde wird hier unmittelbar mit der Einheit Gottes – an anderer Stelle mit der Einheit des Leibes Christi (z. B. 1 Kor 12,12 f.) – in Bezug gesetzt.

Diesem hohen Konsensideal steht auf der anderen Seite faktisch ein erhebliches Streitpotential gegenüber, wie es sich in den Briefen und Evangelien niedergeschlagen hat (z. B. 1 Kor 1,10–12). Und das ist bis heute so. Das Christentum hat sich in eine Vielzahl von Konfessionen differenziert. Und die einzelnen Konfessionskirchen ihrerseits sind von massiven inneren Konflikten geschüttelt, die sich häufig über die Konfessionsgrenzen hinweg ähneln.

Die Frage, der ich nachgehen möchte, lautet: Muss der Streit den Konsens zerbrechen – oder müssen Dissense um des Zusammenhalts willen unterbunden werden? Oder lässt sich ein Zugleich von Konsens und Dissens ausbalancieren?

Anregung suche ich bei einer Denktradition, die mit Theologie auf den ersten Blick wenig zu tun hat: der Sozialforschung. Genauer: bei aktuellen Arbeiten der dritten Generation der »Frankfurter Schule« und ihrem Umfeld, also der an Hegel

---

[1] Alle Bibelzitate nach Die Bibel nach Martin Luthers Übersetzung. Revidierte Neuausgabe, Stuttgart 2017.

und Marx geschärften Kritischen Theorie. Axel Honneth, Rainer Forst, Thomas Bedorf, Chantal Mouffe oder Rahel Jaeggi versuchen in ihren sozialphilosophischen Studien, Grundstrukturen moderner Gesellschaften zu analysieren und deren Konflikte und Entwicklungsmöglichkeiten offenzulegen.[2] Da natürlich auch Kirchen Sozialgebilde sind, lassen sich manche Einsichten übertragen und von der Außenperspektive her vielleicht auch Potentiale genuin kirchlicher Traditionen neu entdecken.

Interessant für unsere ekklesiologische Fragestellung sind die philosophischen und sozialwissenschaftlichen Impulse auch deshalb, weil sie – großenteils nach 2001 entworfen – den Versuch unternehmen, Positionen mit starken weltanschaulichen oder religiösen Überzeugungen in den gesellschaftlichen Diskurs einzubinden. Zugleich rücken sie die Fragilität des gesellschaftlichen Zusammenhalts ins Bewusstsein. Damit setzen sie sich ein Stück ab vom Liberalismus ihrer Vorgängergeneration und von den hohen Erwartungen, die der relativierenden und dadurch befriedenden Kraft des Liberalismus entgegengebracht wurden.

Die Weiterentwicklung in den Sozialwissenschaften von John Rawls und Jürgen Habermas hin zu etwa Chantal Mouffe und Nicole Deitelhoff spiegelt sich auch in der ökumenischen Diskussion. Das in den 1970er Jahren entworfene liberale Modell »versöhnter Verschiedenheit«[3] mit seiner tendenziell relativisti-

---

[2] Jürgen Habermas wird in der Regel als Hauptvertreter der zweiten Generation der Kritischen Theorie gezählt. Gleichwohl hatte er sich durch Aufnahme zahlreicher neuer Impulse deutlich von den Ansätzen Adornos und Horkheimers gelöst und lehnte auch die Leitung des Instituts für Sozialforschung (IfS) ab. Dessen Direktor war 2001–2018 Axel Honneth, der als Vertreter der dritten Generation der Frankfurter Schule gilt. Das gilt auch für Rainer Forst, der bei Habermas promoviert wurde und bei Honneth habilitierte. Rahel Jaeggi war ebenfalls Mitarbeiterin bei Axel Honneth und am IfS tätig. Der Begriff der Kritischen Theorie wird hier nicht im strengen Sinne einer Schule verstanden, sondern bezeichnet das weitere Feld kritischer Sozialtheorie, die im losen Zusammenhang mit den Arbeiten der Frankfurter Schule und ihrer Hegel- und Marx-Rezeption stehen. Insofern können auch Chantal Mouffe, Thomas Bedorf und Nicole Deitelhoff, die seit 2009 als Professorin in Frankfurt – unter anderem in Zusammenarbeit mit Rainer Forst – wirkt, zur dritten Generation der Kritischen Theorie gerechnet werden.

[3] Vgl. JUTTA KOSLOWSKI, Die Einheit der Kirche in der ökumenischen Diskussion. Zielvorstellungen kirchlicher Einheit im katholisch-evangelischen Dialog, SSThE 52, Berlin 2008, 113–116. Die Sechste Vollversammlung des Lutherischen Weltbundes in Daressalam hielt fest: »Das Modell soll zum Ausdruck bringen, dass die konfessionellen Ausprägungen des christlichen Glaubens, in ihrer Verschiedenheit, einen bleibenden Wert besitzen; dass diese Verschiedenheiten aber, wenn sie gemeinsam auf die Mitte der Heilsbotschaft und des christlichen Glaubens bezogen sind und diese Mitte nicht in Frage stellen, ihren trennenden Charakter verlieren und miteinander versöhnt werden können zu einer verpflichtenden ökumenischen Gemeinschaft, die in sich auch kon-

schen Pointe, das auch die Leuenberger Konkordie geprägt hat, ist in den 2000er Jahren mit dem Konzept der »Ökumene der Profile« korrigierend weitergeführt worden, das dem Umstand Rechnung tragen sollte, dass wir, so Wolfgang Huber 2006, »mit bleibenden Differenzen ökumenisch zu leben« haben.[4]

Veranschaulichen möchte ich diese sozialwissenschaftlichen Impulse und ihren möglichen Ertrag am Beispiel der kleinen Selbständigen Evangelisch-Lutherischen Kirche (SELK), aus der ich stamme. Es handelt sich um eine Bekenntniskirche, die 1972 aus der Vereinigung einer Vielzahl unterschiedlich geprägter lutherischer Freikirchen hervorgegangen war und die sich auf die Bibel und auf die lutherischen Bekenntnisschriften als die normativen Urkunden ihrer Lehr- und Glaubenseinheit beruft. Trotz bzw. wegen dieses dezidierten Lehr-

---

fessionelle Gliederung bewahrt« (Daressalam 1977, Sechste Vollversammlung des LWB, Frankfurt 1977, 205). Vgl. KARL-HINRICH MANZKE, »Einheit in versöhnter Verschiedenheit« – Perspektiven für die ökumenische Bewegung aus evangelisch-lutherischer Sicht, Vortrag an der Kath. Akademie München, April 2015, 3, URL: https://www.landeskirche-schaumburg-lippe.de/fileadmin/landeskirche/Dateien/Landesbischof/Vortrag/2015_April_kath_akademie_muenchen.pdf (Stand: 17.5.2023). Auch Manzke räumt ein, am Modell der »Einheit in versöhnter Verschiedenheit« werde im ökumenischen Dialog kritisiert, dass es »auf das Bemühen um die Klärung ganz offensichtlicher Differenzen und damit das Bemühen, sie in Lehrgesprächen zu deuten, zu verstehen und zu überwinden, verzichtet« (a.a.O., 6).

[4] WOLFGANG HUBER, »Was bedeutet Ökumene der Profile?« – Vortrag beim Symposion »Ökumene der Profile« der Evangelischen Kirche im Rheinland in Düsseldorf, 29.5.2006, URL: https://www.ekd.de/EKD-Texte/patient/20264.htm (Stand: 17.5.2023). Vgl. ebd.: »Zur Ökumene der Profile gehört deshalb unabdingbar die Ernsthaftigkeit, die jeweils für unsere Kirchen unaufgebbaren theologischen Einsichten auszusprechen und zu vertreten. Eine Ökumene der Profile ist wahrheitsorientiert, sie will das benennen, was den Vätern und Müttern unseres Glaubens unveräußerlich war. Es sollen nicht alte, schon überwundene Gegensätze künstlich wieder belebt werden, um sich zu profilieren. Wohl aber sollen zentrale, für den jeweiligen Glauben unhintergehbare Einsichten ebenso fair wie klar benannt werden. Eine präzise Beschreibung dieser Differenzen ist darum der erste Beitrag zu einer Ökumene der Profile. Deswegen hat Eberhard Jüngel völlig Recht, wenn er vor Kurzem in der FAZ formulierte: ›Um der Wahrheit des Evangeliums willen streben denn auch die christlichen Kirchen nach ihrer Einheit. Kirchenpolitische Opportunitäten haben sich der Verpflichtung zur Wahrheit strikt unterzuordnen. Und eben deshalb erwarte ich, dass man sich möglichst präzise darüber verständigt, worüber man sich vorerst nicht zu verständigen vermag‹ (FAZ vom 15.8.2005). Der unerlässlich zweite Schritt für diesen Geist der Wahrheit in einer Ökumene der Profile liegt darin, einen ökumenisch tragfähigen Umgang mit den bleibenden Unterschieden zwischen unseren Kirchen zu finden. In diese Bemühungen bringen die Kirchen der Reformation ihre eigenen Lernerfahrungen mit ein.«

konsenses[5] wurde und wird in ihr gestritten und debattiert – und zwar auf allen Ebenen, weil sie als »Freikirche« von der Beteiligung ihrer Glieder lebt: über die Autorität in der Kirche, über die rechte Schriftauslegung und ihre Methoden, über zeitgemäße Formen des Gottesdienstes, über den Umgang mit politischer Verantwortung, die Reichweite ökumenischer Beziehungen, die Rollen von Männern und Frauen in der Kirche und so weiter. In dieser Kirche gibt es ein ausgeprägtes Bewusstsein für das, was eint, und ein ebenso ausgeprägtes Bewusstsein für die inneren Spannungen und Differenzen. Die SELK eignet sich also bestens zur Veranschaulichung eines starken Konsenses bei gleichzeitigem robustem Dissens.

Nun könnte man eingehende kirchengeschichtliche Reflexionen anstellen, ob und gegebenenfalls warum das Luthertum besonders streitbar oder gar streitliebend war und ist. Der Göttinger Kirchenhistoriker Thomas Kaufmann jedenfalls konstatiert mit Blick auf das 16. und 17. Jahrhundert, dass die Schüler der Wittenberger Reformation nicht nur vor Abschluss der Konkordienformel (FC) 1577 herzhaft miteinander stritten, sondern dass auch danach »im Luthertum heftig, nun freilich auf der Basis der in der FC gefundenen Kompromisse, weitergestritten wurde«[6]. Auch Gunther Wenz betont in seiner »Theologie der Bekenntnisschriften der evangelisch-lutherischen Kirche« mit Rekurs auf die langjährige Leiterin des Mainzer Instituts für Europäische Geschichte, Irene Dingel: »Concordia und Kontroverse gehören zusammen und zwar auch in binnenreformatorischer Perspektive, ja selbst in Hinblick auf den engeren Kontext der Wittenberger Reformation« – und das galt und gilt auch »trotz der homogenisierenden Kraft des Konkordienwerkes«[7].

---

[5] Für die SELK spielt die *concordia* eine große Rolle, die »Einigkeit im Glauben und in der Lehre«, wie Hans Kirsten seine Erinnerungen an den »Weg der lutherischen Freikirchen in Deutschland« nach 1945 überschrieben hat (HANS KIRSTEN, Einigkeit im Glauben und in der Lehre. Der Weg der lutherischen Freikirchen in Deutschland nach dem letzten Kriege, Groß Oesingen [1980]). Ihre Glieder sind häufig bereit gewesen für das als recht Erkannte einzustehen und dafür auch »einsame Wege« in Kauf zu nehmen (wie Hans und Peter Lochmann ihre Erinnerungen betitelten): HANS und PETER LOCHMANN, Einsame Wege. Seit 150 Jahren Selbständige Evangelisch-Lutherische Kirche, (Selbstverlag) 1980.

[6] THOMAS KAUFMANN, Zur Einführung, in: ROBERT KOLB, Die Konkordienformel. Eine Einführung in ihre Geschichte und Theologie, OUH.E 8, Göttingen 2011, 12. Ein aktueller Sammelband lässt die Theologie überhaupt als Streitkultur vor Augen treten. Vgl. UTA HEIL/ANNETTE SCHELLENBERG (Hrsg.), Theologie als Streitkultur, WJTh 13, Göttingen 2021.

[7] GUNTHER WENZ, Theologie der Bekenntnisschriften der evangelisch-lutherischen Kirche, Bd. 2, Berlin/New York 1998, 532. Vgl. IRENE DINGEL, Concordia controversa. Die öffentlichen Diskussionen um das lutherische Konkordienwerk am Ende des 16. Jahrhunderts, QFRG 63, Gütersloh 1996. Die Interpretationsbedürftigkeit der Bekenntnis-

Die Gründe für diese Streitfreudigkeit oder zumindest Streitbereitschaft sind vielfältig.[8] Aber wenn man mit Wilhelm Löhe die lutherische Kirche als »einigende Mitte der Konfessionen«[9] verstehen mag, dann wäre es durchaus folgerichtig, dass die theologischen Kontroversen eben genau hier in der Mitte heftig zum Austrag kommen.

Im Folgenden möchte ich die These zur Diskussion stellen, *ob nicht auch und gerade der fair ausgetragene Streit (trotz seiner sozialen Sprengkraft) wechselseitige Anerkennung zum Ausdruck bringen und so der kirchlichen Einheit dienen kann.*

Meines Erachtens gilt es, mit zwei verbreiteten und einander widersprechenden Illusionen aufzuräumen: Das eine ist die Illusion völliger Einmütigkeit in allen Fragen christlicher Lehre und christlichen Lebens, die kirchlich durchzusetzen sei. Ebenso verbreitet ist aber auch die Illusion, Einmütigkeit sei überflüssig. Kirche könne auch in einem unbeschränkten Pluralismus christlicher Lehr- und Lebensformen existieren, der allein durch das Toleranzprinzip normativ abgesichert ist.[10] Zwischen einer solchermaßen autoritären Ekklesiologie einerseits und ihrem liberalen Gegenpart frage ich im Folgenden danach, wie sich eine Gleichzeitigkeit von Konsens und Dissens als Wesensmerkmal von gelebter Kirche argumentativ verteidigen und positiv würdigen ließe.

Bei der biblisch vorgeprägten Idealisierung des Konsenses liegt es nahe, den (ebenfalls biblisch bezeugten und) bis heute real existierenden Streit in und zwischen Gemeinden und Kirchen als tunlichst zu meidendes Übel anzusehen. Das hat aber eine Reihe unerfreulicher Folgen wie die Verschleierung von Machtverhältnissen und die Unterbindung notwendiger Lernprozesse. Will man

---

schriften wird in diesen selbst zur Sprache gebracht, indem der Vorwurf der Altgläubigen kolportiert wird, »das nicht zwene Praedicanten gefunden, die in allen und jeden Artickeln der Augspurgischen Confeßion einig, sondern dermassen untereinander zerrissen und zertrennet, das sie selbst nicht mehr wissen, was die Augspurgische Confeßion und derselben eigentlicher verstand sey« (Formula Concordiae, Solida Declaratio, BSELK 1596,26-1598,1).

[8] Die Konkordienformel unterscheidet in FC SD, BSELK 1316,14-20 hierbei zwischen unnötigem Gezänk, das nur die Gemeinden verwirrt, und notwendigem Streit, »welcher die Artickel des Glaubens oder die fürnehme Hauptstück der Christlichen Leer angehet«.

[9] WILHELM LÖHE, Drei Bücher von der Kirche (1845), Gesammelte Werke 5/1, hrsg. v. KLAUS GANZERT, Neuendettelsau 1954, 83-179, 162.

[10] Dem seinerzeit vieldiskutierten Impulspapier des Rats der EKD »Kirche der Freiheit. Perspektiven für die Evangelische Kirche im 21. Jahrhundert« haben Kritiker eine Tendenz zu neoliberaler Gesinnung vorgeworfen. Kirche werde hier theologisch diffus und soziologisch pluralistisch als »Kirche der Freiheit und der Individualität« (86) präsentiert. Vgl. zur Kritik MICHAEL HOLLENBACH, Mit viel Pathos falsche Ziele gesetzt? Zehn Jahre Impulspapier »Kirche der Freiheit«, Deutschlandfunk, Kultur 26.6.2016, URL: www.deutschlandfunkkultur.de/zehn-jahre-impulspapier-kirche-der-freiheit-mit-viel-pathos-100.html (Stand: 17.5.2023).

diese negativen Folgen vermeiden, müsste Streit als produktive Kraft ekklesiologisch integriert werden, zumindest solange er sich auf der Grundlage eines normativen Grund-Konsenses bewegt.

2 Impulse aus der Kritischen Theorie

2.1 Kirche als Sozialraum wechselseitiger Anerkennung – Rekurs auf Axel Honneth

Wechselseitige »Anerkennung« ist zu einem Schlüsselbegriff geworden, mit dessen Hilfe in der gegenwärtigen Sozialphilosophie die Grundstrukturen moderner Gesellschaften erklärt werden. In der wechselseitigen Anerkennung verbinden sich zwei Elemente auf charakteristische Weise, die für moderne Gesellschaften schlichtweg unverzichtbar sind: die Freiheit und Selbstbestimmung der Einzelnen und der soziale Zusammenhalt der Gesellschaft.

Die Analyse von Anerkennungsverhältnissen geht maßgeblich auf den Frankfurter Sozialphilosophen Axel Honneth (*1949) zurück, der bis 2018 Direktor des Instituts für Sozialforschung (IfS) war. Honneth unterscheidet drei Formen von Anerkennungsverhältnissen: Liebe – Recht – Solidarität.

Liebe: In der Liebe erfahren sich die Liebenden mit ihren Bedürfnissen und Empfindungen angenommen und anerkannt.[11] Solche Anerkennung vermittelt Selbstvertrauen und ermöglicht es den Liebenden ihrerseits Anerkennung zu geben, wodurch sie sich als selbstbestimmte und selbsttätige Subjekte erleben.

Recht: Während in traditionalen Gesellschaften die Rechtsansprüche einer Person von ihrem sozialen Stand abhingen, hat sich in der Moderne das Recht egalisiert. Allen Mitgliedern der Gesellschaft kommen grundsätzlich gleiche, einklagbare Rechte zu, unabhängig von Stand oder persönlichen Leistungen.[12] Die rechtliche Anerkennung gibt den Subjekten Würde und vermittelt Selbstachtung, weil diese ihre Autonomie als geschützt und geachtet erfahren.

Solidarität: Eine dritte Form der Anerkennung bezieht sich auf die Fähigkeiten und Leistungen, die ein Individuum oder eine Gruppe für eine Gesellschaft wertvoll machen. Deren Anerkennung führt dazu, dass sich Menschen in der Gesellschaft geachtet und wertgeschätzt fühlen. Wo diese Wertschätzung ver-

---

[11] AXEL HONNETH, Kampf um Anerkennung. Zur moralischen Grammatik sozialer Konflikte, Frankfurt a. M. [11]2021, 153: »In der reziproken Erfahrung liebevoller Zuwendung wissen beide Subjekte sich darin einig, dass sie in ihrer Bedürftigkeit vom jeweils anderen abhängig sind.«

[12] Vgl. a. a. O., 177: »[D]ie Rechtssubjekte erkennen sich dadurch, daß sie dem gleichen Gesetz gehorchen, wechselseitig als Personen an, die in individueller Autonomie über moralische Normen vernünftig zu entscheiden vermögen.«

misst wird, stellt sich der Kampf um Anerkennung ein, etwa wo gesellschaftliche Gruppen sozial herabgesetzt oder sogar rechtlich benachteiligt werden.[13]

So unterschiedlich alle drei Anerkennungsverhältnisse sind, ist ihnen doch gemeinsam, dass der Mitmensch als eine Person respektiert wird, »die zur Mitsprache über die Gestaltung unserer gemeinsamen Lebenspraxis berechtigt ist«[14]. Die praktische Ausgestaltung der Anerkennungsformen unterliegt historischen Wandlungen, während die grundlegende Angewiesenheit auf Anerkennung zur Ausbildung einer autonomen Persönlichkeit konstant bleibt. »Das Subjekt bedarf der Achtung durch Andere, um sich als Subjekt erleben zu können.«[15] Das Ganze hat eine durchaus paradoxe Struktur, die aber unaufhebbar ist:

> »Um meiner selbst gewiss zu sein als einer, der den Anderen nicht braucht (autonomes Subjekt), bin ich abhängig von der Anerkennung durch den Anderen (Interdependenz) als einem, der mich nicht braucht (autonomes Subjekt).«[16]

Ich sehe eine Nähe von Honneths dreiteiligem Anerkennungsmodell zur Grundstruktur lutherischer Ekklesiologie, wie sie sich vom Augsburger Bekenntnis 1530 (CA) oder von Luthers Freiheitsschrift her entfalten lässt – auch wenn die Voraussetzungen andere sind. Ich muss skizzieren: Die Taufe als Ausdruck und Ereignis einer vorausgehenden Anerkennung der Gottlosen (Röm 5,10) als Gotteskinder (Röm 6,1–4; 1 Joh 4,9) ist zugleich Eingliederung in den Leib Christi und insofern in die Christusgemeinschaft der Kirche. Die daraus folgende Anerkennung der Getauften untereinander als Glieder dieses Leibes und damit als gleichberechtigte Könige und Königinnen, Priesterinnen und Priester (1 Petr 2,9) ist Bedingung für die Freiheit, die Christenmenschen einander zugestehen (Gal 5,1) und in der sie einander Mitsprache bei der Gestaltung von Kirche einräumen (Röm 3,3–8; 1 Kor 12,1–11).[17] So begegnen Christen und Christinnen aufgrund der zuvorkommenden Gnade einander in *Liebe* (1 Joh 4,19), gestehen einander dieselben *Rechte* als Kinder des einen Gottes zu (Gal 3,25–29;

---

[13] Ziel der Anerkennungsverhältnisse sind nach Paul Ricœur »Friedenszustände«, nämlich die Erfahrung spontan und ungeschuldet anerkannt zu sein, so dass der »Kampf um Anerkennung« verstummt. S. PAUL RICŒUR, Wege der Anerkennung. Erkennen, Wiedererkennen, Anerkanntsein, Frankfurt a. M. 2006.

[14] AXEL HONNETH, Anerkennung. Eine europäische Ideengeschichte, Berlin ²2019, 199.

[15] WERNER NOTHDURFT, Anerkennung, in: JÜRGEN STRAUB/ARNE WEIDEMANN/DORIS WEIDEMANN (Hrsg.), Handbuch interkultureller Kommunikation und Kompetenz. Grundbegriffe – Theorien – Anwendungsfelder, Stuttgart 2007, 110–122, 111.

[16] A. a. O., 112.

[17] Dabei ist natürlich in Rechnung zu stellen, dass wir uns auch wechselseitig in der Selbstunterscheidung begegnen, die für das Christsein konstitutiv ist: als gerechtfertigte Sünderinnen und Sünder, die einander als sündige Menschen erkennen und in denen zugleich Christus für Andere erkennbar werden will.

1 Joh 3,1) und respektieren *solidarisch* die Andersheit der Anderen und ihrer Gaben, wodurch das Zusammenwirken des ganzen Leibes in seiner inneren Differenzierung möglich wird (1 Kor 12,12-30).

Diese Gemeinschaft der Unterschiedlichen und doch Gleichen wird gesichert durch das Bekenntnis, in dem die Alleinwirksamkeit und Vorgängigkeit von Gottes Handeln zu unserem Heil anerkannt wird. So heißt es etwa in der Auslegung zum Dritten Artikel in Luthers Kleinem Katechismus:

> »Ich gleube, das ich nicht aus eigener vernunfft noch krafft an Jhesum Christum, meinen Herrn, gleuben oder zu im kommen kann. Sondern der heilige Geist hat mich durchs Evangelium beruffen, mit seinen gaben erleuchtet, im rechten glauben geheiliget und erhalten, gleich wie er die gantze Christenheit auf Erden berufft, samlet, erleuchtet, heiliget [...].«[18]

Das Bekenntnis zum vorgängigen Handeln Gottes an mir ist verbunden mit dem Zugeständnis, dass Gott in eben dieser Weise auch an der ganzen Christenheit handelt.

Das verhindert aber nicht, dass es in vielen Fragen christlicher Lehre und christlichen Lebens unterschiedliche Ansichten und Schwerpunktsetzungen gibt. Genau genommen ist es sogar unumgehbar. Denn wenn sich, so Axel Honneth, Subjekte an den gemeinsam geteilten Normen »in Hinblick auf deren Auslegung und Anwendung [...] wechselseitig ein Mitspracherecht eingeräumt haben«, dann sind fortlaufend Absprachen nötig, aus denen auch »beständig neuer Streit entstehen« kann.[19]

Sind Auslegungs- und Normenkonflikte in Kirche und Gemeinde unvermeidlich, dann stellt sich die Frage, wie sie sich konstruktiv integrieren lassen. Folgende Aspekte hierzu lassen sich aus der Kritischen Theorie gewinnen und an die lutherische Ekklesiologie rückbinden:
- ein Schutz vor Übermächtigung als »Recht auf Rechtfertigung«,
- die Notwendigkeit von Streit *und* von Institutionen, die ihn einhegen,
- eine Haltung der Toleranz, die nicht relativistisch sein muss,
- eine Offenheit auf Zukunft hin als »provisorische Anerkennung«,
- und schließlich die Ermöglichung zu *lernen*, nämlich durch »immanente Kritik«.

Diese fünf Aspekte werden im Folgenden vorgestellt und diskutiert.

---

[18] BSELK 872, 16-21.
[19] HONNETH, Anerkennung (s. Anm. 14), 231. Das betrifft einerseits die »Zwistigkeiten«, »die stets daraus resultieren können, dass unterschiedliche Auffassungen über die angemessene Auslegung der gemeinsam geteilten Normen vorliegen«, das betrifft andererseits Konflikte, die entstehen, wenn die Anwendungsbereiche der Normen und die von ihnen betroffenen Personen(gruppen) unklar sind (ebd.).

2.2 Das »Recht auf Rechtfertigung« – Rekurs auf Rainer Forst

Der Frankfurter Philosoph Rainer Forst (*1964) versucht, menschliche Sozialgestaltungen, und damit auch die Menschenrechte, von *einem elementaren* Grundrecht her kritisch zu begründen, dem »Recht auf Rechtfertigung«. Dieses Grundrecht bringt die Forderung zum Ausdruck, »dass es keine politischen oder sozialen Herrschaftsverhältnisse geben soll, die gegenüber den Betroffenen nicht adäquat gerechtfertigt werden können.«[20] Jeder Mensch hat einen Anspruch darauf, »als Rechtfertigungswesen respektiert zu werden, d. h. in seiner Würde als Wesen, das Rechtfertigungen geben und verlangen kann«. Er darf keinen »Gesetzen, Strukturen oder Institutionen unterworfen [...] werden, die ›grundlos‹ sind, d. h. als Ausdruck unzureichend legitimierter Macht oder Herrschaft angesehen werden« (10).[21]

Ohne die Überlegungen Forsts hier ausführlich darlegen zu können, scheint mir für unsere ekklesiologische Fragestellung interessant, dass sich eine solche Idee in anderer Gestalt, aber durchaus vergleichbar, im lutherischen Grundbekenntnis, der *Confessio Augustana* (CA), und zwar in der Wesensbestimmung von Kirche (CA 7) wiederfindet, wenn die Kirche nämlich *reduktionistisch* begründet wird:

> »Denn dieses ist gnug zu warer einigkeit der Christlichen kirchen, das da eintrechtiglich nach reinem verstand das Evangelium gepredigt und die Sacrament dem Göttlichen wort gemes gereicht werden. Und ist nicht not [zu warer einigkeit der Christlichen kirchen], das allenthalben gleichformig Ceremonien [Ordnungen], von menschen eingesatzt, gehalten werden«[22].

In der *kritischen* Wesensbestimmung von Kirche, dem: »Es ist genug«, ist das Recht der Gemeinden und ihrer Glieder impliziert – in den Worten Forsts – »Rechtfertigungen zu fordern, anzuzweifeln oder zu liefern« (13) angesichts von Ordnungen und Pflichten, die eben nicht von dieser Grundbestimmung her gedeckt sind (konkret in Augsburg 1530 gegenüber der Forderung zur Teilnahme an der Fronleichnamsprozession oder der Forderung, die Jurisdiktion der Bischöfe anzuerkennen).

---

[20] RAINER FORST, Das Recht auf Rechtfertigung. Elemente einer konstruktivistischen Theorie der Gerechtigkeit, Frankfurt a. M. ³2014, 10.

[21] Entscheidend für das Recht auf Rechtfertigung ist, dass es für alle Menschen einer Gesellschaft gilt und dass es reziprok anzuwenden ist, was heißt, dass »niemand seinem Gegenüber bestimmte Forderungen verwehren darf, die er oder sie selbst erhebt« (a. a. O., 15). Seitenzahlen im Haupttext beziehen sich auf die jeweils zuvor genannte Quelle.

[22] BSELK 102,11–15.

166 Christian Neddens

Nach Forst kommt die Frage nach den Menschenrechten in solchen Situationen überhaupt erst auf, in denen Menschen ihre Rechtlosigkeit wahrnehmen und darüber nachzudenken beginnen. Analog dazu lässt sich behaupten: eine Theorie der Kirche, und zwar als Frage nach ihrer elementaren Beschaffenheit wie in CA 7, tritt genau dann auf, wenn ein kirchliches System von Ordnungen und Pflichten nicht mehr als plausibel, ja vielmehr als ungerecht und unangemessen erkannt wird, wie dies in der Reformation geschah.

CA 7 hat damit einen befreienden Grundzug: nichts darf verpflichtend gemacht werden, was sich nicht aus dem gemeinsamen Recht an Wort und Sakrament ergibt. Für alle Ordnungen und Pflichten in der Kirche, die anderen auferlegt werden, kann Rechtfertigung verlangt und muss gegeben werden.[23]

2.3 Die Notwendigkeit des Streits – Rekurs auf Chantal Mouffe

Die belgische Politologin Chantal Mouffe (*1943) fordert anzuerkennen, dass es auch in der liberalen Demokratie unvereinbare politische Positionen gibt. In einer grundsätzlichen Kritik des liberalen Denkens konstatiert sie, dass der Liberalismus mit seinem Toleranzgebot die Entscheidungen über das gute Leben aus dem politischen Kampf vermeintlich in den rationalen Diskurs, letztlich aber ins Private verlagere. Reale politische Polaritäten würden verschleiert und Oppositionelle als Diskursverweigerer moralisch ausgegrenzt. Insofern erschaffe der Liberalismus ungewollt antiliberale und potenziell bedrohliche Kräfte.

Mouffe fordert darum einen lebendigen politischen *Agonismus*, der aber durch die Einbindung in die demokratischen Prozesse davor bewahrt wird, in *Ant-agonismus* umzuschlagen. Zur Demokratie gehören Wir-Sie-Beziehungen, bei denen die konfligierenden Parteien die Legitimität ihrer Opponenten anerkennen, auch wenn sie deren Positionen rundweg ablehnen.[24] Diese Agonistik werde durch die Anerkennung ordnender Institutionen und formeller Rechtsgrundlagen gebändigt, etwa durch die Stimmabgabe als unblutiger Darstellung der Kräfteverhältnisse.

Entscheidend ist für Mouffe, dass so die Machtfrage sichtbar wird: Jede Gesellschaft ist hegemonial strukturiert, was Gegenkräfte auf den Plan rufe. Nur wenn ein solcher Agonismus anerkannt werde, können die Machtverhältnisse legitim und demokratisch zum Ausdruck gebracht werden – was natürlich die

---

[23] Vgl., mit anderer Pointe, NOTGER SLENCZKA, Theologie der reformatorischen Bekenntnisschriften. Einheit und Anspruch, Leipzig 2020, 209–223.
[24] CHANTAL MOUFFE, Über das Politische. Wider die kosmopolitische Illusion, Frankfurt a. M. [8]2020, 30: »Sie sind ›Gegner‹, keine Feinde. [...] [S]ie teilen einen gemeinsamen symbolischen Raum, in dem der Konflikt stattfindet. Als Hauptaufgabe der Demokratie könnte man die Umwandlung des Antagonismus in Agonismus ansehen.«

mögliche Änderung dieser Verhältnisse einschließt. Für das agonistische Spiel der Kräfte sind nach Mouffe zwei Bedingungen erforderlich: ein Grundkonsens »über die ethisch-politischen Werte der Freiheit und der Gleichheit aller« (158) sowie ein institutionell gesicherter Raum für Dissens.[25]

Wenden wir den Blick wieder zur lutherischen Ekklesiologie: Ein solcher Grundkonsens »über die ethisch-politischen Werte der Freiheit und der Gleichheit aller« ist mit dem Rechtfertigungsartikel der *Confessio Augustana* (CA 4) und ihrem reduktionistischen Kirchenbegriff (CA 7) durchaus angelegt. Im frühneuzeitlichen Luthertum fehlte es dann aber an der nach Mouffe erforderlichen zweiten Prämisse, nämlich einem institutionellen Raum für Dissens, etwa in Gestalt von Synoden, auf denen sich die widerstreitenden Interpretationen und Lebensgestaltungen hätten miteinander messen können.[26]

2.4 »Toleranz im Konflikt« – noch einmal Rainer Forst

Der bereits erwähnte Rainer Forst schlägt in einer anderen Studie ein auch für unsere Fragestellung interessantes Konzept von Toleranz vor: »Toleranz im Konflikt«, wobei das Achtergewicht gerade auf der Anerkennung des »Konflikts« liegt.[27]

---

[25] Vgl. Chantal Mouffe, Agonistik. Die Welt politisch denken, Frankfurt a. M. ³2021, 29 f.: »Konsens ist zweifellos notwendig, er muss jedoch von Dissens begleitet sein. Konsens muss über die Institutionen herrschen, die für die liberale Demokratie konstituierend sind, sowie über die ethisch-politischen Werte, von denen die politische Arbeit geprägt sein sollte. Es wird aber immer unterschiedliche Auffassungen darüber geben, was diese Werte bedeuten und wie sie praktisch umzusetzen sind.«

[26] Zumindest im innerlutherischen Einigungswerk, der Konkordienformel von 1577, lässt sich hier und da der Wille erkennen, die einander widersprechenden Interpretationen der Rechtfertigungslehre, um die es damals insbesondere ging, als einander ausschließende, aber doch wechselseitig begrenzende und weiterführende Lehren zusammenzuführen. Tobias Graßmann, Richtschnur und Lebensmittel. Systematische Fallstudien zum lutherischen Lehrverständnis, FSÖTh 175, Göttingen 2022, 630–634, rezipiert in diesem Sinne die Agonistik Chantal Mouffes zum Zweck einer Theorie der Lehrentwicklung im Luthertum.

[27] Rainer Forst, Toleranz im Konflikt. Geschichte, Gehalt und Gegenwart eines umstrittenen Begriffs, Frankfurt a. M. ⁶2020, 12: Wesensmerkmal der Toleranz im Konflikt ist für Forst, dass eine solche Toleranz »die Auseinandersetzung, durch die sie auf den Plan gerufen wird, nicht auflöst, sondern nur einhegt und entschärft; der Widerstreit von Überzeugungen, Interessen oder Praktiken bleibt erhalten, verliert aber aufgrund bestimmter Erwägungen seine Destruktivität.«

»'Toleranz im Konflikt' heißt: Die im Konflikt stehenden Parteien kommen zu einer Haltung der Toleranz, weil sie sehen, dass den Gründen gegenseitiger Ablehnung Gründe gegenseitiger Akzeptanz gegenüberstehen, die erstere nicht aufheben, aber gleichwohl für Toleranz sprechen bzw. sie sogar fordern. Das Versprechen der Toleranz lautet, dass ein Miteinander im Dissens möglich ist« (12).

Genau um dieses »Miteinander im Dissens« geht es für Forst[28] – und zwar gewissermaßen als Gegenmodell zur liberalen Idee »versöhnter Verschiedenheit«, jedenfalls sofern diese den Dissens relativiert oder herunterspielt. Damit würde nämlich die existenzielle Bedeutung der Positionierung für die gegnerische Seite missachtet und das Bedürfnis nach Anerkennung gerade nicht befriedigt.[29]

Das Interessante an Forsts Konzept ist nun, dass er eine Theorie der Toleranz fordert, die vernünftig beschreibt, »dass und wie auch jemand, der nicht Skeptiker, Relativist oder ethischer Liberaler, sondern ein überzeugter Anhänger einer ›exklusivistischen‹ Religion ist, die ihren alleinigen Wahrheitsanspruch aufrechterhält, eine Haltung der Toleranz aufbringen kann« (634). Es geht also darum, eine gegenseitige Akzeptanz denkbar zu machen *trotz* unversöhnlich erscheinender Wahrheitsansprüche.

Das ist möglich, wenn zumindest grundlegende – wie John Rawls sie nennt – »Bürden der Vernunft« (639) akzeptiert werden. Sie erlauben es, »aus der Perspektive einer Person zu erklären, wie sie Überzeugungen, die sie falsch findet, dennoch als vernünftig ansehen kann, ohne an der Wahrheit ihrer eigenen Überzeugungen zu zweifeln« (638). Ich nenne drei:
- Das ist zunächst die Einsicht in die Perspektivität aller Erkenntnis: Ereignisse und Begriffe sind wie Texte grundsätzlich interpretationsbedürftig und lassen sich aus unterschiedlichen Perspektiven unterschiedlich beschreiben.
- Auch wenn Personen die Facetten eines Problems ähnlich beschreiben, können diese Facetten unterschiedlich bewertet werden.
- Alle Abwägungen und Urteile sind durch spezifische, biographische Erfahrungen mitgeprägt, die sich unweigerlich von denen anderer unterscheiden.

---

[28] Allerdings – das sei zumindest erwähnt – begründet sich dieses »Miteinander im Dissens« nach Forst nicht in einem Set geteilter Werte, sondern im bereits dargestellten »Recht auf Rechtfertigung«, das allgemeingültig und reziprok ist und allein von der praktischen Vernunft und der moralischen Autonomie her begründet werden darf – und nach Forst auch begründet werden kann. Werden diese beiden Kriterien missachtet, »so verkehren sich die eigenen Wahrheitsansprüche in bloße Machtansprüche« (FORST, Toleranz im Konflikt [s. Anm. 27], 595). Innerkirchlich ist dieses »Recht auf Rechtfertigung« in seiner Allgemeinheit und Reziprozität hingegen meines Erachtens hinreichend christologisch-rechtfertigungstheologisch fundiert.

[29] Vgl. NOTHDURFT, Anerkennung (s. Anm. 15), 113.

Forst entwirft mit der »Toleranz im Konflikt« unter der Prämisse der »Bürden der Vernunft« ein Modell des Umgangs mit Differenz, das ich mit einem Begriff Thomas Bedorfs »unversöhnte Anerkennung« nenne.[30] Es geht dabei nämlich nicht um die Anerkennung der anderen Position, die man mit Gründen ablehnt, sondern um die Anerkennung des Rechts des Anderen, auch im *Konflikt* gehört zu werden und Argumente vorzubringen.[31] Und es geht darum, die oder den anderen eben auch in ihrer spezifischen Perspektivität und ihrem biographischen Gewordensein zu sehen und anzuerkennen.[32]

Nachdem ich zunächst die gemeinsame Lehrnorm in ihren Grundzügen in den Blick genommen habe, komme ich zur Gegenwart der SELK und wähle ein Konfliktbeispiel, bei dem mir persönlich die Position der Gegenseite unbegreiflich und ärgerlich ist. Aber so ist es ja auch in der Gesellschaft: Die Positionen, mit denen wir im Konflikt liegen, sind für uns in der Regel schlicht nicht nachvollziehbar, auch wenn sie der Gegenseite als rational und stimmig erscheinen mögen. In der SELK tobt seit nunmehr 50 Jahren ein erbitterter Streit um die Einführung der Ordination von Frauen.[33] Einen kleinen Schritt weiter auf dem Weg zur Beilegung dieses Streits ist man 2009 gekommen, als der Allgemeine Pfarrkonvent (das ist sozusagen eine ihrer beiden parlamentarischen Kammern) folgende Erklärung verabschiedete, bei der meines Erachtens Aspekte »unversöhnter Anerkennung« zum Tragen kamen. Dort heißt es:

---

[30] THOMAS BEDORF, Verkennende Anerkennung. Über Identität und Politik, Berlin 2010, 11.
[31] Vgl. FORST, Toleranz im Konflikt (s. Anm. 27), 602: »Dass die Einwände der Anderen vernünftig sind, bedeutet nicht, dass die eigenen Überzeugungen falsch sind; es bedeutet nur, dass ihr Anspruch auf allgemeine Geltung an der Pluralität ethischer Perspektiven« – ich würde vorsichtiger formulieren: an der Existenz mindestens einer konkret widersprechenden Perspektive – »scheitert. Die tolerante Person muss die anderen Perspektiven weder als ebenso wahr wie die eigene noch als zum Teil wahr ansehen, sie muss sie weder als ethisch gut schätzen [...]; sie muss allein sehen, dass diese vernünftigerweise haltbar und nicht unmoralisch sind«. Vgl. a.a.O., 640: »Aus dieser Einsicht in den Raum des Vernünftigen, der nicht mit dem Raum des [...] Wahren deckungsgleich ist, so dass es aus der Perspektive einer Person viele vernünftige, aber nur eine wahre umfassende Lehre geben mag, folgt in Verbindung mit der normativen Einsicht in die Pflicht der Rechtfertigung die Bereitschaft der Toleranz«.
[32] Vgl. FORST, Toleranz im Konflikt (s. Anm. 27), 665: »An erster Stelle steht in moralischer Hinsicht der unbedingte Respekt für den Anderen als Person mit einem Recht auf Rechtfertigung, der man in Kontexten reziprok-allgemeiner Geltung entsprechende Gründe schuldet.«
[33] Als neuere Monographie zur Thematik s. WILFRIED HÄRLE, Von Christus beauftragt. Ein biblisches Plädoyer für Ordination und Priesterweihe von Frauen, Leipzig 2017.

»Befürworter und Gegner [...] tragen [...] vorerst die unterschiedliche Beantwortung der Frage nach der Zulässigkeit der Ordination von Frauen zum Amt der Kirche, weil sie Rücksicht nehmen auf den derzeitigen – als je bindend empfundenen – Stand der Einsichten in die unterschiedliche Auslegung der Heiligen Schrift. Das Vorhandensein der beiden Positionen zu dieser Frage wird derzeit nicht als kirchentrennend erachtet. [...] Angesichts der gegenwärtigen Sachlage gesteht der APK seine Ratlosigkeit darüber ein, wie in dieser Frage Einmütigkeit zu erlangen ist. Er vertraut aber auf die Leitung des Heiligen Geistes, der nach der Verheißung des Herrn der Kirche uns in alle Wahrheit leiten wird (Joh 16,13).«[34]

Und der zwölften Allgemeine Pfarrkonvent (2013) ergänzte:

»Im Zuge der Weiterarbeit darf das Gewiss-Sein über den eigenen Standpunkt die Hörbereitschaft für die theologischen Gründe des jeweils anderen nicht aufheben. Das Bewusstsein der eigenen Irrtumsfähigkeit darf dabei ebenso wenig abhandenkommen wie das Streben nach einem glaubwürdig vertretenen Standpunkt.«[35]

In diesen Formulierungen kommen Kriterien zum Tragen, wie sie sich bei Forst theoretisch ausgearbeitet finden:
- Das Scheitern des argumentativen Diskurses wird zugestanden, aber auch die Gebundenheit der jeweils anderen Seite an Schrift und Bekenntnis. Die Bedeutsamkeit des Konflikts wird nicht relativiert, wird aber der gegenseitigen Rücksichtnahme und der Bindung aller an die gemeinsame Norm untergeordnet. Die eigene Irrtumsfähigkeit und Hörbereitschaft, also die »Bürden der Vernunft«, kommen zumindest in den Blick.
- Das Neue und für die SELK »Unerhörte« an dieser Verlautbarung ist die Tatsache, dass eine fehlende Einmütigkeit dennoch nicht als kirchentrennend angesehen wird. Also: »unversöhnte Anerkennung«. Und mehr noch: Indem der Gegenseite trotz ihres Andersseins Raum in der Kirche zugestanden wird, ist es gerade die Fortsetzung des Streites, wodurch wechselseitige Anerkennung immer aufs Neue dokumentiert wird. Letztlich wird damit der Gegenseite eine Art Wächterfunktion eingeräumt, die eigenen Interpretationen auf der Suche nach den angemessenen Ordnungen und Lebensformen kritisch zu prüfen.[36]

---

[34] Dokumentiert in: Atlas Frauenordination. Papier zur Diskussion über die Frage nach der Ordination von Frauen in der Selbständigen Evangelisch-Lutherischen Kirche (SELK), hrsg. v. 14. ALLGEMEINEN PFARRKONVENT DER SELK – Hofgeismar 2022, 32, URL: https://www.selk.de/index.php/ordination-von-frauen (Stand: 17.5.2023).
[35] A.a.O., 34.
[36] Vgl. HONNETH, Anerkennung (s. Anm. 14), 203, der unter Anerkennung auch versteht, dass wir uns »wechselseitig die Autorität zuerkennen, über die Angemessenheit des

- Gleichwohl wird hier die Machtfrage, auf die Chantal Mouffe so dringlich hinweist, nicht gestellt. Es ist nicht im Blick, dass die eine Gruppe ihre Lebensform, geschützt von der kirchlichen Ordnung, durchsetzt, die andere dazu aber keine Möglichkeit hat. Inwieweit auch die unterlegene Gruppe Raum bekommt, ihre Lebensform zu realisieren, wird nicht diskutiert.
- Schließlich kommt mit der Hoffnung auf den Geist, der »in alle Wahrheit leiten wird (Joh 16,13)« noch ein weiterer wichtiger Aspekt hinzu, dem ich mich jetzt zuwende.

2.5 »Verkennende« als provisorische Anerkennung – Rekurs auf Thomas Bedorf

Wie lässt sich in der Gleichzeitigkeit von Konsens und Dissens, von Anerkennung und Nichtanerkennung die Einheit gegenüber der Differenz stärken? Dazu greife ich auf Überlegungen des Hagener Philosophen Thomas Bedorf (*1969) zurück, der die Anerkennungstheorie Axel Honneths kritisch ergänzt durch ein Konzept »verkennender Anerkennung«. Bedorf versucht nämlich, Phänomene wie das hier am Praxisbeispiel der SELK beschriebene Moment »unversöhnter Anerkennung« theoriegestützt in das Modell einer »provisorischen Anerkennung« zu überführen, die er »verkennende Anerkennung« nennt.[37] Dabei nimmt er nicht die rechtlichen Grundlagen oder habituellen Voraussetzungen in den Blick, sondern den jeweiligen Akt des Gewährens von Anerkennung im Sinne einer *Gabe*. Grundsätzlich gilt für Bedorf: In der Anerkennung von y als z ist immer ein Moment der Verkennung enthalten, des Nicht-Wahrgenommenen, Nicht-Integrierten.

> »Die Differenz, die sich aus dem Vorgang des Anerkennens ergibt, besteht darin, daß das Anerkannte nie als es selbst anerkannt wird, sondern nur im Horizont [...] der Hinsicht, in der es anerkannt wird« (124). »Keine Anerkennung gelingt vollständig, sondern vollzieht sich nur, insofern sie den Anderen verkennt« (149).

Das hat mehrere Implikationen. Ich nenne drei:
- Anerkennung bleibt immer defizitär und birgt stets die Gefahr, dass die oder der andere sich verkannt, missverstanden oder gar abgelehnt fühlt.

Gehalts und der Anwendung der zwischen uns eingespielten Gebote und Regeln zu wachen«.

[37] BEDORF, Verkennende Anerkennung (s. Anm. 30), 11.

- Die Einsicht in das Verkennen nötigt zum Respekt vor der bleibenden Andersheit der Anderen, die sich dem erkennenden Zugriff entzieht.[38]
- Wechselseitige Anerkennung ist ein gewagter Akt, eine Gabe, die einen Austausch mit offenem Ausgang in Bewegung setzt und eben auch mit Nicht-Anerkennung erwidert werden kann.[39] »Das soziale Band wird nicht durch eine versöhnte Einheit stabilisiert, sondern es besteht performativ in der Notwendigkeit, es beständig erneuern und die Gesten der Anerkennung wiederholen zu müssen. Indem provisorische Anerkennung auf provisorische Anerkennung folgt, wird das Netz des Sozialen geknüpft« (189).[40] Auch bei divergenten Positionen kommt es auf das geteilte Leben an, in dem der alltägliche Austausch solcher Gesten – z. B. gottesdienstlich – stattfindet.

Dass eine solch riskante Gabe überhaupt gewährt wird, ist voraussetzungsreich.

Es setzt nämlich die Hoffnung voraus, dass Verständigung möglich ist und dass sich dieser Vorgriff auf eine einheitsstiftende normative Basis bewähren wird.[41] Für Anerkennungsverhältnisse spielt insofern eine Zukunftsoffenheit – ekklesiologisch gesprochen: die Hoffnung auf Gottes Geist, der »in alle Wahrheit leiten wird (Joh 16,13)« – eine maßgebliche Rolle.

Die riskante provisorische Anerkennung setzt darüber hinaus meines Erachtens noch ein Zweites voraus: die Gewissheit nämlich, sich selbst als grundlegend anerkannt zu wissen. Wechselseitige Anerkennung bedarf des vorauslaufenden *Anerkanntseins*. Das Individuum lebt – so Manfred Pirner – »von einer *vorgängigen* Anerkennung […], die ihm durch die primären Bezugspersonen entgegengebracht wird, sowie von einer ebenfalls vorgängigen Kultur der Anerkennung, die es im Rechtssystem und im Solidaritätsethos der Gesellschaft bereits

---

[38] Das impliziert auch, dass der oder die Andere nicht auf eine Identität festgelegt wird, sondern dass Anerkennung ein Akt des Identifizierens ist, der kontingent und zeitgebunden ist und stetiger Wiederholung bedarf.

[39] Vgl. BEDORF, Verkennende Anerkennung (s. Anm. 30), 199: »Das in den gegebenen Gesten der Anerkennung gestiftete soziale Band bleibt stets gefährdet und hat mit Konflikten und Zerreißproben zu rechnen.« Akte der Anerkennung und Nicht-Anerkennung führen insofern das Ergebnis erst herbei, das sie zu konstatieren vorgeben.

[40] Vgl. EVA-MARIA FABER, Wann ist es genug? Zur ökumenischen Herausforderung des *satis est*, in: GÜNTER FRANK/VOLKER LEPPIN/TOBIAS LICHT (Hrsg.), Die »Confessio Augustana« im ökumenischen Gespräch, Berlin/Boston 2022, 299–318, 309.

[41] Vgl. BEDORF, Verkennende Anerkennung (s. Anm. 30), 197: »[…] jede gegebene Anerkennung ist eine Vorleistung, die im Vorgriff auf eine wechselseitige Identitätsgewähr oder eine gemeinsame normative Basis verliehen wird, ohne daß diesem einseitigen Akt der Anerkennung die Garantie mitgegeben wäre, eine Gegenleistung überhaupt oder in der erwünschten Weise zu erhalten.«

vorfindet.«[42] Dafür legen CA 4 und CA 7 eine ekklesiologische Basis, wie oben dargestellt wurde. Wo diese vorgängige Anerkennung allerdings nicht gegeben ist – wie im Fall grundsätzlich verweigerter Gleichberechtigung –, wird die wechselseitige provisorische Gewährung von Anerkennung erschwert und der Kampf um Anerkennung entfesselt.

2.6 Kritik von Lebensformen als »immanente Kritik« – Rekurs auf Rahel Jaeggi

Die Berliner Philosophin Rahel Jaeggi (*1967) beschäftigt sich mit der Frage: Lassen sich Lebensformen,[43] also soziale Praktiken, die das Leben prägen, eigentlich kritisieren? Oder ist das angesichts des ethischen Pluralismus in modernen Gesellschaften ein illegitimer Eingriff in die Freiheit Anderer? Und – lassen sich gegebenenfalls auch Kriterien solcher Kritik ausmachen?

Theoretiker des Liberalismus wie John Rawls (1921–2002) und Jürgen Habermas (*1929) hatten sich mit der philosophischen Bewertung von Lebensformen zurückgehalten. Da es zu Fragen des guten Lebens unterschiedliche, rational begründete Ideen geben könne, müsse ein Weg gesucht werden, den öffentlichen Konflikt in den Bereich privater Vorlieben auszulagern. So können die unterschiedlichen Vorstellungen weiter gepflegt werden, ohne den sozialen Frieden zu gefährden.[44]

Jaeggis Einspruch lautet dem gegenüber: So ist kein Lernerfolg möglich! Die Reflexion der Lebensform unterbleibt.

---

[42] MANFRED L. PIRNER, Anerkennung aus Gnade. Luthers Rechtfertigungstheologie im Kontext einer Theologie und Pädagogik der Anerkennung, in: Theo-Web 16 (2017), 64–76, 69. Der Satz beginnt: »Ein entscheidender Akzent scheint mir in Honneths Theorie der Anerkennung darin zu liegen, dass zwar ein Prinzip der Wechselseitigkeit besteht, dass das Individuum aber letztlich von einer vorgängigen Anerkennung lebt […]. Damit ist dieses philosophische Konzept der Anerkennung hochgradig anschlussfähig an die Rechtfertigungstheologie mit ihrer Prämisse der vorgängigen Gnade Gottes, von der wir Menschen leben.«

[43] Vgl. RAHEL JAEGGI, Kritik von Lebensformen, Frankfurt a. M. 2014, 58: »Lebensformen sind komplex strukturierte Bündel (oder Ensembles) sozialer Praktiken, die darauf gerichtet sind, Probleme zu lösen, die ihrerseits historisch kontextualisiert und normativ verfasst sind«.

[44] Für Rawls genügte eine grundsätzliche Gleichheit und die Garantie von Verfahrensgerechtigkeit zur freien Entfaltung der bürgerlichen Freiheit. Vgl. JOHN RAWLS, Gerechtigkeit als Fairneß. Ein Neuentwurf, hrsg. v. ERIN KELLY, Frankfurt a. M. 2006.

»Misslingende Lebensformen leiden an einem kollektiven praktischen Reflexionsdefizit, an einer Lernblockade. Sie sind, anders gesagt, nicht in der Lage, die sich ihnen stellenden Probleme zu lösen oder die Krisenerfahrungen, denen sie ausgesetzt sind, als Erfahrungen angemessen wahrzunehmen und sich ihnen entsprechend zu transformieren« (447).

Wird die Kritik an einander widersprechenden Lebensformen stillgestellt, dann wird die Suche nach der angemesseneren Lösung für konkrete Probleme gar nicht erst aufgenommen. Aber:

»Unser Problem besteht nicht darin, dass wir zwischen einer gegebenen und einer bereits bestimmbaren Anzahl von ›besten Lebensweisen‹ zu wählen hätten; unser Problem ist, dass *wir nicht einmal eine einzige solcher ›besten Lebensweisen‹ kennen.*«[45]

D. h., wir sind darauf angewiesen zu lernen.

Jaeggi plädiert für eine gewisse Pluralität an Lebensformen, die man zumindest denken können sollte. Diese Pluralität dürfe aber die Geltungsfragen nicht einklammern. Es geht ihr also um einen »Pluralismus der Auseinandersetzung um die richtige Lösung des Problems der gelingenden Lebensform« (451). Das Experiment der Suche nach der angemessenen Lebensform wird, so Jaeggi, durch die normative Durchsetzung einer einzigen Lebensform ebenso behindert wie durch eine »liberale Einklammerung« der Geltungsfrage. Erst die Konkurrenz der Lebensformen im Praxistest und in der gegenseitigen Kritik bewähre deren Überzeugungskraft. Auch hier – wie bei Bedorf – ist Zukunftsoffenheit und Lernbereitschaft von zentraler Bedeutung.

Nach welchen Kriterien lassen sich aber Lebensformen kritisieren? Jaeggis Vorschlag: Lebensformen sind Strategien zur Lösung von Problemen. Darum sollten sie daran geprüft werden, ob sie diese Probleme tatsächlich lösen. Jaeggi nennt dieses Verfahren »immanente Kritik« – im Gegensatz zu externer oder interner Kritik.[46] Was ist gemeint? Um zu erkennen, ob eine Praxis oder Lebensform die Probleme tatsächlich löst, muss der Kern des Problems begriffen werden. Erst von dieser Durchdringung her lässt sich fragen, ob die Praxis dem Problem gerecht wird. Wird gegebenenfalls das Scheitern an den Problemen

---

[45] HILARY PUTNAM, Words and Life, Cambridge/Mass. 1995, 194, zitiert nach: JAEGGI, Kritik (s. Anm. 43), 448.

[46] Die Lebensform einer religiösen Gemeinschaft etwa lässt sich nur bedingt anhand externer Kriterien würdigen (etwa den gesellschaftlich leitenden Vorstellungen von Geschlechterrollen). Problematisch, weil kontingent, ist aber auch die Würdigung anhand interner Kriterien (etwa die Herleitung von Geschlechterrollen aus dem Handeln Jesu). Diese Kriterien bleiben umstritten und ambivalent.

festgestellt, entsteht eine offene Situation, die dazu nötigt, angemessenere Strategien zu entwickeln.

Auch hier lässt sich meines Erachtens gut am Beispiel der SELK anknüpfen und die Leistungsfähigkeit der Idee »immanenter Kritik« vor Augen führen. Zum strittigen Thema der Frauenordination hat sie 2022 einen »Atlas« herausgegeben, der ihren 50jährigen Diskussionsprozess dokumentiert.[47] Indem dieser Atlas die in sich geschlossenen Argumentationsmuster beider Positionen beschreibt und auch »Unausgesprochenes« in den Blick nimmt, leistet er zu einem gewissen Grad, was »immanente Kritik« nach Rahel Jaeggi meint: Er führt das Scheitern der bisherigen Praxis zur Problemlösung vor Augen und gibt den Betroffenen die Gelegenheit nach neuen Lösungswegen zu suchen (wozu das Papier sogar mögliche Szenarien schildert). Dem Streit um die angemessene Lebensform ist damit ein Rahmen gegeben, in dem sich die Beteiligten wechselseitig als Betroffene des Problems anerkennen, die *gemeinsam* nach einer Lösung suchen müssen. Der inhaltliche Streit, der nicht gelöst werden konnte, verlagert sich damit auf die Frage, ob es für die jeweils anderen, die meiner Position beharrlich widersprechen, Raum im gemeinsam bewohnten Haus gibt und wir miteinander bei der Suche nach der angemessenen Lebensform kooperieren. Erkennbar wird hier die Zukunftsoffenheit des Konzepts »immanenter Kritik«: Die Streitenden werden zurückverwiesen auf die Sachprobleme und auf die Suche nach möglichen künftigen Lösungen – weil sich gegenwärtige Lösungsversuche nicht bewährt haben.

3 Schluss

Fassen wir zusammen: Auch inner- und zwischenkirchlich haben wir mit einer Gleichzeitigkeit von Konsens und Dissens, Anerkennung und Nicht-Anerkennung zu tun, was beständige Arbeit an der Überwindung von Dissens und Nicht-Anerkennung erfordert. Dem kann der Rekurs auf Einsichten der neueren Kritischen Theorie dienen.

Aber schon in der lutherischen Bekenntnistradition finden sich Beispiele einer Differenzierung von Anerkennung und Nicht-Anerkennung, so dass ein bestehender Dissens den zugleich bestehenden Konsens nicht einfach aufhebt, sondern zur produktiven Auseinandersetzung nötigt.

---

[47] Vgl. Atlas Frauenordination (s. Anm. 34).

3.1 Die *Confessio Augustana* als Modell provisorischer und streitbereiter Anerkennung

Meines Erachtens ist die *Confessio Augustana*, das Grundbekenntnis der Wittenberger Reformation, ein Beispiel dafür, wie mit der Differenz zwischen Grundübereinstimmung und Strittigem innerhalb der Kirche umgegangen werden kann. Markant ist die Einteilung der CA in ein Lehrbekenntnis (CA 1–21) und eine Verteidigungsschrift für die vorgenommenen praktischen Reformen (CA 22–28). Dem Dissens steht ein grundlegender Konsens voran, in dem aufgezeigt wird, dass die Wittenberger Reformation in der Wahrheit des christlichen Glaubens und damit auch in der Einheit der einen katholischen Kirche verblieben ist.[48] Dass auch die grundlegenden Artikel 1–21, die für die Wittenberger nicht zur Disposition standen, erhebliches Streitpotential mit den Altgläubigen beinhalteten, steht auf einem anderen Blatt.

Gleich zweimal wird in der von Kanzler Georg Brück verfassten Vorrede zur CA grundsätzlich festgestellt, man wolle mit diesem Bekenntnis »unter einem Christus sein und streiten« mit dem Ziel, auch »alle inn einer gemeinschafft, kirchen und einigkeit« zu leben.[49] Damit griff Brück nicht nur die erstaunlich irenische Formulierung aus dem Reichstagsausschreiben des Kaisers auf, sondern er machte auch unmissverständlich deutlich, dass es sich hier um einen *innerkirchlichen* Streit handelte, der die Einheit des Leibes Christi nicht zertrennte. Gleichzeitig wurde damit festgestellt, dass es innerhalb der Kirche durchaus Streit geben könne und dass der Dissens den Konsens nicht einfach aufhebt.[50] Tatsächlich war von der evangelischen Seite zunächst gar nicht an ein grundsätzliches Lehrbekenntnis gedacht gewesen (das war erst aufgrund der massiven Attacken Johann Ecks nötig geworden), sondern man wollte in Augsburg zunächst lediglich die praktischen Kirchenreformen verteidigen und begründen, also eine Rechtfertigung für diese Reformen beibringen. Erhofft war, eine Duldung dieser territorial begrenzten Reformen innerhalb der Kirchenein-

---

[48] Vgl. VOLKER LEPPIN, Einleitung zur Confessio Augustana, in: BSELK, 66: »Während der erste Teil [...] in einem im Grundsatz versöhnlichen Ton die Übereinstimmung der reformatorisch Gesonnenen mit der gemeinchristlichen Lehre darlegen sollte, stellte der zweite Teil [...] die vollzogenen Änderungen und damit die Differenzen vor, versuchte aber zugleich deren Gewicht durch die klare Unterscheidung der hier verhandelten geänderten Missbräuche von den christlichen Lehren des ersten Teils zu minimieren.«

[49] BSELK 86,14f.; 88,26f.

[50] Eine ähnliche Denkform findet sich in den Schmalkaldischen Artikeln Martin Luthers. Vgl. WERNER KLÄN, Ich habe aber Recht. Wahrheit und Toleranz, in: ACHIM BEHRENS (Hrsg.), Christentum und Toleranz, OUH 55, Oberursel 2015, 43–62, 53.

heit zu erreichen, ähnlich wie dies für kurze Zeit während des Basler Konzils für die Hussiten ermöglicht worden war.[51]

Bei den sogenannten »spänigen« Artikeln 22–28, in denen es um Laienkelch, Priesterehe, Messopfer und andere nicht unerhebliche Streitpunkte ging, war man bereit, Differenz in der Kirche zu akzeptieren, sofern die eigenen Entscheidungen nicht infrage gestellt wurden, sprich: die eigene rechtgläubige Identität anerkannt wurde. Das hieß längst nicht, dass man die Praxis der Gegenseite für biblisch und angemessen hielt und in der Sache Verschiedenes als gleich gültig ansah. Man war nur nicht der Ansicht, dass der Dissens in diesen Fragen den Konsens im Grundverständnis des Christlichen aufhob[52] – solange die Entscheidung in den strittigen Punkten den Teilkirchen freigestellt blieb.[53]

So wird praktisch vor Augen geführt, was das »satis est« von CA 7 meint: Es eröffnet Raum für unterschiedliche Gestaltungen von Kirche, die sich freilich wechselseitig der Kritik zu stellen haben. Grundbedingung ihrer Einheit ist allein der Konsens in der Lehre des Evangeliums und in der wortgemäßen Darreichung der Sakramente.[54] Dissens hebt den Konsens nicht automatisch auf.[55]

3.2 Streit als Anerkennung – Rekurs auf Nicole Deitelhoff anstelle einer Zusammenfassung

Bei ihrer Rede anlässlich der Verleihung des Schader-Preises 2017 hat die Frankfurter Konfliktforscherin und Sprecherin des nationalen Forschungsinsti-

---

[51] WENZ, Theologie der Bekenntnisschriften (s. Anm. 7), Bd. 1, 431.
[52] Tobias Graßmann unterscheidet von der CA her in einer ähnlichen Differenzierung zwischen »Fundamentalartikeln, sekundär vertiefenden Lehrartikeln und Adiaphora« (GRASSMANN, Richtschnur und Lebensmittel [s. Anm. 26], 625).
[53] Einen anderen Charakter als die CA hat die Konkordienformel. Auch sie ist als Modell der Konfliktbewältigung konzipiert, geht aber, vor allen in den Artikeln, die sich mit dem innerlutherischen Streit befassen, anders vor, indem die konfligierenden Positionen an den Punkt ihrer Negation geführt werden, um darüber hinaus zu stoßen in einen Raum des nicht mehr begrifflich Fassbaren – ganz im Stil der altkirchlichen chalcedonischen Dialektik. Vgl. BERNHARD LOHSE, Lehrentscheidungen ohne Lehramt. Die Konkordienformel als Modell theologischer Konfliktbewältigung, in: KuD 26 (1980), 174–187.
[54] Vgl. FABER, Wann ist es genug? (s. Anm. 40). Der Gedanke einer Zurückhaltung in der Ausformulierung von Lehrvorschriften findet sich auch bei Papst Franziskus, Apostolisches Schreiben Evangelii Gaudium über die Verkündigung des Evangeliums in der Welt von heute, 2013, Nr. 43, URL: https://www.vatican.va/content/francesco/de/apost_exhortations/documents/papa-francesco_esortazione-ap_20131124_evangelii-gaudium.html (Stand: 23.1.2023).
[55] Die CA spricht insofern auch keineswegs von einem finalen Konsens, sondern vom »magnus consensus«. Vgl. CA I, BSELK 93,26.

tuts Gesellschaftlicher Zusammenhalt, Nicole Deitelhoff, »Streit als Quelle der Erneuerung demokratischer Gemeinwesen« gewürdigt. Erst im lebendigen Streit über die Grundlagen des Zusammenlebens, »in der Zurückweisung von Ansprüchen und Forderungen und der radikalen Kritik an Institutionen und Normen, entdecken und erfahren sich Bürgerinnen und Bürger als Demos und nehmen ihr Gemeinwesen, mithin die Normen und Institutionen, die ihr Zusammenleben bestimmen, in Besitz.«[56] Streit stärkt also die Beheimatung im Gemeinwesen und fördert deren Weiterentwicklung.

Und weil solcher Streit ein Wagnis der Freiheit ist und immer davon bedroht ist, in Feindschaft umzukippen,[57] bestärkt jeder in Fairness und Respekt ausgetragene Streit, in dem sich die Streitenden gegenseitig als Personen mit gleichen Rechten und Pflichten achten, auch die wechselseitige Anerkennung, berechtigte Parteien eines gemeinsam bewohnten Hauses zu sein.[58] Eine solch stabilisierende Funktion des in Fairness und Respekt ausgetragenen Streits gilt meines Erachtens auch für die Kirche.

Damit ist nicht in Abrede gestellt, dass das christliche Ethos weit über den fair geführten Streit hinausgeht. Es konkretisiert sich in liebevollen Akten *ungeschuldeten* Gebens und in risikoreichen Gesten *vorauslaufender* Anerkennung, wie Jesus das beispielhaft in der Bergpredigt (Mt 5–7) ausführt. Doch das zu thematisieren, würde einen weiteren Aufsatz füllen.

---

[56] NICOLE DEITELHOFF, Der Streit als Quelle der Erneuerung demokratischer Gemeinwesen, Vortrag anlässlich der Verleihung des Schader-Preises am 11. Mai 2017, 1 f., URL: www.schader-stiftung.de/fileadmin/content/Manuskript_Schaderpreis_Streit_als_Quelle_Demokratischer_Gemeinwesen.pdf (Stand: 17. 5. 2023).

[57] A. a. O., 9: »Diese radikale Freiheit, die im Streit im und um unser Gemeinwesen aufscheint, es auch ganz anders machen zu können, alle Bindungen zu zerreißen, ist der schwankende Boden, auf den sich demokratische Ordnungen immer wieder neu begründen.«

[58] Nun kann man sich fragen, woher die Motivation rühren soll, sich tatsächlich in dieser Weise wechselseitig in Fairness und Respekt zu begegnen. Das kann aus der Erfahrung vorauslaufender Anerkennung resultieren, die Menschen in diesem Gemeinwesen gemacht haben. Es kann aus der Überzeugung von der Rationalität der Grundregeln des Gemeinwesens herrühren oder aus einem übergreifenden Konsens. Deitelhoff beantwortet diese Frage nicht – und es wird sich zeigen, ob das nationale Forschungsinstitut hierzu Impulse zu geben vermag.

Verzeichnis der Autorinnen und Autoren

Dr. Dr. Anargyros Anapliotis ist Akademischer Oberrat und Dozent für Kirchenrecht am Institut für Orthodoxe Theologie der Ludwig-Maximilians-Universität München.

Dr. habil. Anne Käfer ist Professorin für Systematische Theologie und Direktorin des Seminars für Reformierte Theologie an der Universität Münster.

Dr. habil. Werner Klän ist emeritierter Professor für Systematische Theologie an der Lutherischen Theologischen Hochschule Oberursel.

PD Dr. Burkard Neumann ist Direktor am Johann-Adam-Möhler-Institut in Paderborn.

Dr. habil. Christian Neddens ist Professor für Systematische Theologie an der Lutherischen Theologischen Hochschule Oberursel.

Dr. Diethardt Roth war Pfarrer in Melsungen und von 1996 bis 2006 Bischof der Selbständigen Evangelisch-Lutherischen Kirche.

PD Dr. Astrid von Schlachta ist Leiterin der Mennonitischen Forschungsstelle in Weierhof und Lehrbeauftragte am Lehrstuhl für Neuere Geschichte der Universität Regensburg.

Tobias R. Schütze war bis zum Frühjahr 2023 wissenschaftlicher Assistent an der Lutherischen Theologischen Hochschule Oberursel und wirkt seitdem als Dozent für Systematische Theologie am Lutheran Theological Seminary in Pretoria (Tshwane), Südafrika.

Dr. Gilberto da Silva ist Professor für Kirchengeschichte an der Lutherischen Theologischen Hochschule Oberursel.